漢拏山

HALLASAN MOUNTAIN 한라산

국립제주박물관
JEJU NATIONAL MUSEUM

한로산 허리엔
시러미 익은숭 만숭
서귀포 해녀는
바당에 든숭만숭

제주야 한로산
고사리 맛도 좋고 좋고
산지야축항끗
벳고동 소리도 좋고 좋고

한로산 상상봉
노프곡 노픈 봉
백록담이라 호는 곳이여

고실엔 감줄 빗
한로산 새 소리
신선의 나라여

산에 가믄은
목동의 노래곡

바당에 오믄은
좀녜의 노래여

한로산 들판엔
몰돌이 솔치고
또돗한 나라여

한라산 허리엔
시로미 익은 듯 만 듯
서귀포 해녀는
바다에 든 듯 만 듯

제주야 한라산
고사리 맛도 좋고 좋고
산지야항구 끝
뱃고동 소리로 좋고 좋고

한라산 상상봉
높고 높은 봉
백록담이라 하는 곳이네

가을엔 감귤 빛
한라산 새 소리
신선의 나라네

산에를 가면은
목동의 노래요

바다에 오면은
해녀의 노래네

한라산 들판엔
말들이 살찌고
따뜻한 나라네

특별전 '한라산'을 열며

국립제주박물관은 개관 12주년을 맞이하는 올해 특별전 '한라산'을 열었습니다. 제주 문화의 모태인 한라산에 대한 옛 선인들의 유산과 학문적 연구 성과를 모두 모아, 처음으로 한 자리에 공개하게 되었습니다.
제주도 한 가운데 우뚝 솟은 한라산漢拏山은 다양한 식생과 동물이 서식하는 생물자원의 보고이며, 제주인들에게 자신의 속살을 내어준 생명의 요람입니다.

한라산은 이름도 많습니다. 두믜오름頭無岳, 두리메圓山, 가메오름釜岳은 그 생김새에 붙인 이름으로 그 산이 얼마나 넉넉한지를 단박에 일깨워줍니다. 영주산瀛州山, 한로산, 하로산, 하로, 한로영주산, 한락산 등은 신들의 이야기와 백성들의 노래 속에 있어, 제주에 뿌리내린 사람들의 다양한 삶이 반영된 이름으로 보입니다.
제주의 일만팔천 신神들은 오름과 바다가 내려다보이는 한라산 자락에 모여 살고, 사람들은 그 신들에 기대어 삶을 꾸려왔습니다. 고려 · 조선시대에 한라산신제를 지내 그 예우를 다하고 높이 받들었듯이, 저 옛적 탐라왕국도 한라산을 성스러이 모셨을 것입니다.

한라산은 척박한 땅을 일구며 고난의 역사를 겪어온 제주인의 삶을 묵묵히 바라보았을 것입니다. 한라산은 제주의 정체성이며 과거이자 현재이고 미래입니다. 남녘 한라는 북녘 백두와 함께 우리 모두의 가슴 깊이 새겨져 있으며, 제주에 뿌리내렸거나 드나든 이들이 한라산을 노래하고 글을 짓고 많은 기록을 남겼으며 꿈을 이어가고 있습니다.
2007년 유네스코 세계자연유산으로 거듭난 '제주도 화산섬과 용암동굴'의 중심도 한라산입니다. 이제 우리는 한라산의 경관과 생태가 영원히 보존되고, 그 터전에서 형성된 역사와 문화적 가치가 더욱 더 높아질 수 있도록 애써야 할 것입니다. 모쪼록 이번 전시를 통해 '한라산'에 대한 이해가 깊어지기를 소망합니다.

끝으로 많은 사람들이 한라산에 더 다가갈 수 있도록 귀중한 소장품과 자료를 출품해주신 여러 기관과 소장자 여러분, 전시를 기획 · 진행한 국립제주박물관 관우들께 마음 깊이 감사의 인사를 드립니다.

2013. 9
국립제주박물관장 김성명

전시기획 권상열 신영호 오연숙	**전시출품 협조**	**아카이브 협조**
전시총괄 김성명 이애령	경희대학교 혜정박물관	제주특별자치도 세계자연유산관리단
전시진행 김영미 장제근 부혜선 김희정	국립고궁박물관	국립축산과학원 난지축산시험장
전지선 장혜련 이한나 김석범 정윤선	국립광주박물관	서울대학교 규장각 한국학연구원
전시교육 유경하 한지윤	국립제주대학교박물관	학고재
행정지원 김동만 장원근	국립중앙도서관	한라산국립공원 관리사무소
	국립중앙박물관	한라산연구소
전시설계시공 컬쳐 게이트	서울대학교 중앙도서관	강정효
전시일러스트·홍보물 비에이디자인	완산이씨병와공파종회	
	제주교육박물관	
도록편집 이애령 오연숙	제주돌문화공원	
도록원고 오연숙	제주시청	
도록논고 오상학 강문규 김새미오	제주특별자치도민속자연사박물관	
한문번역 백종진	한국국학진흥원	
영문번역 팬트렌스 넷	김재창	
	김찬우	
사진촬영 한국문화재사진연구소 한정엽	김창우	
서현강(제주도, 제주십경도)	백종진	
	이수학	

일러두기

1. 이 책은 국립제주박물관이 개최한 2013년 기획특별전 '한라산'(2013.9.10~11.3)의 전시도록이다.
2. 한시, 한문 등의 국역 출전은 참고문헌에 표기하였다.
3. 도판 캡션은 유물 명칭, 시대, 저자, 출토지, 크기, 소장처, 지정문화재번호 순으로 표기하였다.
4. 유물의 크기 단위는 cm이며 서책류는 세로×가로, 기물의 경우 높이, 길이, 지름 중 하나를 선택하여 표기하였다.
5. 전시의 이해를 돕기 위해 전시되지 않은 유물도 수록하였다.

목차 CONTENTS

Preface	05	서문
Hallasan Mountain	09	Ⅰ. 한라산
Records of Volcanic Eruptions of Hallasan Mountain and their Names	10	한라산의 화산 기록과 다양한 이름들
Hallasan Mountain in Antique Maps	16	옛 지도 속의 한라산
Hallasan Mountain and People	35	Ⅱ. 한라산과 사람들
The Rich Repository of Nature	36	풍부한 자연의 보고
Hunting, the Greatest Spectacles	42	장관의 으뜸, 사냥
The Birthplace of Horses for the King	48	임금의 말이 태어난 곳
Another Foundation for Living	60	또 다른 삶의 터전
Folk Beliefs and Legends of Hallasan Mountain	65	Ⅲ. 한라산의 신앙과 전설
The Myth of the Founding of Tamlaguk	66	탐라개국신화
Buddhist Temples at Hallasan Mountain	72	한라산의 불교사찰
Home of Taoist Immortals and Stars	76	신선과 별들의 고향
Religious Rituals for the Mountain Spirits of Hallasan Mountain	86	한라산신제
The scenery of Hallasan Mountain and Poems	95	Ⅳ. 한라산의 풍경과 시
Landscape Paintings of Hallasan Mountain	96	한라산 풍경 그림
Poems and Writings about Hallasan Mountain	112	한라산을 노래한 시와 글
Letters Carved on Rocks	120	바위에 새긴 글씨
Record Climbs on Hallasan Mountain	126	한라산 등반 기록
Hallasan Mountain in Eyes of Foreigners	135	Ⅴ. 이방인의 눈에 비친 한라산
Western View on Hallasan Mountain	136	서양인이 바라 본 한라산
Articles	145	논고
Hallasan Mountain in Antique Maps	146	고지도 속의 한라산 │ 오상학 제주대학교 사범대학 교수
Hallasan Mountain and Taoist Ideology	154	한라산과 신선사상 │ 강문규 한라산생태문화연구소 소장
Hallasan Mountain Depicted in the Literature	160	문학작품 속에 표현된 한라산 │ 김새미오 제주대학교 국문학과 강사

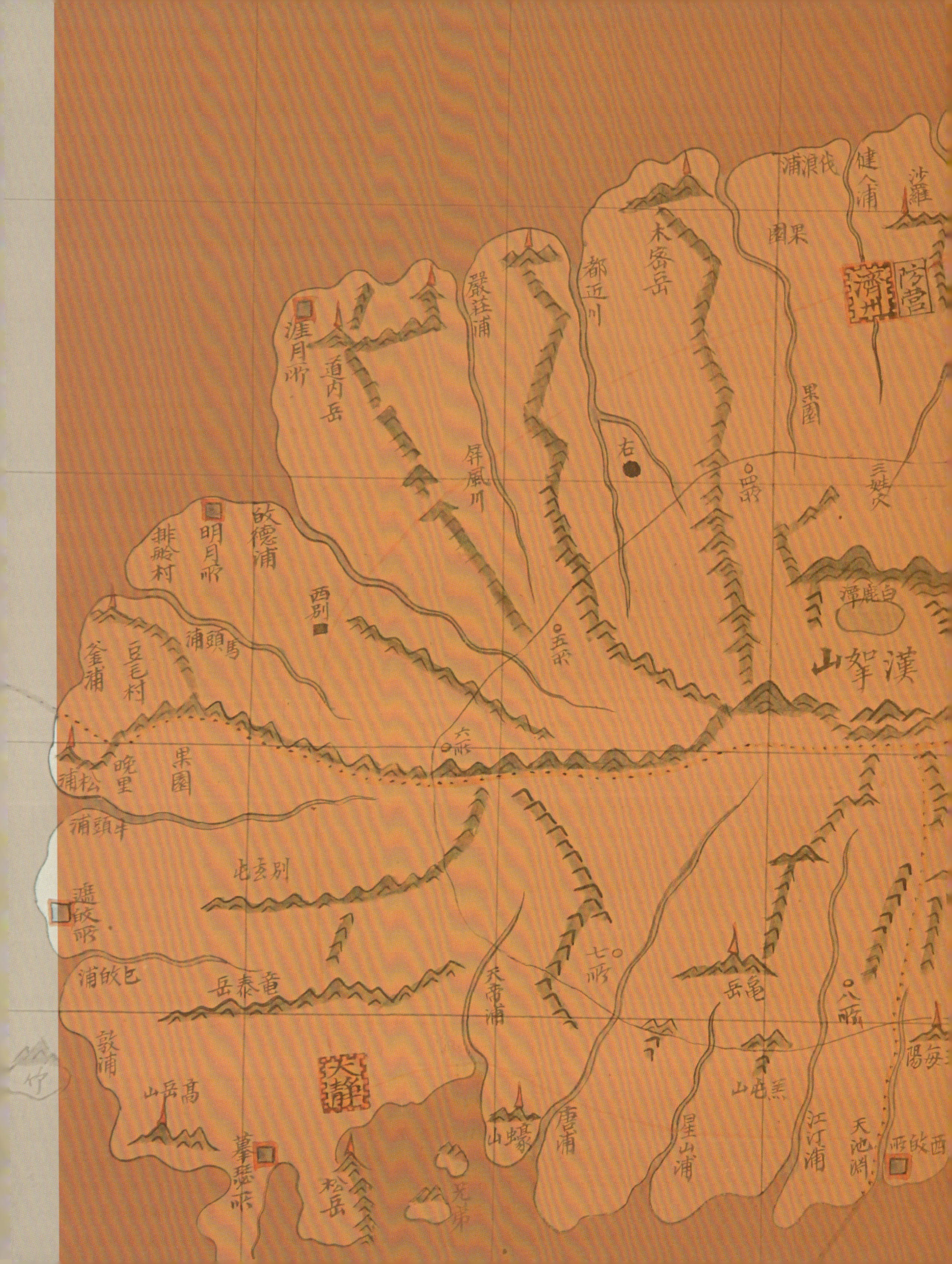

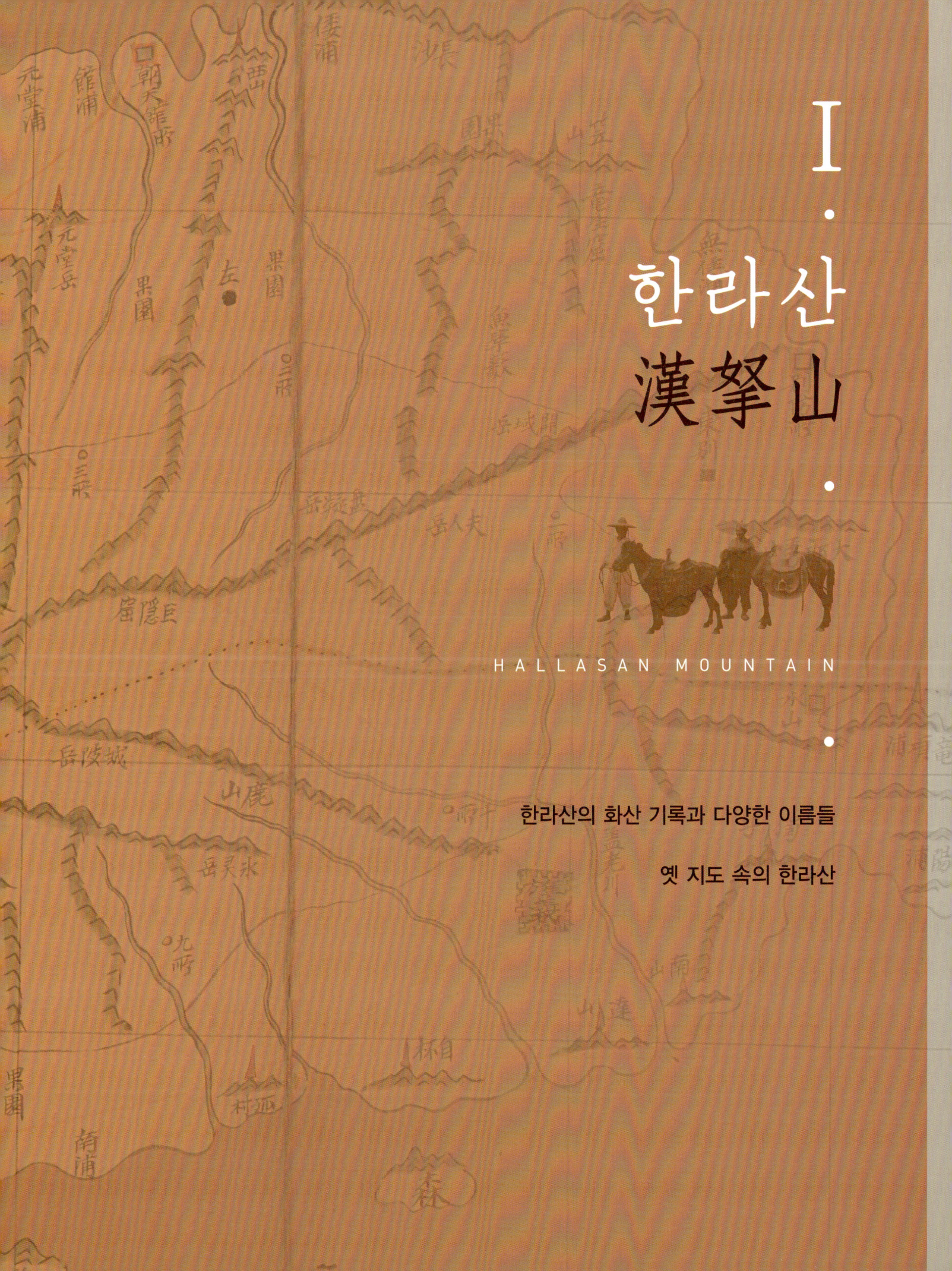

Ⅰ. 한라산 漢拏山

HALLASAN MOUNTAIN

한라산의 화산 기록과 다양한 이름들

옛 지도 속의 한라산

한라산의 화산 기록과 다양한 이름들

Records of Volcanic Eruptions of Hallasan Mountain and their Names

제주도는 약 180만 년 전부터 시작된 화산활동에 의해 형성된 섬이다. 여러 차례의 화산 분출 결과, 섬의 중앙에 해발 1,950m의 한라산이 솟아나게 되었다. 한라산의 화산활동은 약 2만 5천년 경에 끝이 났지만 고려시대까지 여러 곳에서 간헐적으로 있었음을 보여주는 기사를 볼 수 있다.

한라산은 '은하수 한漢'과 '붙잡을 라拏'가 합쳐진 것으로 은하수를 끌어당길 만큼 높은 산을 의미한다. 또한 신선이 내려와 산다는 삼신산三神山의 하나인 영주산瀛州山이라 했다. 제주사람들은 두믜오름頭無岳, 두리메圓山, 가메오름釜岳이라 불렀으며, 민요와 신화에서는 한로산, 하로산, 하로, 한로영주산, 한락산 등으로 불렀다.

한라산이 언제부터 불려졌는지 알 수 없으나 『고려사高麗史』, 『신증동국여지승람新增東國輿地勝覽』, 『세종실록지리지世宗實錄地理志』 등을 통해 조선시대 초기부터 이미 불려졌음을 알 수 있다.

001 고려사 지 권 제9

高麗史 | *Goryeosa*, The History of Goryeo
조선 | 1449~1451년 | 28.0×19.4 | 국립중앙도서관

고려시대의 사회, 정치, 역사, 문화 전반에 대한 내용을 기전체紀傳體로 작성한 고려시대의 역사서이다. 지志 권 제9 권지55 오행五行편에 고려 목종穆宗 5년에 있었던 탐라산耽羅山의 화산분출에 대한 기록이 있다. 화산활동은 당시로도 매우 두려운 자연현상이었으며 이를 파악하기 위해 고려 정부에서는 대학박사大學博士를 보내어 그림을 그려오게 하였는데 비록 그 그림은 전해지지 않지만 제주 섬에 있었던 화산활동의 모습을 추정해 볼 수 있다. 목종 10년에 솟아난 서산瑞山은 비양도와 군산 등으로 비정되고 있다.

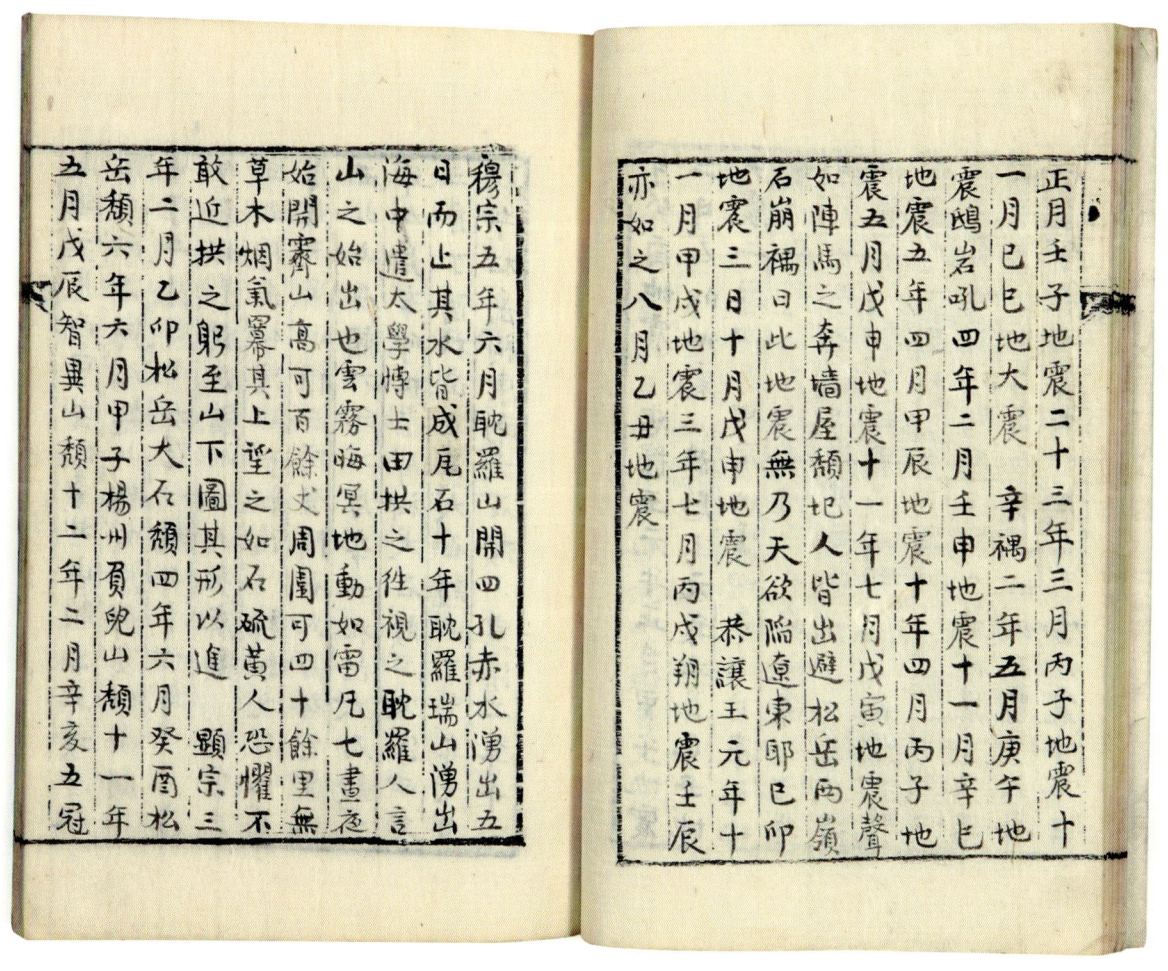

오행 五行

탐라산 네 곳에 구멍이 뚫어져 붉은 빛깔의 물이 솟아나기를 5일 동안 하다가 그쳤는데 그 물이 모두 와석瓦石이 되었다. 10년에 탐라에 상서로운 산이 해중에서 솟아났다 하므로 대학박사 전공지田拱之를 보내어 가서 보게 하였다. 탐라 사람들이 말하기를 "산이 처음 솟아나올 때에 구름과 안개가 어두컴컴하고 땅이 진동함이 우뢰 소리 같기를 무릇 7주야를 하더니 비로소 구름과 안개가 걷히었는데 산의 높이는 100여 장이나 되고 주위는 40여 리나 되며 초목은 없고 연기가 산 위에 덮여 있어 이를 바라보면 석류황石硫黃과 같으므로 사람들이 두려워하여 감히 가까이 갈 수 없었습니다." 하였다. 공지가 몸소 산 밑에 이르러 그 형상을 그려서 바쳤다.

세종실록지리지

世宗實錄地理誌 | *Sejong sillok jiriji*, The Geographical Section of the Annals of King Sejong
조선 | 1454년 | 36.5×23.4 | 국립중앙도서관

현존하는 최고最古의 전국 지리지인 『세종실록지리지』에는 국가 통치에 필요한 여러 자료를 상세히 다루고 있다. 「제주목」 조에 진산鎭山 한라산은 주州의 남쪽에 있고 두무악頭無岳 또는 원산圓山이라고 부르며 그 관에서 제를 행한다고 기록하고 있다. 또한 산이 궁륭穹窿하고 높고 거대하며 그 꼭대기에 대지大池가 있다고 하여 당시 한라산에 대한 중앙의 인식을 엿볼 수 있다. 이와 함께 『고려사』에 실린 고려 목종穆宗 5년(1002) 6월에 있었던 화산활동 기록과 10년(1007)에 바다에서 용출한 서산瑞山의 화산활동 내용이 있다.

제주목 濟州牧

鎭山漢拏在州南, 一曰頭無岳, 又云圓山, 其官行祭, 穹窿高大, 其嶺有 大池.
진산 한라산은 주의 남쪽에 있으며 일명 두무악, 또는 원산이라 부른다. 관에서 제를 행한다. 산이 궁륭하고 높고 거대하며 그 꼭대기에 큰 연못이 있다.

高麗穆宗午年壬寅六月, 耽羅山開四孔, 赤水湧, 十年丁未, 有山湧出海中, 耽羅以聞, 王遣大學博士田拱之往驗之耽羅人言山之出也, 雲霧晦冥地動如雷, 凡七晝夜始開霽, 山無草木, 烟氣罩其上, 望之如石硫黃, 人不能進, 拱之躬詣山下, 圖其形以進.

003
신증동국여지승람 권17

新增東國輿地勝覽 | *Sinjeung dongguk yeoji seungnam*, Revised and Augmented Survey of the Geography of Korea | 조선 | 1530년 | 34.5×22.0 | 국립중앙도서관

『신증동국여지승람』 「전라도」에 한라산은 고을의 남쪽 20리에 있는 진산鎭山이며 한라漢拏라고 말하는 것은 운한(雲漢, 은하수)을 끌어당길 만하기 때문이라 연유를 적고 있다. 한라산에 대한 명칭은 다른 관찬사서와 공통적이다. 이에 앞서 고려 말기에 활동했던 승 혜일慧日이 남긴「서천암逝川庵」이라는 시에서 '한라산'이 등장한다. 서천암은 조공천(朝貢川, 현재의 외도천) 상류에 위치한 옛 사찰로 한라산에서 발원하여 바다로 흐르는 큰 하천 변에 위치했었다고 전해진다. 또한 조선 초기, 권근(權近, 1352~1409)이 태조 6년에 왕이 내려준 '탐라'라는 시제에 대하여 지은 시에도 한라산이 나오고 있어 이미 조선 초기의 관료들에게 한라산은 제주를 상징하는 대명사였음을 알 수 있다.

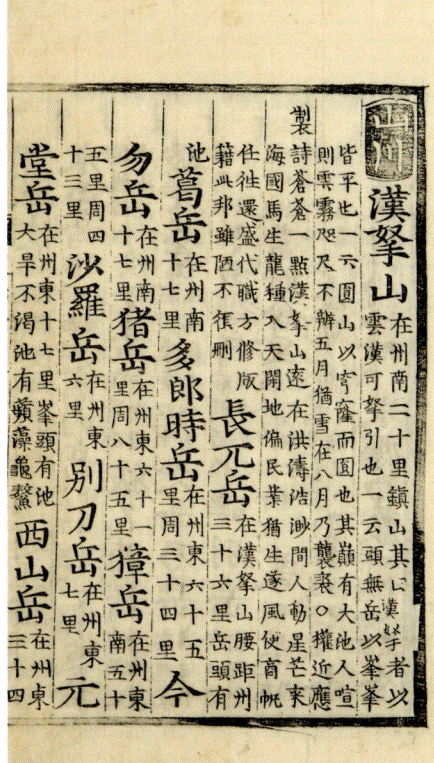 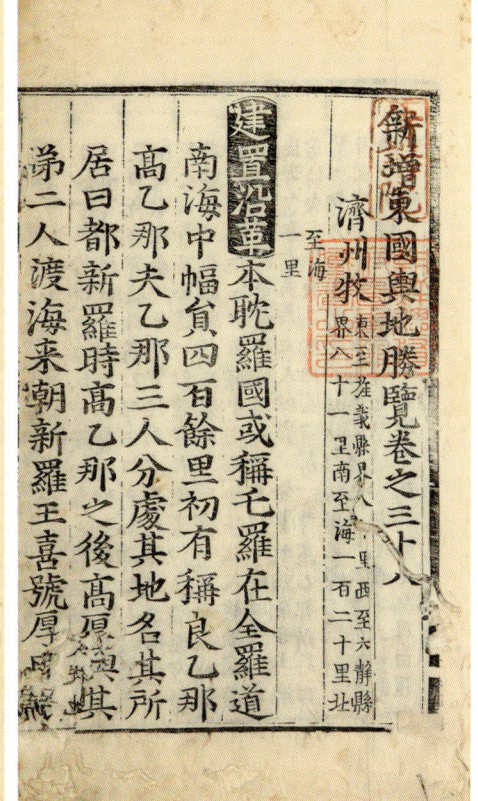 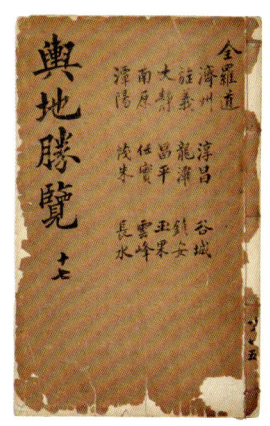

權近應製時 권근의 응제시

蒼蒼一點漢拏山	싯푸른 한 점 한라산이	
遠在洪濤浩渺間	멀리 물결 밖 아득하오.	
人動星芒來海國	별빛 따라 탐라사람 오고 가고	
馬生龍種入天閑	준마는 궁궐의 어승마라네.	
地偏民業猶生遂	비탈진 땅이지만 농사짓고 살아	
風便商船任往還	장삿배 구름 따라 오고가네.	
盛代職方修版籍	성대에 직방씨가 판적을 짤 때	
此邦雖陋不須刪	이 섬나라 궁벽하다고 버리지 않았네.	

004 탐라지

耽羅誌 | *Tamnaji*, Town Chronicle of Jeju
조선 | 1653년 | 이원진(李元鎭, 1594~1665) | 31.5×20.5

『탐라지』는 이원진이 제주목사로 부임한 후 제주의 역사, 지리, 문화 등 모든 분야를 정리한 제주 최초의 읍지이다. 「산천山川」조에 한라산 명칭들에 대한 어원을 풀이하였다. 두무악, 원산, 부악은 한라산의 형태에 기인한 이름으로 제주어인 두믹오름, 두리메, 가메오름의 한자 차용표기이다. 이를 통해 한라산이 오름으로 불리다가 한라산으로 굳어진 것으로 보인다.

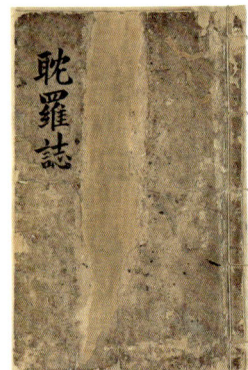
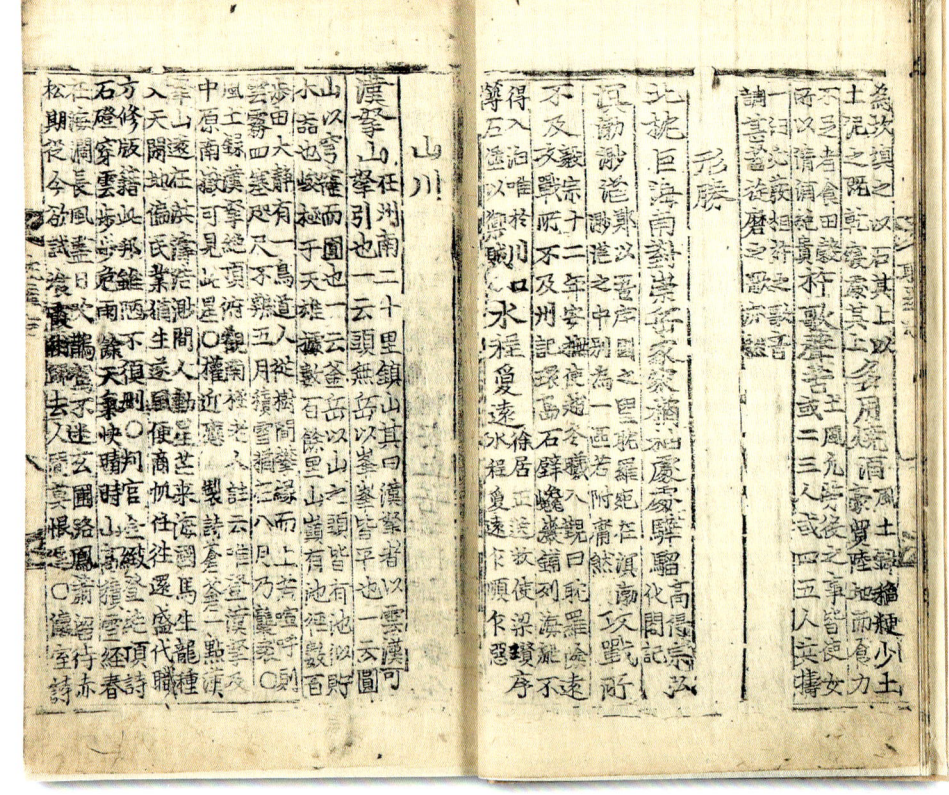

산천 山川

제주성 남쪽 20리에 있다. 진산이며 이름을 한라라 한 것은 하늘을 붙잡을 수 있기 때문이다. 한편으로 두믹오름頭無岳이라고 하는데 봉우리마다 모두 평평하기 때문이다. 한편으로 두리메圓山라고도 하는데, 활 모양으로 구부러져서 가운데가 높고 사방 주위가 차차 낮아지는 형상으로 둥글기 때문이다. 한편으로 가메오름釜岳이라고도 하는데, 산봉우리에 못이 있어서 물을 저장하는 그릇과 비슷하기 때문이다. 높이서 하늘을 찌르고 산세가 대단하여 수백여 리에 걸쳐 있다. 산봉우리에 못이 있는데, 지름이 수백 보가 된다. 대정현을 경유하면 험한 산길 하나가 나오는데, 사람이 나무 사이를 따라서 기어오르면 꼭대기에 닿을 수 있다. 만약 꼭대기에서 크게 소리치면 구름과 안개가 사방으로 둘러싸서 지척을 분간할 수 없게 된다. 5월까지 눈이 내려 쌓여서 8월까지 남아 있으니 가죽옷을 껴입어야 한다.

005	火山巖	Volcanic Rock	너비 48(앞)
화산암	제주특별자치도민속자연사박물관		

화산 폭발과 함께 뿜어져 나오는 용암은 격렬히 솟구치거나 점성이 강해 물처럼 흐르며 점차 굳어지게 된다. 이러한 과정에서 다양한 용암석이 생성되는데, 이중 공중으로 솟구친 용암은 회전하며 떨어져 둥근 모양의 화산탄이 된다. 화산탄은 제주의 거의 모든 분석구에서 확인되는데 고구마 모양을 하고 있으며 크게는 1~2m에 달하는 것도 있다.

옛 지도 속의 한라산

Hallasan Mountain in Antique Maps

한라산은 백두산과 함께 우리나라를 상징하는 산이다. 조선시대 사람들은 백두산에서 뻗은 기맥氣脈이 한라산으로 이어졌다고 여겼다.

한라산의 지리적인 중요성에 대한 조선시대 사람들의 인식은 옛 지도에 잘 나타나 있다. 제주 지도는 주로 18~19세기에 제작된 것이 많으며 한라산을 중심으로 마을, 하천, 방어시설, 목장 등이 형성되어 있음을 볼 수 있다. 또한 명승지, 오름과 곶(숲) 등 제주의 대표적인 곳을 비롯하여 지금은 사라진 옛 지명들이 표기되어 있어 당시의 제주 사정을 이해할 수 있다.

006 탐라지도

耽羅地圖 | *Tamna jido*, Map of Jeju Island
조선 | 73.0×65 | 경희대학교 혜정박물관

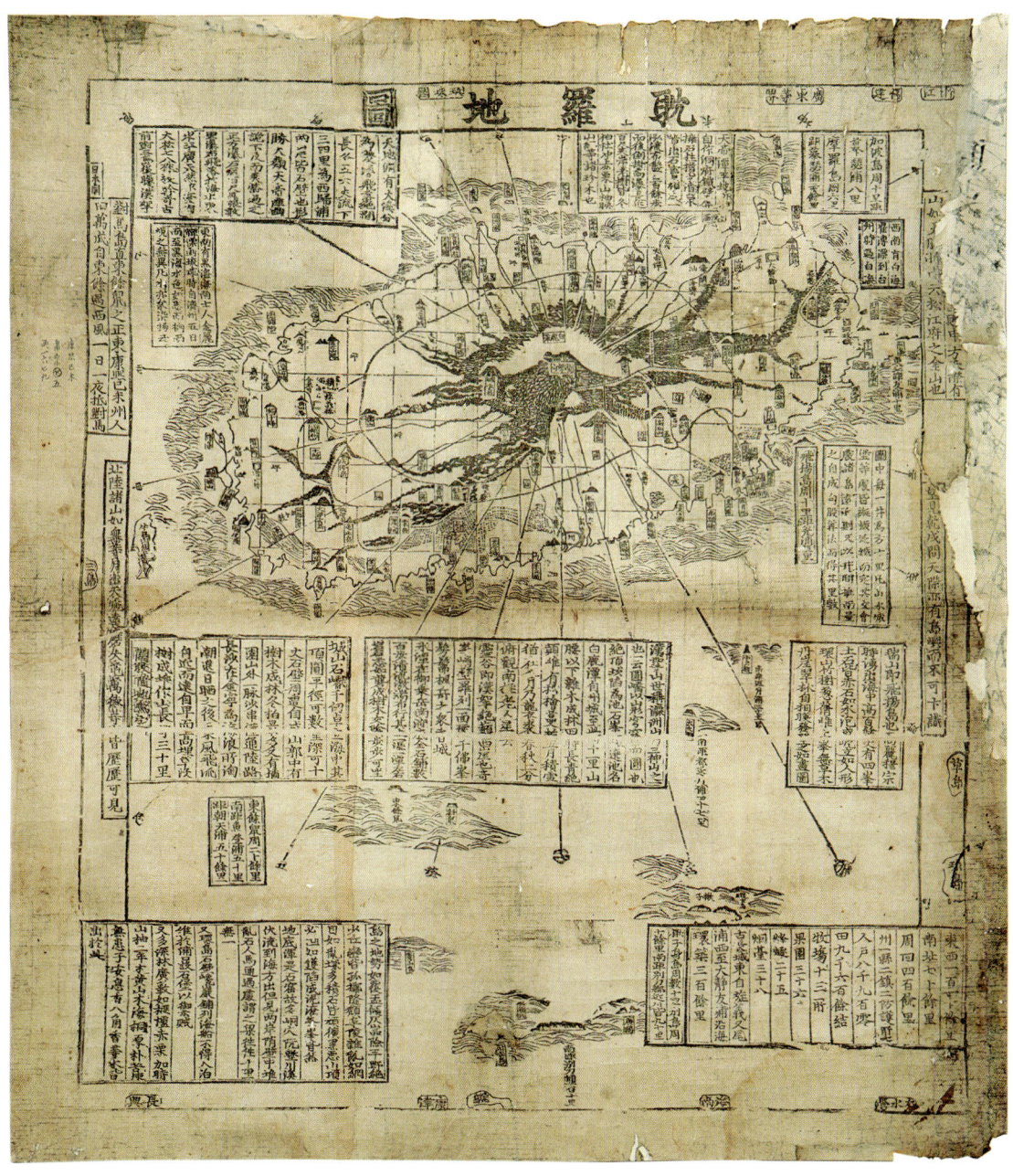

현존하는 제주도 지도 가운데 지도의 제작 형식이 가장 독특한 지도로 평가된다. 지도는 10리 방격(또는 井間)과 한라산 중심에서 뻗어가는 방사선의 방위선을 결합하여 그려졌다. 이러한 작도 방식은 현존하는 한국 고지도 뿐 만 아니라 동아시아의 고지도에서도 보기 힘든 사례이다. 한라산이 중심부에 그려져 있는데, 백록담을 크게 과장해서 표현했다. 중산간 목마장의 각 소장별 경계선과 당시 목마의 중심 촌락이었던 교래촌橋來村이 중요 마을로 표시되어 있다. 한라산에 대한 간략한 기록과 여백에 제주사람 전만성田萬成이 서풍을 만나 1일 1야에 대마도에 표착했다는 기록이 있다.

007 해좌전도

海左全圖 | *Haejwa jeondo*, Map of Korea
조선 | 19세기 | 97.8×55.4 | 국립중앙박물관

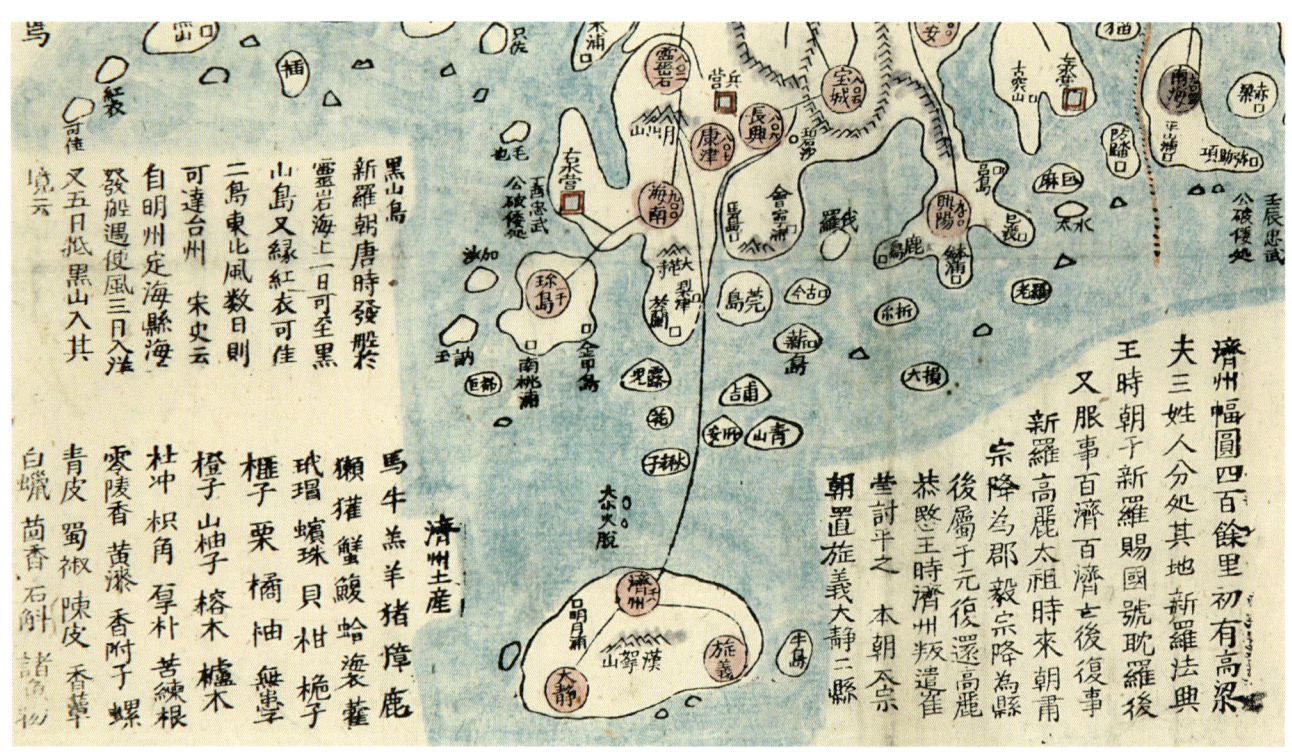

정상기鄭尙驥의 『동국지도東國地圖』와 비슷한 형태의 지도로 산줄기와 하천, 호수, 교통로 등이 자세히 그려져 있다. 지도의 여백에 백두산, 금강산, 설악산 등 10여 개에 이르는 유명한 산의 위치와 산수에 대한 간략한 설명이 실려 있다. 또한 고조선古朝鮮, 한사군漢四郡, 신라구주新羅九州, 고려팔도高麗八道의 마을 수를 각각 왼쪽 윗부분의 여백에 기록하여 우리나라의 현재와 과거를 한눈에 볼 수 있게 하였다. 제주 부분은 가운데 한라산을 중심으로 삼읍이 표시되어 있으며 전라도 완도를 거쳐 제주에 이르는 항로가 그려져 있다. 제주의 연혁과 토산에 대하여 간략히 기록하였다.

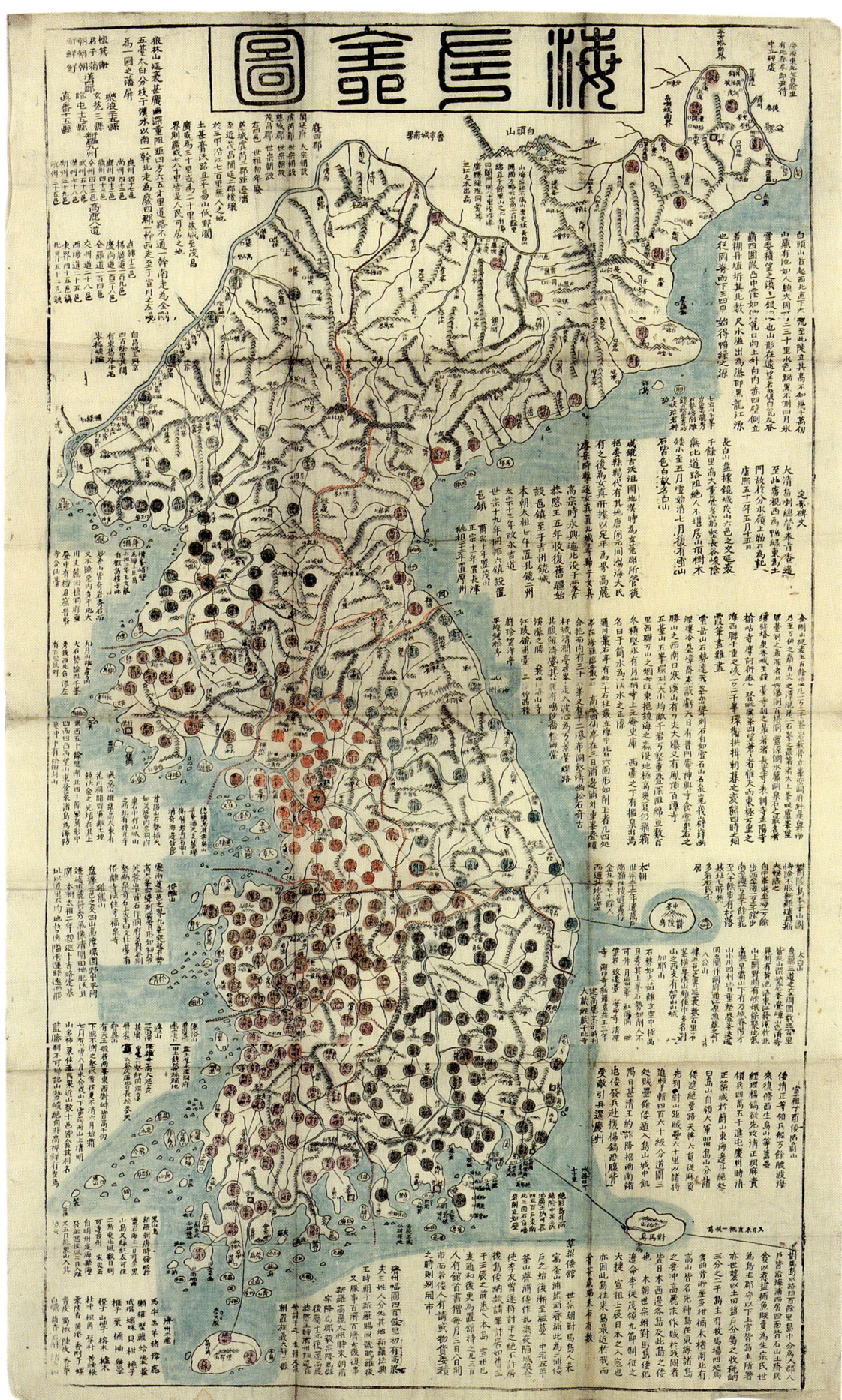

I 한라산 19

008
탐라순력도 한라장촉

耽羅巡歷圖 漢拏壯矚 | *Tamna sullyeokdo*, Map of Jeju Island | 조선 | 1703년
이형상(李衡祥, 1653~1733) | 56.7×36.0 | 제주시청 | 보물 제652-6호

『탐라순력도』 중 「한라장촉漢拏壯矚」 부분이다. 『탐라순력도』는 1702년 제주목사 겸 병마수군절제사로 부임한 이형상이 제주목사로 재임하는 동안 이루어진 순력 모습을 화공 김남길金南吉로 하여금 그리게 한 것으로 총 43장으로 이루어져 있다. 「한라장촉」은 제주 단독지도로는 가장 이른 시기의 것으로 한라산을 중심으로 목장, 오름, 마을, 하천, 봉수 등을 표시하였으며 18세기 지도제작의 특징인 24방위가 표시되어 있다. 한라산과 오름은 중앙에 병렬해 있으며 한라산 기슭에 목장 경계가 표시되어 있다.

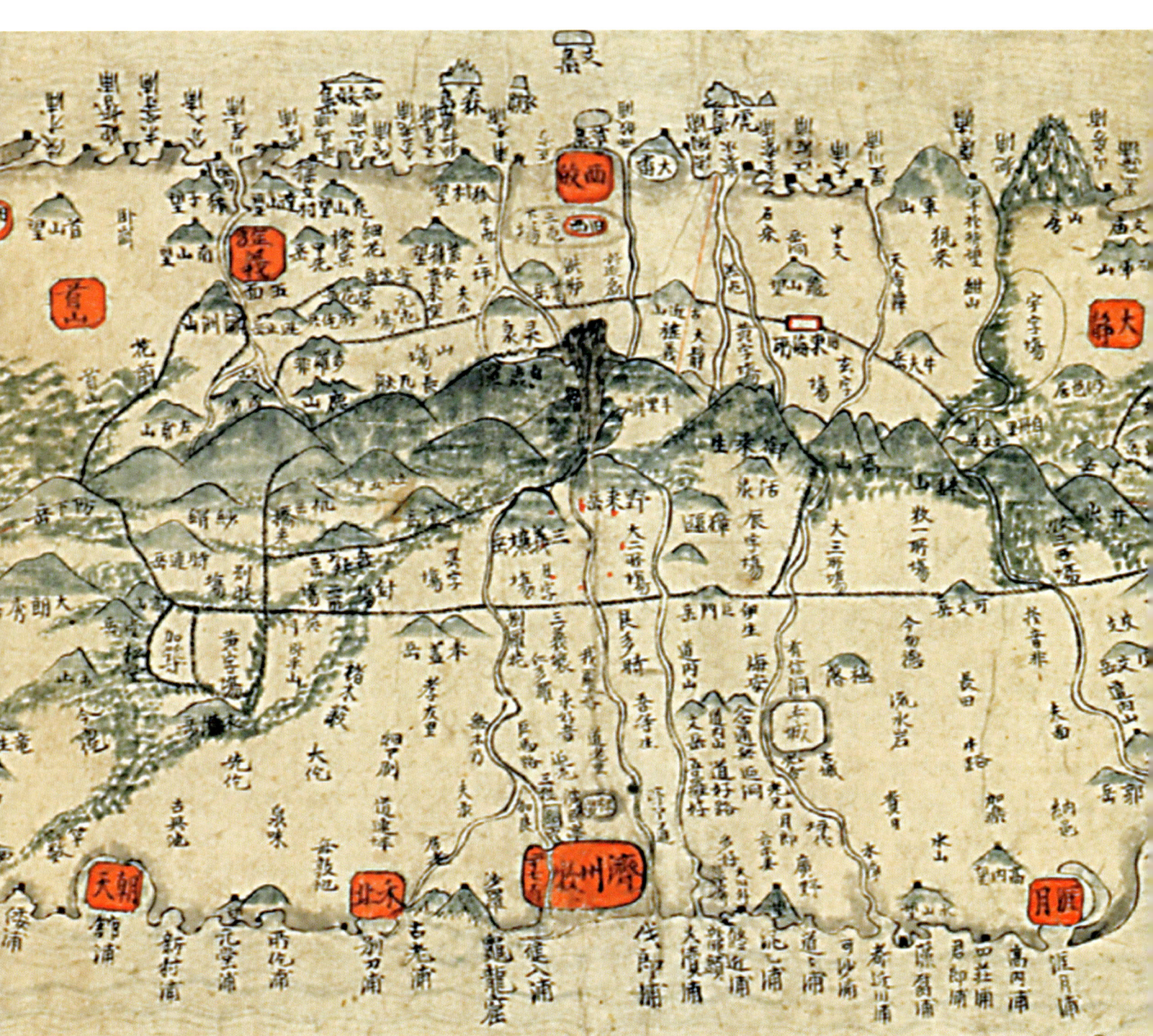

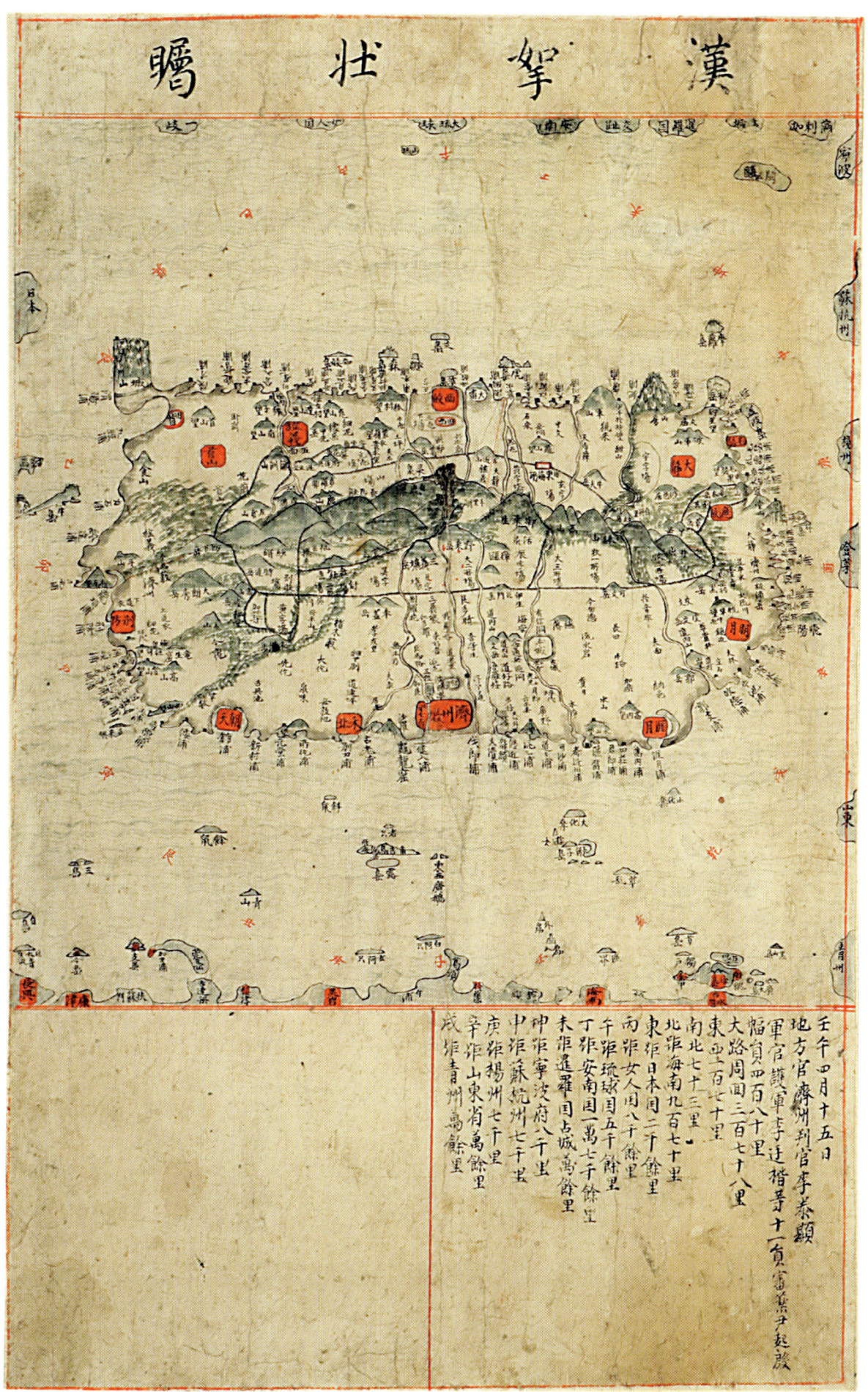

I 한라산　21

009 해동지도 제주삼현도

海東地圖 濟州三縣圖 | *Jeju samhyeondo*, Map of Jeju Island
조선 | 18세기 | 30.5×47.0 | 서울대학교 규장각 한국학연구원 | 보물 제1591호

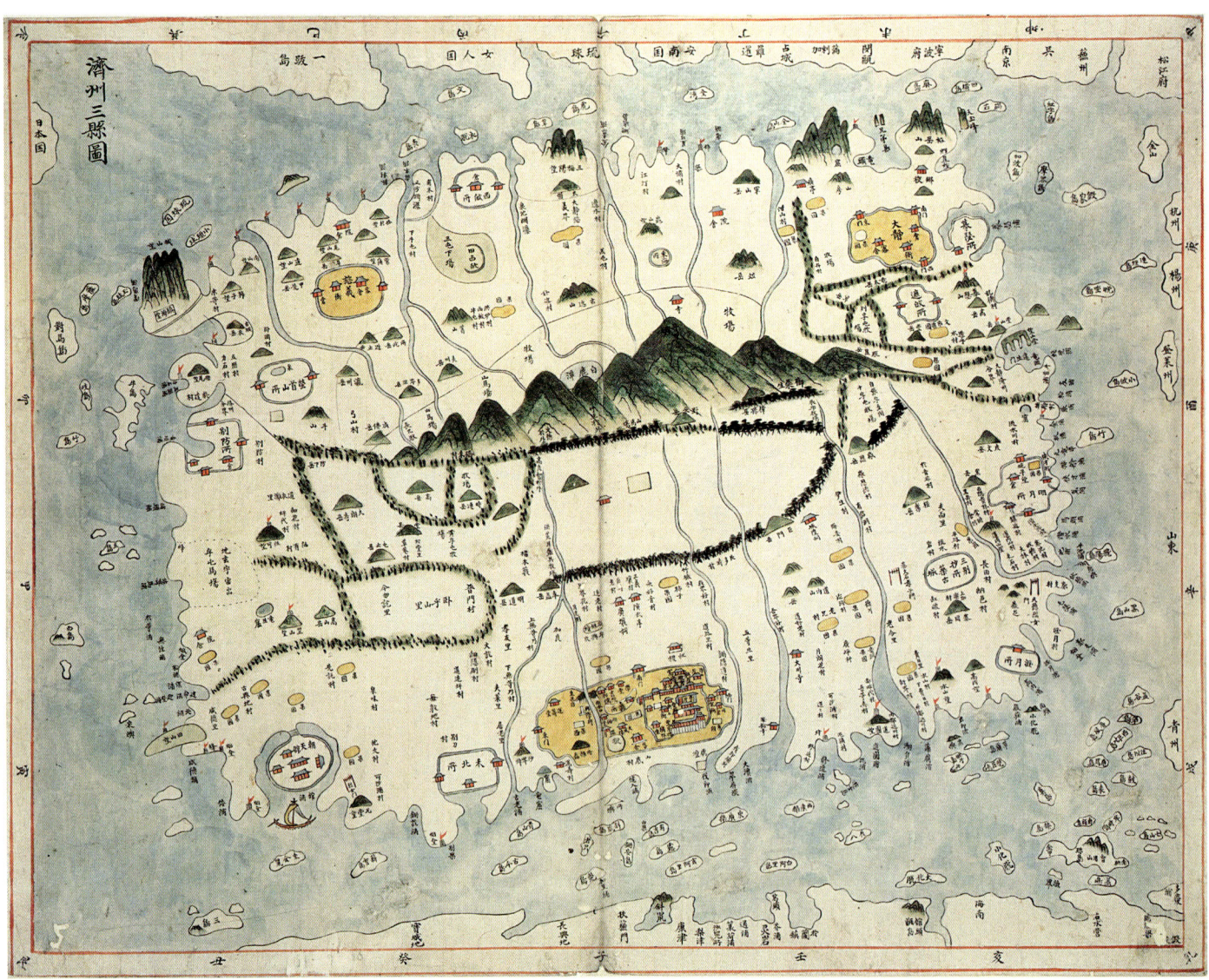

『해동지도』에 포함되어 있는 「제주삼현도濟州三縣圖」이다. 제주濟州·대정大靜·정의旌義 3읍의 지형과 토지이용을 그린 지도로 10소장의 분포와 하천, 산림, 오름, 주변의 주요 섬이 자세히 그려져 있다. 중앙에 백록담이 타원형으로 그려져 있으며 섬 전체에 크고 작은 오름이 그려져 있다. 오름은 한라산 주변에 있는 작은 산이나 봉우리를 일컫는 제주어이며 제주에는 360여 개의 오름이 산재해 있다. 이 지도에는 거의 모든 오름이 표시되어 있으며 백록담 북쪽 주변에 어승생악御乘生岳, 두리여斗里奧, 삼의양악三義陽岳 등이 보인다.

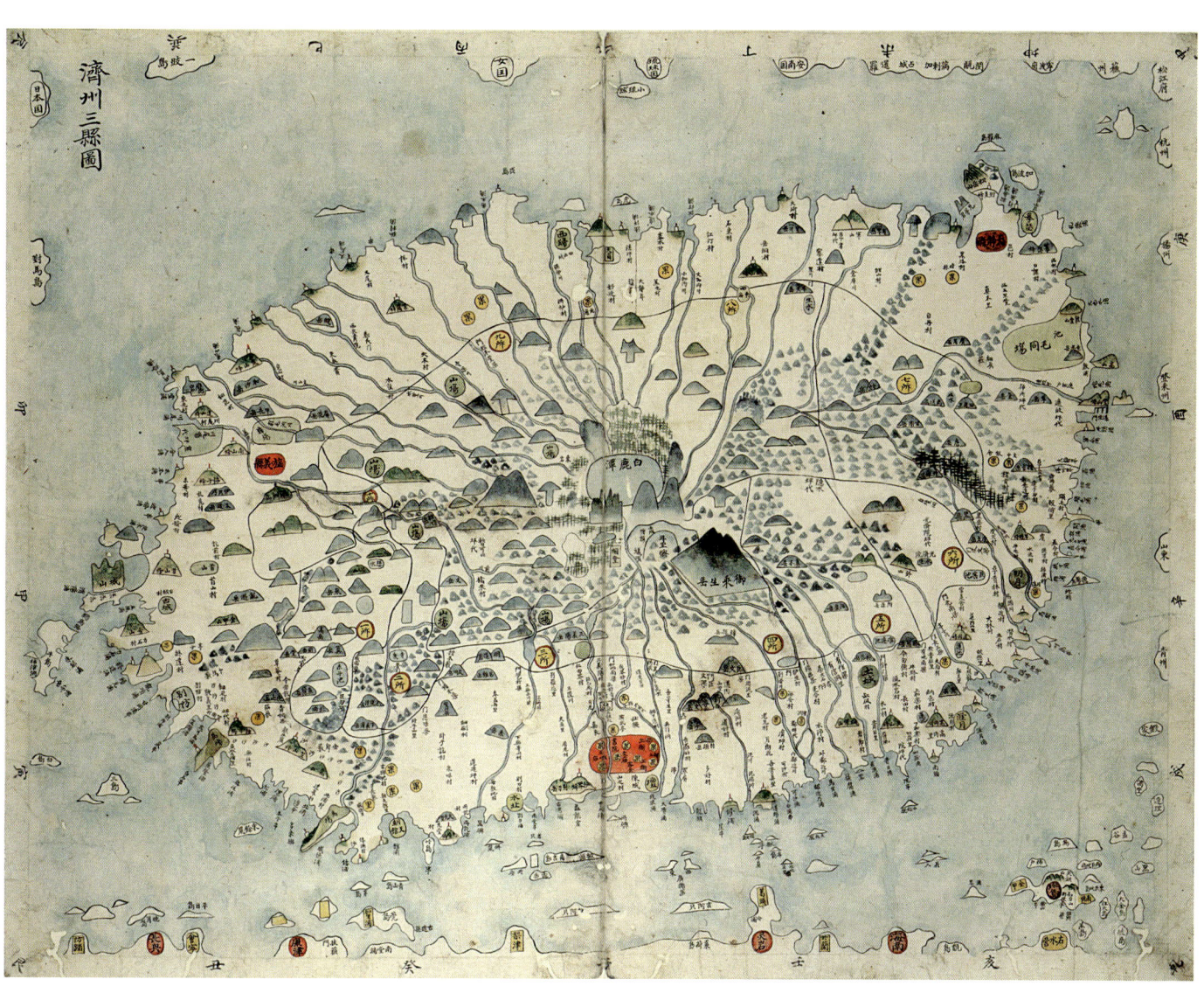

010 탐라지도병서

耽羅地圖幷序 | *Tamna jido byeongseo*, Map of Jeju Island
조선 | 1709년 | 목판본 | 188.0×134.3

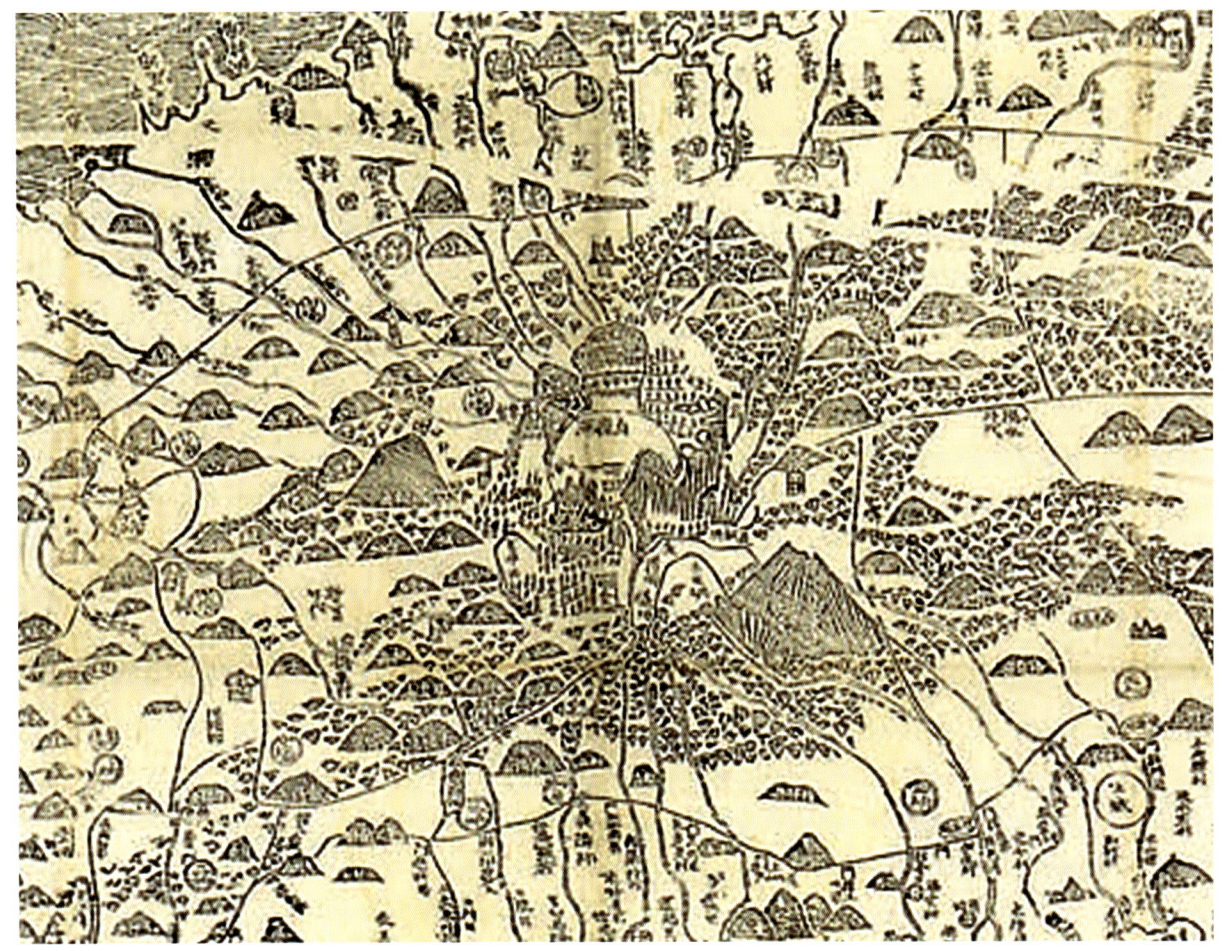

제주도와 그 주변의 섬을 그린 대축적 지도이다. 지도 상·하단에 각 고을의 연혁, 도리, 인구, 군사 등 제주의 지지地誌를 간략히 요약하였다. 한라산을 중심으로 하는 고산지역과 주요 하천을 따라 발달한 산림대를 잘 나타내고 있다. 한라산 백록담과 분화구 주변의 암석은 동암東嵒과 서암西嵒으로 표기되어 있으며 다른 지도에서처럼 어승생악이 강조되어 있다. 두리여(斗里輿, 두리악), 의항蟻項, 연대煙臺, 10소장과 잣성 등도 상세히 그려져 있다.

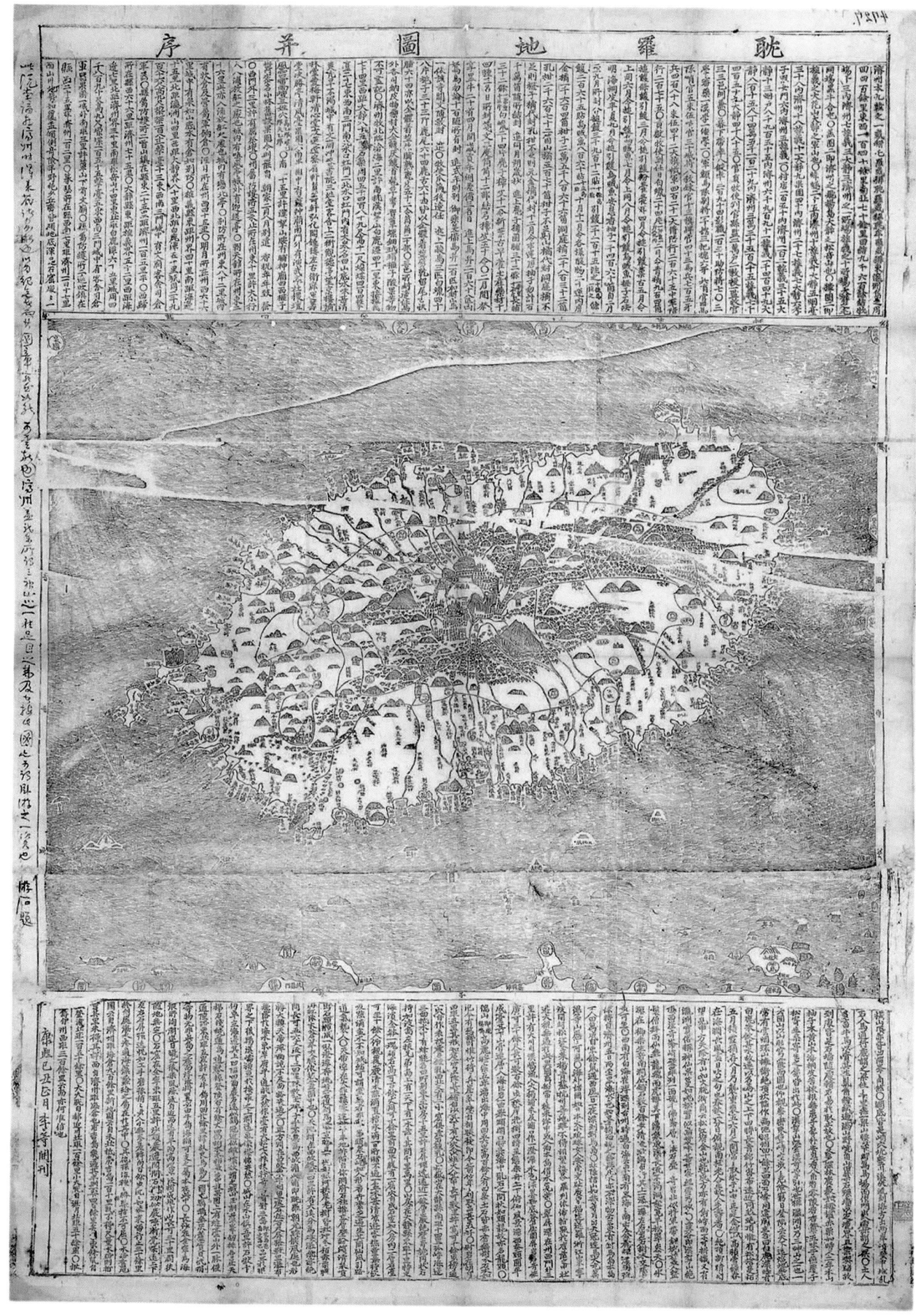

011
제주삼읍도총지도

濟州三邑都捴地圖 | *Jeju sameupdo chongjido*, Map of Jeju Island | 조선
18세기 | 158×140 | 제주특별자치도민속자연사박물관 | 제주특별자치도 유형문화재 제14호

1770년대에 제작된 대축적 지도이다. 제주도 고지도는 초기에는 둥근 타원형이었다가 점차 실제 모습과 같은 모습으로 바뀌는데, 이 지도는 제주목 부분을 움푹 들어간 만灣으로 그린 점이 특징이다. 한라산과 그 주변에 산재한 오름들을 입체화시켜 한라산의 웅장함을 강조하고 있으며, 백록담과 영실기암, 한라산 일대의 지명이 자세히 기록되어 있다. 백록담은 물결무늬로 그려졌으며 주변에 지금의 장구목에 해당하는 장고항長鼓項, 입선석入先石, 지금의 왕관릉으로 추정되는 연대煙臺, 지금의 용진굴로 보이는 용진동龍眞洞 등이 확인된다. 한라산 남쪽에 기암괴석이 있는 영실과 존자암을 나타내는 존자尊者가 표기되어 있다.

濟州三邑都總地圖

012 영주산대총도

瀛州山大總圖 | *Yeongjusandaechongdo*, Map of Yeongjusan Mountain
조선 | 18세기 | 104.5×59.5 | 국립고궁박물관

독립된 제주지도이다. 이 지도 상단에 해서체로 한라산의 다른 이름인 「영주산대총지도瀛洲山大總圖」라 쓰여 있다. 중앙에 한라산이 넓게 그려져 있으며 제주의 3읍과 9개 진성, 10개의 목마장, 주요 마을과 도로, 주변 섬들에 대한 정보를 상세히 표현하였다. 「제주삼읍도총지도」에 비해 제주의 형태가 완만하다. 조선시대의 지도는 회화적인 성격을 많이 띠는데 이 지도 역시 회화성이 강하다.

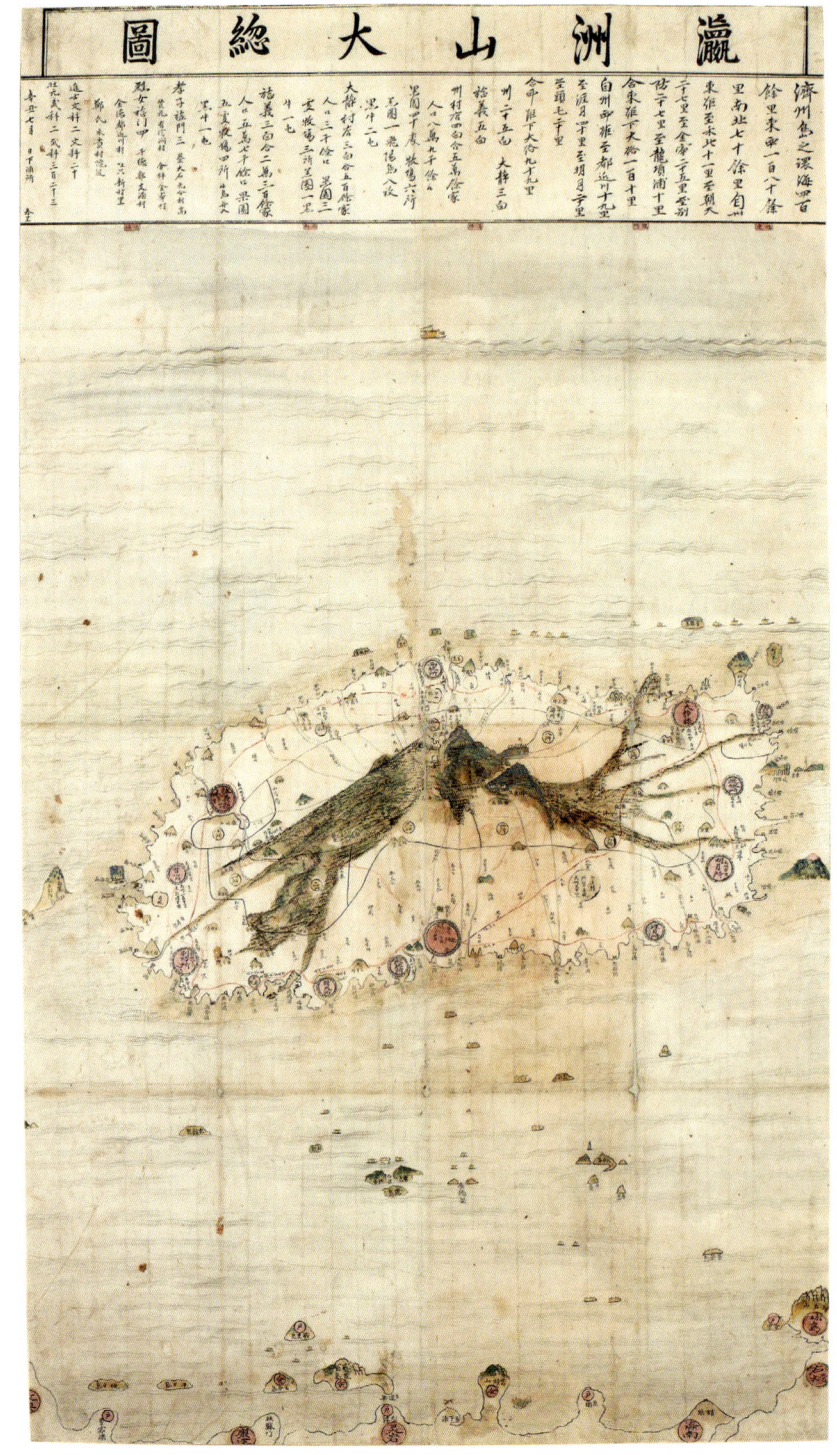

013 동여 | 東輿 | *Dongyeo*, Map of Jeju Island
조선 | 19세기 | 41.2×26.8 | 국립중앙박물관

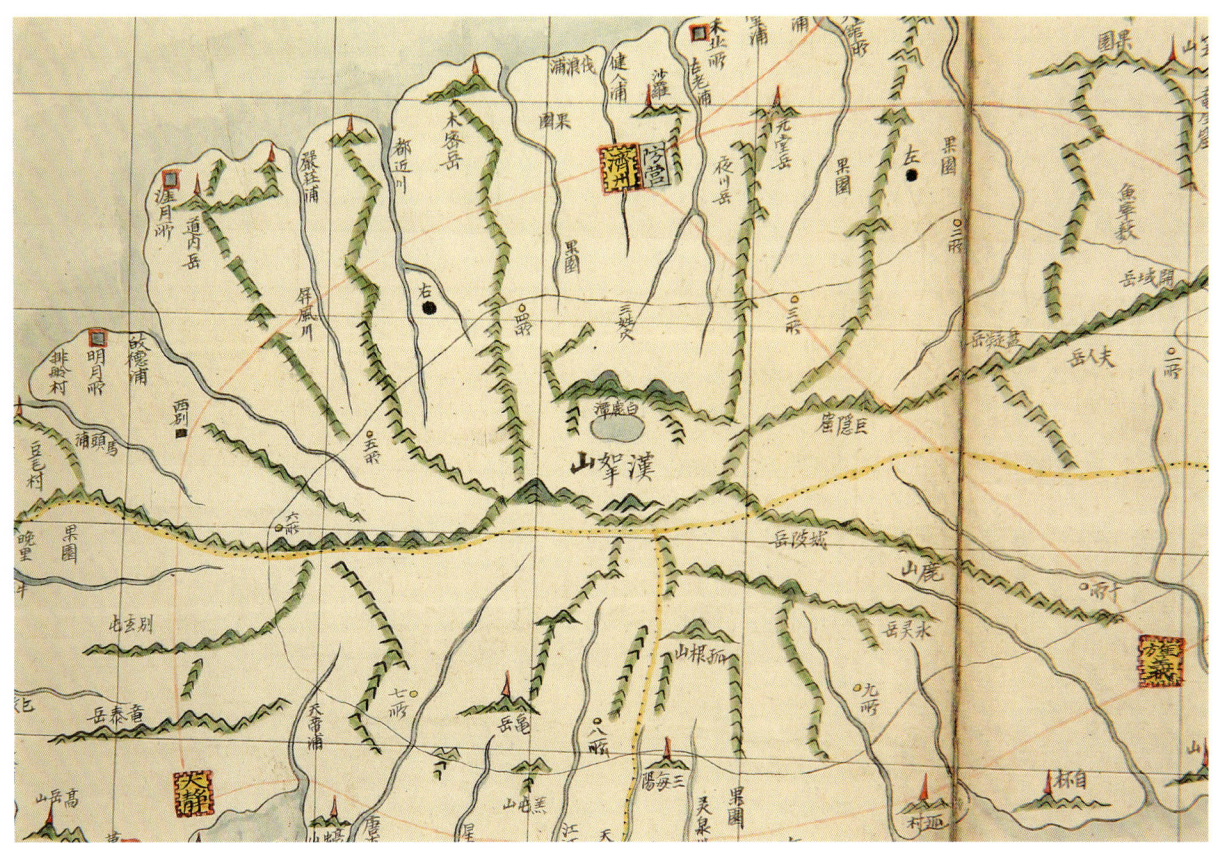

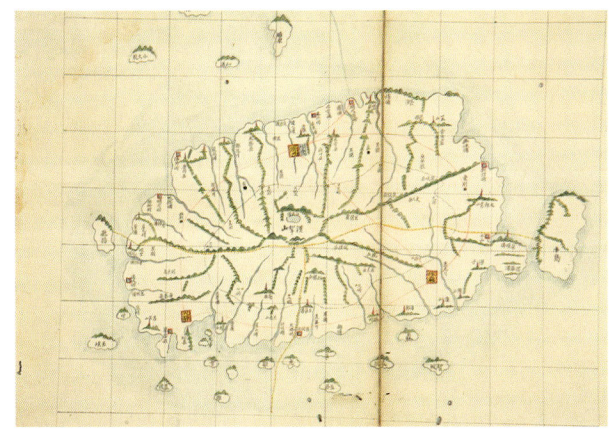

14첩으로 이루어진 전국지도 중 「전라도」 제주 부분이다. 도면에 세로 10개, 가로 7개의 모눈이 그려져 있으며 모눈 한 개의 길이는 20리에 해당한다. 지도의 윤곽은 18세기 후반의 군현지도첩인 『조선지도』나 『해동여지도』와 비슷하며 『대동여지도』로 이어지는 과도기적 단계의 지도로 보인다. 제주의 형태는 타원형이며 중앙에 한라산 백록담이 표시되어 있다. 주변 전라도에서 제주 조천관으로 들어오는 항로가 표시되어 있으며 진鎭, 봉수, 목장, 오름, 하천 등이 그려져 있다. 산지는 산줄기를 이어 그리는 연맥식으로 표현하여 강조하였다.

014 　　　大東輿地圖 濟州地圖 | *Daedong yeojido*, Map of Jeju Island
대동여지도 제주지도　조선 | 1861년 | 김정호(金正浩, ?~1866) | 60.6×39.5 | 국립중앙박물관

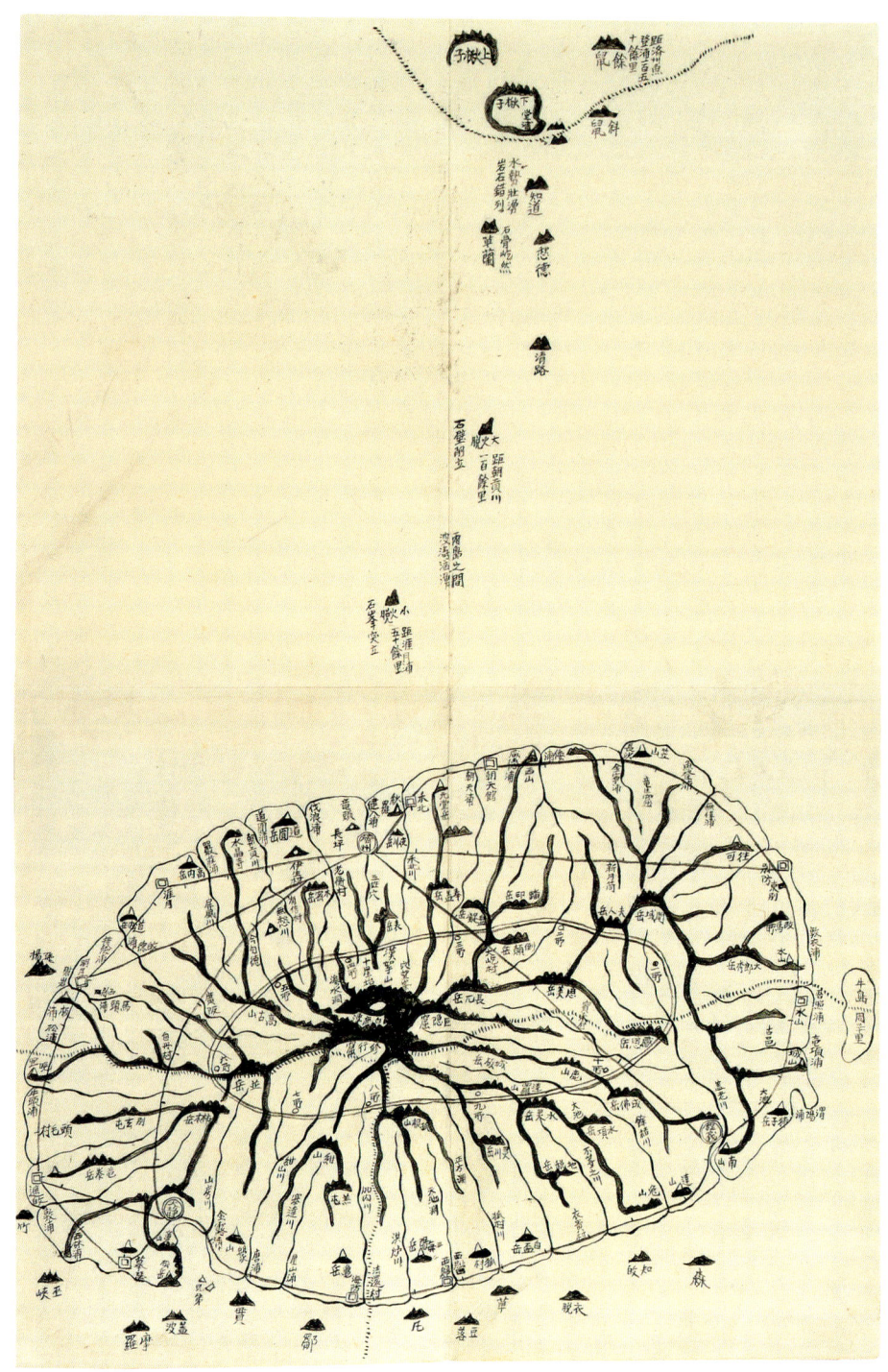

김정호가 1861년에 제작·간행한 『대동여지도』 중 제주 지도이다. 한라산 정상부에 있는 암벽이 강하게 부각되었고 중앙에 백록담이 그려져 있다. 다른 지도에서는 보기 힘든 한라산 최고봉인 혈망봉六望峰, 십성대十星坮가 표시되어 있다. 또한 동쪽에 거은굴巨隱窟, 북쪽에 수행굴修行窟도 보인다. 다른 제주지도에 비해 매우 정제된 형태의 지도로 실제 지형을 반영하고 있으며 군사·행정적으로 중요한 항목을 간결히 표시하였다. 지금까지 오름을 단독으로 그린 것에 비해 연맥식으로 그리고 있다.

015 환영지	寰瀛誌	*Hwanyeongji*, Map of Jeju Island
	조선	19세기	25.4×34.7	국립중앙박물관		

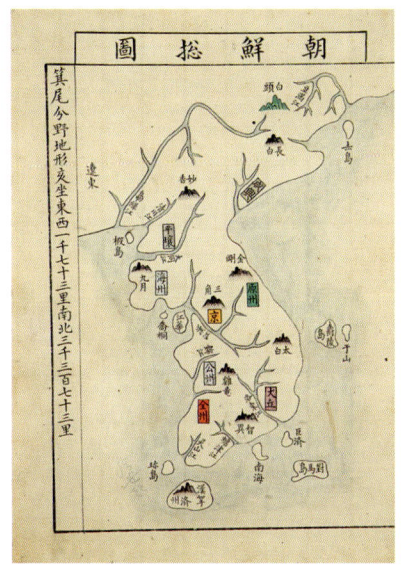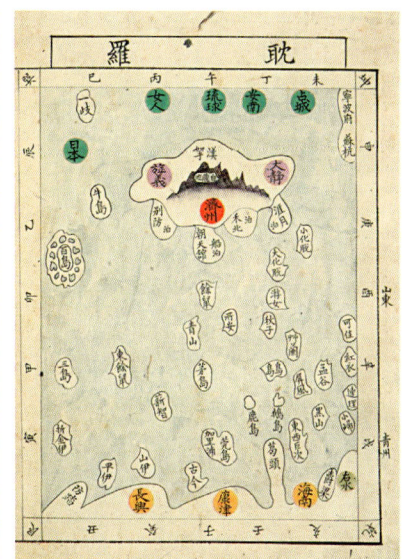

위백규魏伯珪의 『환영지』를 모사한 것으로 지도만을 따로 수록한 것이다. 「천문도天文圖」, 「세계지도世界地圖」, 「중국지도中國地圖」, 「조선총도朝鮮捴圖」 등으로 이루어져 있다. 제주 그림은 「조선총도」와 「도별도道別圖」에 수록되어 있는데 형태와 내용이 소략한 편이다. 「탐라耽羅」지도 중앙에 한라산과 백록담이 있으며 전라도지역에서 제주 사이에 있는 섬을 자세히 그렸다. 또한 제주 북부지역에 대표적인 포구인 별방別防, 조천관朝天舘, 화북禾北, 애월涯月을 강조하여 표시하였다.

016 지봉유설	芝峰類說	*Jibong yuseol*, Topical Discourses of Yi Su-gwang
	조선	이수광(李睟光, 1563~1628)	27.9×19.3	국립중앙도서관		

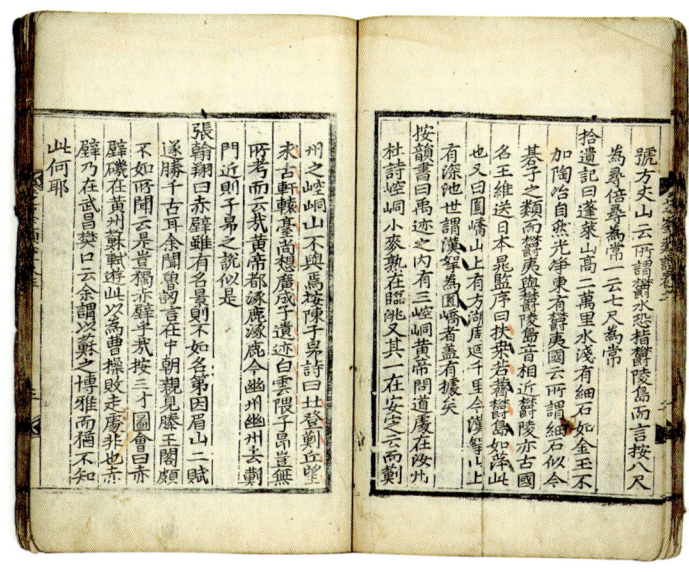

이수광이 지은 『지봉유설』은 천문, 지리, 역사, 경제 등 광범위한 범위에 걸쳐 작성한 일종의 백과사전이다. 권2에는 한라산에 대한 풍수적인 인식을 볼 수 있는데, 풍수사 남사고의 말을 인용하여 한라산도 백두산에서 뻗어 내린 기맥이 바다 속으로 이어져 솟아난 것이라 하였다.

017 택리지

擇里志 Taengniji, Ecological Chronicle of Korea | 대한제국 | 이중환(李重煥, 1690~1753) 저
최남선(崔南善, 1890~1957) 교 | 22.2×15.8 | 국립중앙박물관

1751년(영조 27) 실학자 이중환李重煥이 현지답사를 기초로 하여 저술한 우리나라 지리서이다. 「산천」 조에 한라산을 영주산瀛州山이라 하고 있으며, 월출산月出山에서 남해안의 여러 섬을 거쳐 한라산이 되었다고 하고 있다. 또한 그 맥을 알 수 없으나 바다 건너 유구국琉球國으로 갔을 것이라 하였다. 이는 한라산이 백두산에서 뻗어 내려온 맥의 귀결지로 인식되었음을 보여준다.

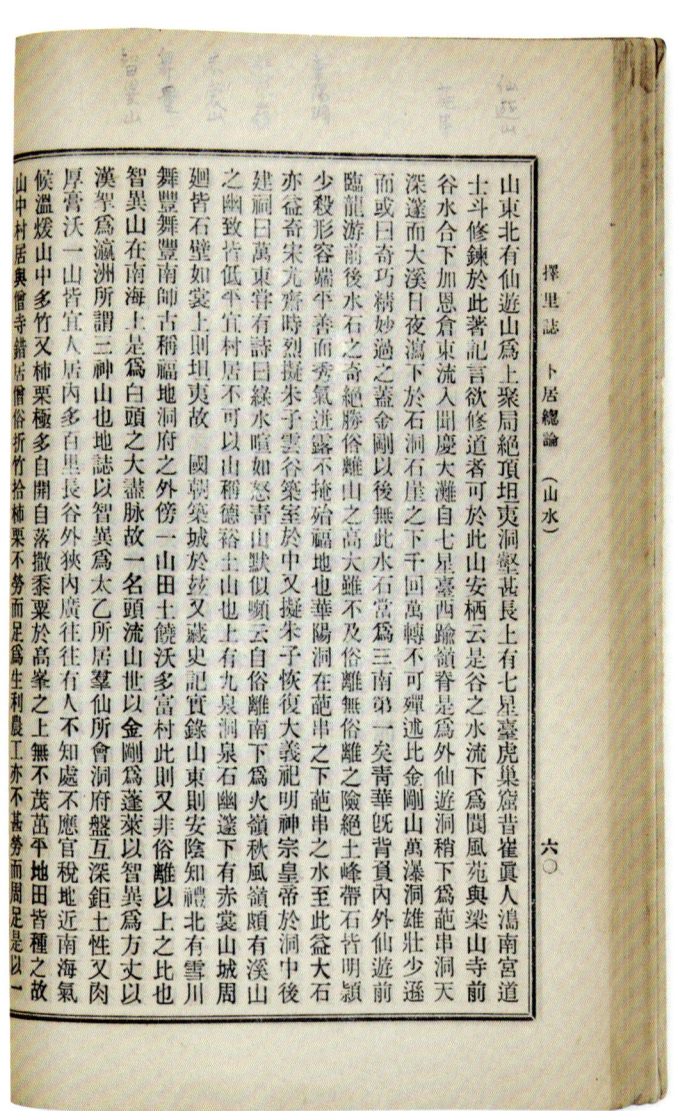

산천 山川

바다 복판에 있는 산 또한 기이한 것이 많다. 제주의 한라산을 영주산이라 하기도 한다. 산 위에 큰 못이 있는데, 매양 사람들이 시끄럽게 하면, 문득 구름과 안개가 크게 일어난다. 제일 꼭대기에 있는 모난 바위는 사람이 쪼아서 만든 것 같다. 그 아래에는 잔디가 지름길처럼 되어 있어 향긋한 바람이 산에 가득하다. 가끔 젓대와 퉁소소리가 들려오나 어디서 나는지 알지 못하며 전해오는 말에는 신선이 항상 노는 곳이라 한다.

018 면암집

勉菴集 | *Myeonamjip*, Anthology of Choe Ik-hyeon's Literary Works
1908 | 최익현(勉庵 崔益鉉, 1833~1906) | 31.0×20.4 | 제주시청

면암 최익현은 대원군의 비정에 상소를 올렸다가 1873년(고종 10)에 제주에 유배되어 1875년(고종 12) 3월에 해배되었다. 귀양이 풀린 최익현은 제주시 오라동 출신의 귤당橘堂 이기온(李基瑥, 1934~1886)과 함께 한라산을 올랐으며 그 내용이 「유한라산기遊漢拏山記」에 수록되어 있다. 한라산에 대한 풍수적 위치가 잘 나타나 있는데 백두산에서 시작한 기맥이 한라산에 까지 이르렀고, 산의 형세 또한 동서남북을 각각 말, 부처, 곡식, 사람의 형세라 하였다.

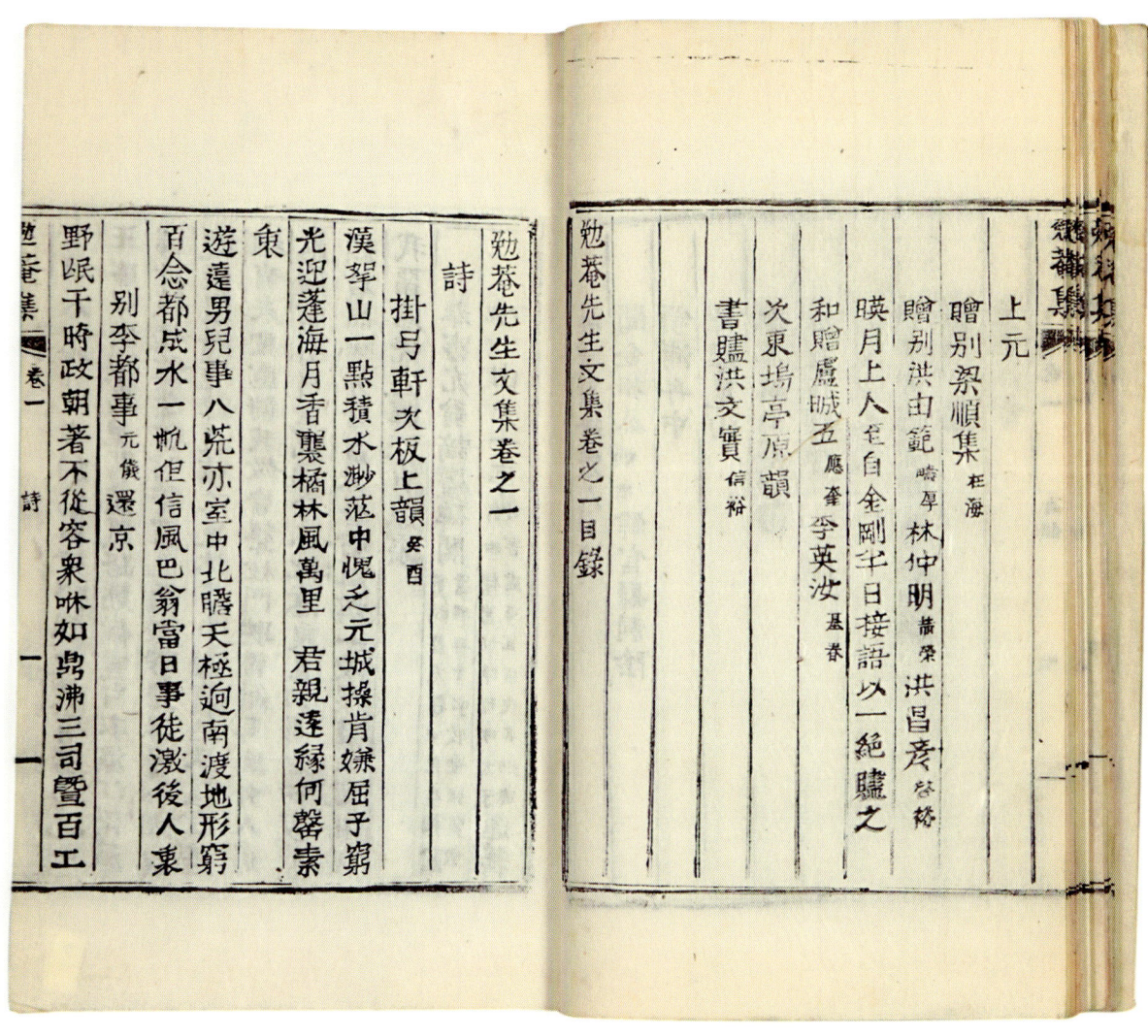

如雲永我里

板埋同山

II

한라산과 사람들

HALLASAN MOUNTAIN
AND PEOPLE

풍부한 자연의 보고

장관의 으뜸, 사냥

임금의 말이 태어난 곳

또 다른 삶의 터전

풍부한 자연의 보고

The Rich Repository of Nature

제주는 따뜻한 기후와 섬이 갖는 환경으로 인해 육지와 다른 자연환경을 갖고 있다. 특히 한라산에는 해발고도에 따라 다양한 생물이 살고 있으며 약용 및 식용식물을 포함하여 약 2,000여 종의 식물이 서식하고 있다고 한다.

한라산의 풍부한 자원은 제주사람들의 일상생활에서 필요한 것을 얻는 것 뿐 만 아니라 국가에서 필요한 물품을 공급하는데도 중요한 역할을 하였다. 조선왕조실록과 읍지류, 개인 문집에는 동·식물, 어류 등 제주의 풍부한 자원이 소개되고 있으며, 이 중 양질의 특산물과 약재는 오래 전부터 진상되었음을 알 수 있다.

成宗實錄 | Seongjong sillok, The Annals of King Seongjong
조선 | 1499년

제주의 다양한 식생 중 한라산에서 서식하는 나무의 일부는 국가에서 필요로 하는 물목이었다. 안식향, 유자, 비자 등은 국용으로 이용되었으며 귤 등은 특산물로 진상되었다.

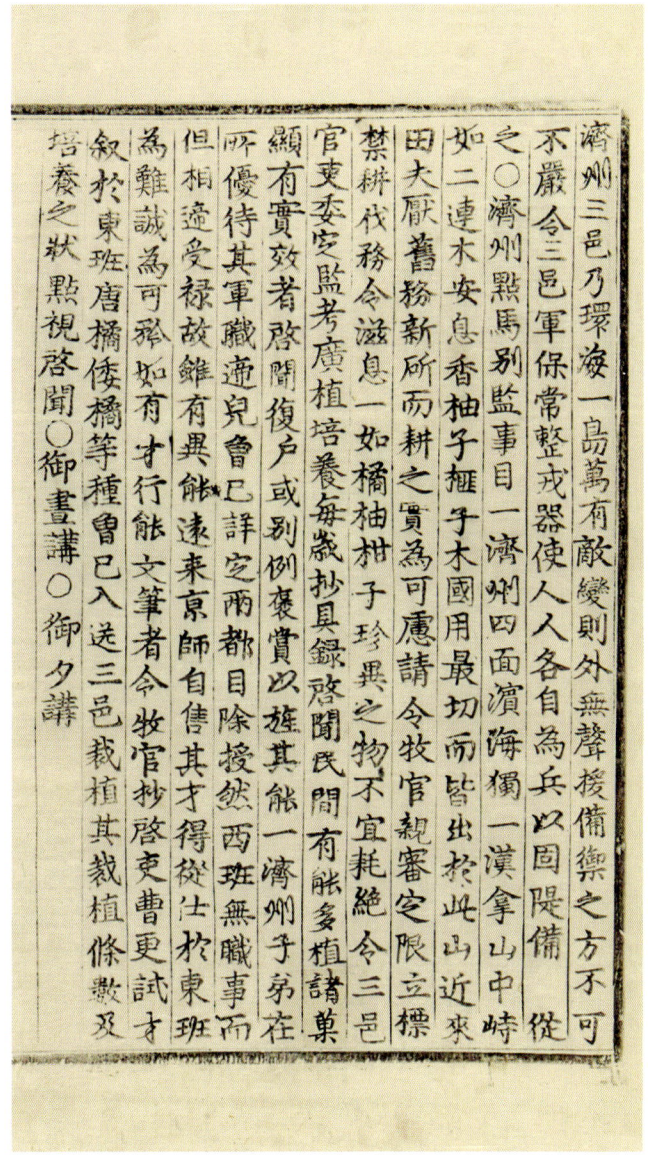

성종 3년(1472) 정월 정묘(30일)

제주 점마 별감濟州點馬別監의 사목事目에 이르기를,

1. 제주濟州는 사면四面이 해변濱海이고 홀로 하나의 한라산漢拏山만이 가운데에 우뚝하여 두 개의 연한 나무連木와 같은데, 안식향安息香·유자柚子·비자목榧子木은 국용國用에 가장 절요한 것으로, 모두 이 산에서 나옵니다. 근래에 전부田夫가 옛 것을 싫어하고 새로운 것에 힘써, 나무를 베어내고 경작을 하니, 실로 염려할 만합니다. 청컨대 목관牧官으로 하여금 친히 살피어 한계를 정하여 표지를 세워 경작하고, 벌목하는 것을 금禁하여 자식滋息에 힘쓰게 하소서.

1. 귤橘·유자柚子·감자柑子 같은 진귀한 물건은 모절耗絕함이 마땅하지 않으니, 3읍의 관리로 하여금 감고監考를 위정委定하여 넓게 심어서 배양培養시키되, 세초歲抄 할 때마다 갖추 기록하여 계문啓聞하게 하고, 민간에서 모든 과목果木을 잘 심어 드러나게 실효實效가 있는 자가 있으면, 계문하여 복호復戶하거나 혹은 별례別例로 포상褒賞함으로써 그 능한 것을 정표旌表하게 하소서.

020 완당선생전집

阮堂先生全集 | *Wandang seonsaeng jeonjip*, Anthology of Kim Jeong-hui's Literary Works | 조선 | 19세기 | 27.2×17.0

유배 온 사람들이 간혹 유배가옥을 떠나 한라산을 등반하거나 주변을 다니면서 쓴 글들이 있다. 추사 김정희(秋史 金正喜, 1786~1856)는 제주 유배에서 다소 움직임이 자유로웠던지 한라산 주변을 등반했음을 보여주는 글들이 남아 있다. 이 편지는 추사가 제주에 도착하여 중산간지역을 통해 대정으로 가는 여정에서 본 이국적인 한라산의 풍취를 쓴 글이다. 그러나 재촉하여 가야하는 심회가 잘 나타나 있다. 또한 권3에는 한라산 주변을 등반하면서 감로수(甘露樹)를 발견하고 그 상황을 벗 권돈인(權敦仁)에게 쓴 편지가 있는데 깊은 산 중에 있는 감로수를 발견하고 그에 대해 고증하는 모습도 볼 수 있다.

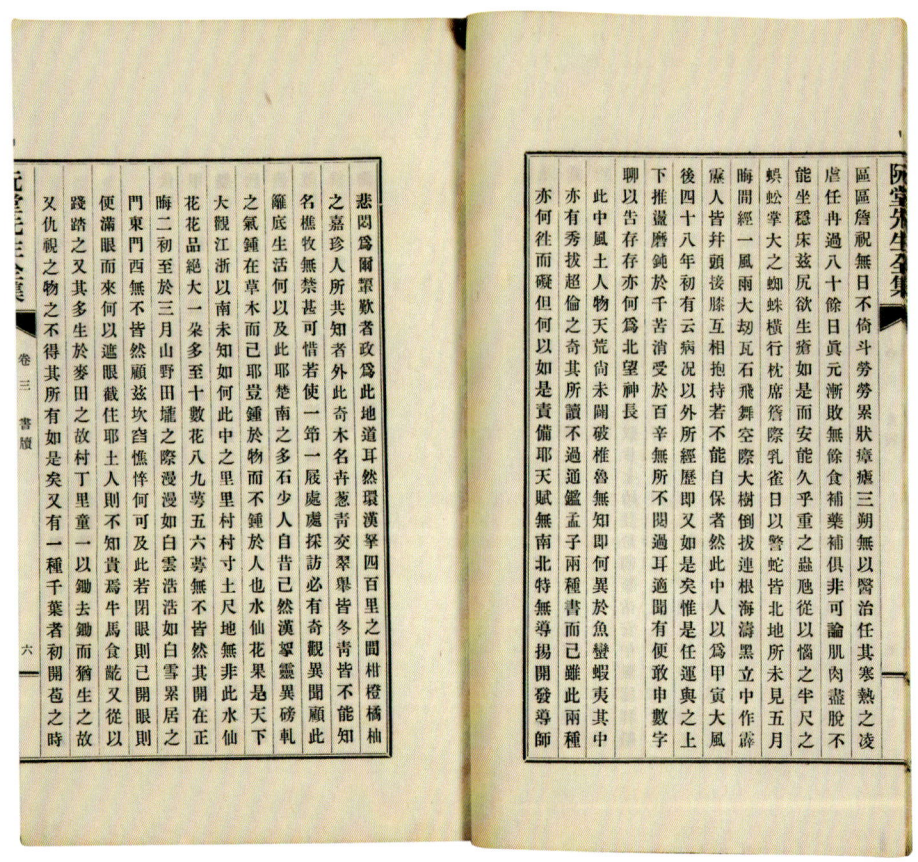

내정으로 가는 길의 절반은 순전히 돌길이어서 인마(人馬)가 발을 붙이기 어려웠으나, 절반을 지난 뒤부터는 길이 약간 평탄하였다네. 그리고 또 밀림의 그늘 속으로 가게 되어 하늘빛이 겨우 실낱만큼이나 통하였는데 모두가 아름다운 수목들로 겨울에도 파랗게 시들지 않는 것들이었고 간혹 모란꽃처럼 빨간 단풍 숲도 있었는데, 이것은 또 육지의 단풍과는 달리 매우 사랑스러웠으나 정해진 일정에 황급한 처지였으니 무슨 아취가 있었겠는가.

021 남환박물

南宦博物 | *Namhwan bangmul*, Geographical Chronicle of Jeju | 조선 | 1704년
이형상(李衡祥, 1653~1733) | 34.5×20.5 | 전주이씨병와공파종회 | 보물 제652-5호

병와甁窩 이형상은 1702년 3월~1703년 6월 까지 제주목사 겸 병마수군절제사兵馬水軍節制使로 재임하였다. 그는 제주에 대한 많은 저서를 남겼는데 대표적인 것이『탐라순력도耽羅巡歷圖』,『남환박물南宦博物』,『탐라록耽羅錄』 등이다.『남환박물』은 제주에 관해 박물지라는 뜻이다.『탐라순력도』가 제주의 모습을 그림으로 그린 것이라면 이 책은 제주의 자연과 제주민의 다양한 삶과 습속을 방대하게 기록하였다. 이 책은 제주도 역사, 지리, 물산, 자연생태, 봉수 등 총 37개 항목으로 구성되어 있으며 18세기 제주의 사정을 이해할 수 있는 자료이다. 책의 초두에 효언 윤두서孝彦 尹斗緖가 탐라에 대하여 묻자 그의 부탁으로 이 책을 저술한다고 쓰여 있다.

『남환박물』 집필 목차

고을	誌邑號	노정	誌路程	바다	誌海	섬	誌島	계절	誌候
지리	誌地	경승	誌勝	사적	誌蹟	성씨	誌姓	인물	誌人
풍속	誌俗	문예	誌文	무예	誌武	전답	誌田	토산물	誌産
날짐승	誌禽	들짐승	誌獸	풀	誌草	나무	誌木	과수원	誌果
목장	誌馬牛	물고기	誌漁	약재	誌藥	공물	誌貢	부역	誌賦役
사당	誌祠	관방	誌關防	봉수	誌烽	창고	誌倉	공해	誌廨
병제	誌兵	공방	誌工	노비	誌奴婢	관리	誌吏	행적	誌行
고적	誌古	명환	誌名宦	황복원대가 荒服願戴歌						

022 탐라지

耽羅誌 | *Tamnaji*, Town Chronicle of Jeju
조선 | 1653년 | 이원진(李元鎭, 1594~1665) | 31.5×20.5

제주와 관련된 읍지의 「진상進上」, 「공헌貢獻」 조에는 특산물을 바친 기록이 있다. 대표적인 것이 표고, 비실, 약재, 어류, 귤, 사슴가죽, 말 등이다. 「목공물牧貢物」 조에 수진방壽進坊, 봉상시奉常寺, 내섬시內贍寺 등의 관청에 표고버섯을 진상하라는 기록이 있다. 이곳은 사당, 국가의 제사 등의 일을 맡아보는 관청이거나 음식과 직포 임무를 맡은 관청으로 양질의 재료를 취급하는 곳이었다. 이중 표고는 조선시대의 대표적인 왕실 진상품이었으며 한라산의 생태환경이 우수한 버섯생산에 유리했던 것으로 보인다.

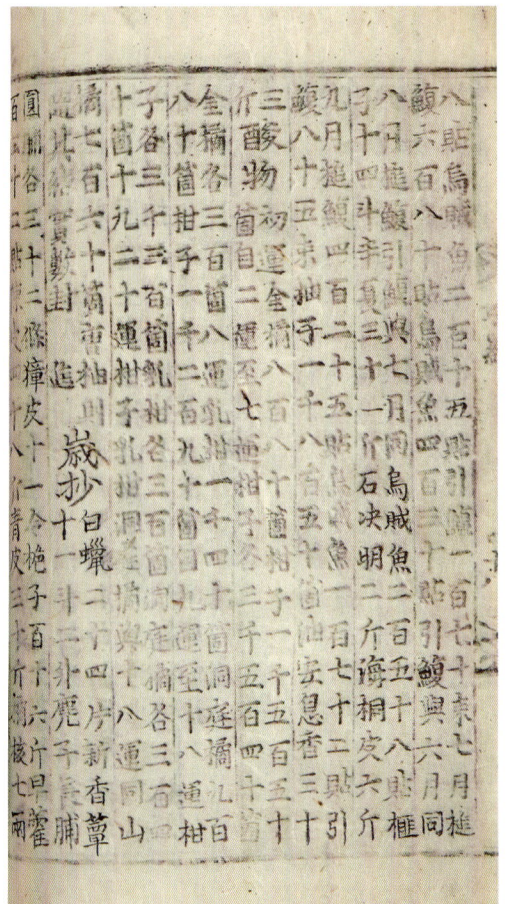
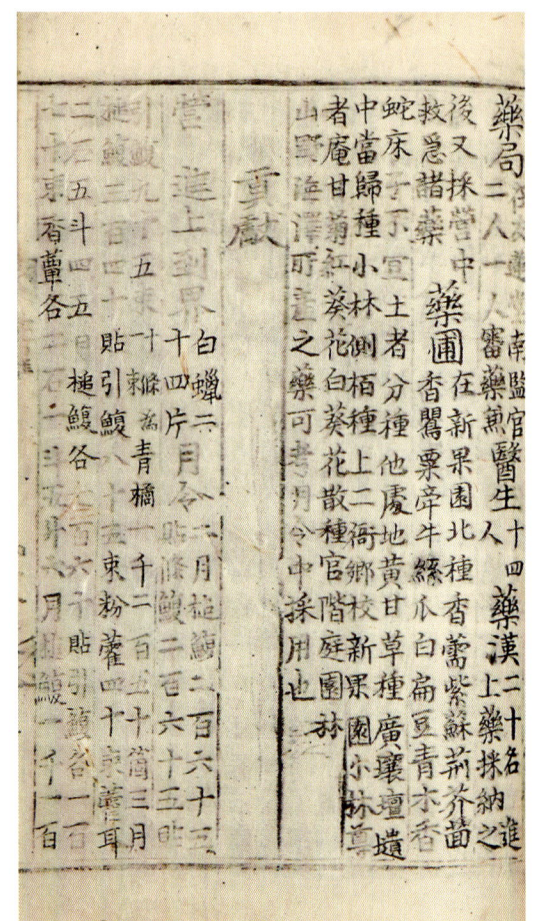

공헌 貢獻

영진상도계 백랍 24편을 진상한다.

월령 2월에 추복(말린 전복) 265접, 조복(가늘게 썰어 말린 전복) 265접, 인복(납작하게 펴 말린 전복) 95뭇, 청귤 1,250개를 진상한다.
3월에는 추복 240접, 인복 85뭇, 미역 40뭇, 미역귀 2섬 5말을 진상한다.
4·5월에는 추복 각각 60접, 인복 각각 170뭇, 표고버섯 각각 2섬 1말 5되를 진상한다.(중략)

기록 속의 한라산 식물

비자열매

영주실

구상나무

조릿대

열매

비자榧子, 석류石榴, 붉은밤(赤栗; 도토리 열매와 같다. 맛은 달고 쓰지만 요기할 만하다), 가시밤(可是栗; 밤과 같으나 쓰다), 보리실(菩提實; 두 종류가 있으며 하나는 연밥만 하다. 가을에 결실하고 겨울이 지나 봄에 익는다. 설사를 치료한다고 한다), 영주실(瀛洲實; 한라산 꼭대기에서 나는데 열매는 능금과 같다. 빛은 검고 달다), 녹각실(鹿角實; 육지에서는 녹실자(鹿貴子)라고 하며 육지의 것은 열매가 푸르고 먹지 못하는데 이곳의 것은 색이 붉고 달며 감촉이 부드럽다고 한다), 연복자(燕覆子; 멍, 「제주풍토록」에 모과와 같고 껍질은 붉은 흑색이라 한다). 씨는 으름林下大人에 비해 씨가 크고 진하다.

『남환박물』, 이형상

약재

녹용鹿茸, 소나무겨우살이松寄生, 뽕나무겨우살이桑寄生, 향심(香蕈, 표고), 진피陳皮, 청피靑皮, 치자梔子, 회향茴香, 팔각향八角香, 영릉향零陵香, 안식향安息香, 기각枳殼, 기실枳實, 후박厚朴, 고련근苦楝根, 해동피海桐皮, 필징가蓽澄茄, … 제주의 약재 중에서 반하와 향부자, 물산 중에서 이른 미역과 미역귀는 모두 공안에 있습니다. 하물며 이 좋은 물품 또한 마땅히 임금에게 바쳐야 하는 것인데, 도리어 누락되어 있음에랴. 제주 섬 백성의 힘은 비록 진상하여 수납輸納하는데 어려움이 있지만, 이것은 천하에 없는 물품입니다.

『남환박물』, 이형상

영주실

영주실瀛洲實은 시로미cherryberry, 암고란岩高蘭, 조이鳥李 등이라 하며 북부 고산지대나 해발 1,400m 의 한라산 고산지대에서 자생한다. 열매가 검고 달며 잎을 달여 차로 마신다고 기록되어 있다. 이 열매는 진시황이 불로초를 찾기 위해 서복徐福을 보냈다는 전설과 관련되어 있다.

구상나무

백호 임제白湖 林悌는 한라산을 오르며 '소나무 종류가 잣柏나무도 아니고 삼杉나무도 아니고 전檜나무도 아닌데 무성하게 열을 지어 있다. 일산 모양을 하고 서 있으며 스님은 계수桂나무라고 하였다'고 하였다. 이 나무 군락은 구상나무군락을 말하며 한라산의 고지대를 비롯한 덕유산, 지리산 등의 고산지대에 자라는 한국특산식물이다. 나무의 수명은 약 200~300년이며 나무 재질이 좋아 가구, 건축재 등으로 이용되었는데 제주에서는 테우를 만들 때 사용하였다.

대나무의 열매

제주濟州에 죽실竹實이 났다. 한라산에는 전부터 분죽粉竹, 노죽蘆竹이라 이름 하였다. 옛 부터 씨를 맺지 않았었는데, 4월 이후로 온 산의 대나무가 갑자기 다 열매를 맺어 모양이 구맥瞿麥과 같았다. 이때 제주도의 세 고을이 몹시 가물어 보리농사가 흉작이었으므로 백성들이 바야흐로 굶주림에 시달리고 있었다. 이때에 이르러 이것을 따서 전죽饘粥을 만들어 먹고 살아난 자가 많았는데, 도신道臣이 장문狀聞한 것이다.

『경종실록』 3년(1732) 7월 신사(4일)

조릿대

이 대나무는 산죽山竹, 고대苦대 등으로 불렸으며 현재 제주 고유종인 제주 조릿대Sasa quelpaertensis Nakai를 일컫는다. 해발 600~1,900m까지 분포하고 있다. 『동의보감』 등에 당뇨병, 고혈압 등 난치병에 유용하다고 하여 민간 전통한약으로 전래되어 왔다. 6~7년 주기로 꽃을 맺으며 열매는 밀알처럼 생겼고, 『선종실록』, 『헌종실록』 등에 흉년이 들어 가루를 내어 양식을 삼았다는 기록이 보인다. 『남명소승』, 『남사록』 등 한라산을 등반했던 모든 기록에서 확인되고 있어 당시에도 한라산의 대표 식생이었음을 알 수 있다.

장관의 으뜸, 사냥

Hunting, the Greatest Spectacles

『신증동국여지승람』, 『탐라지』 등에는 제주에 맹수가 없고 노루, 사슴, 돼지, 오소리, 꿩, 까마귀 등이 서식하였다고 한다. 이중 노루, 사슴, 돼지 등은 진상품의 중요한 품목이었다. 특히 사슴은 가죽, 고기, 뿔 등이 요긴하였기 때문에 매우 선호하던 사냥감이었다.

『탐라순력도』의 「교래대렵橋來大獵」에는 많은 수의 사슴을 사냥했다는 기록이 남아 있으며 『세조실록』, 『남명소승南溟小乘』, 『남환박물』 등에는 '백록白鹿'을 잡았다는 기록도 보인다.

023 탐라순력도 교래대렵

橋來大獵 | *Tamna sullyeokdo*, Hunting Animals for the Country
조선 | 1702년 | 이형상(李衡祥, 1653~1733) | 56.7×36.0 | 제주시청 | 보물 제652-6호

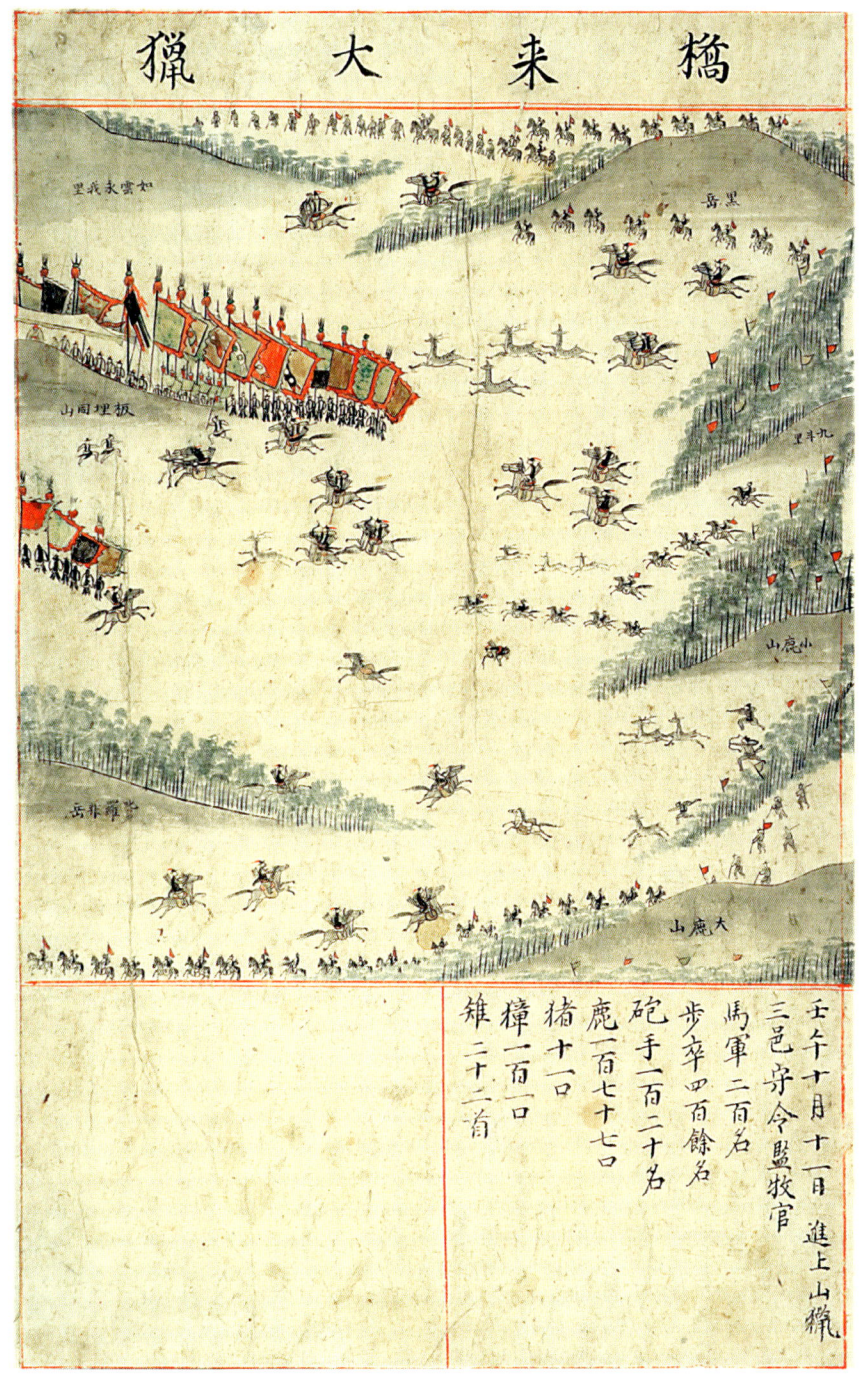

숙종 28년(1702) 10월 11일에 교래리 들판에서 진상할 동물을 사냥하는 모습을 담은 그림이다. 사냥에 참여한 관원은 제주목사, 정의현감, 대정현감, 감목관이며 말을 타고 사냥하는 마군馬軍 200명, 걸어서 짐승을 보는 보졸步卒 400명, 포수砲手 120명이 사슴 177마리, 돼지 11마리, 노루 101마리, 꿩 22마리 총 311마리를 포획했다. 『남환박물』에 의하면 매년 사슴가죽 5~60령, 혓바닥 5~60개, 꼬리 5~60개, 말린 고기 200조에 달할 정도로 많은 수의 사슴을 사냥하였다.

024 사슴뿔 · 뼈도구 | 鹿角 · 骨角器 | Antleers · Bone Implements
원삼국 | 화순리유적 | 길이(오른쪽) 17.6

사슴은 사슴과에 속하는 포유류로 상록 · 낙엽활엽수림지대와 북방의 침엽수림대에 주로 서식한다. 제주에서는 어음리 빌레못동굴에서 붉은 사슴 뼈가 나온 바 있으며, 신석기시대부터 사슴 뿔이나 뼈로 만든 도구가 만들어지고 있어 선사시대부터 제주에 서식했음을 알 수 있다. 조선시대에는 녹용, 고기, 뿔, 가죽, 꼬리 등을 이용하기 위한 대표적인 진상품이었으며 동시에 장수를 상징하는 영물로, 신선이 타고 다니는 동물로 인식되어 십장생도나 신선도에 표현되기도 하였다.

노루는 사슴과 함께 제주의 대표적인 포유류이다. 조선시대 기록에 의하면 노루獐와 큰 노루麂가 있으며 이중 큰 노루는 고려 말 원나라에서 들여왔다고 한다. 사슴과 함께 조선시대의 대표적인 진상품 중 하나였으며 현재 한라산에는 노루가 서식하고 있다.

白鹿在漢拏山中 而人不得見 前節制打圍時 一隻見獲而死云.
흰 사슴이 한라산에 산다는데 사람 눈에 뜨이질 않는다.
전에 절제사가 사냥할 때 한 마리를 잡았는데 죽었다 한다.

漢拏乃仙府　한라산은 선계인지라
中有仙鹿群　선록이 떼 지어 논다네.
白毛若霜雪　털은 눈처럼 하얗고
點點桃花文　도화문 점점이 박혔다지.
世人不可見　세인은 만나볼 수 없거늘
回首空烟雲　머리 돌려 구름만 바라보겠네.
朝食巖上芝　아침엔 바위 사이 지초를 먹고
夕飮寒澗流　저녁엔 계곡의 찬물을 마시고
仙駕紫河車　신선의 자하거를 끌어
一擧三千秋　한번 떠나면 삼천년 세월
如何不自謀　너 어찌 자신을 돌보질 않다가
誤落虞人手　사냥꾼의 손에 잡혔단 말인가.
海月愁寒峰　해월은 찬 산에 떠서 시름겨운데
哀鳴故林友　숲속의 동무들 슬피 부르누나.
「남명소승 南溟小乘」 임제

| 025
| **가죽 감티와 털옷을 입은 김녕리 주민** | 1914년
국립중앙박물관 유리원판

| 026
| **가죽 감티** | 皮帽子 | Leather hat | 근대
높이 19.5 | 제주대학교박물관

감티는 제주어로 모자를 말한다. 가죽 감티는 짐승의 가죽으로 만든 모자로 제주 산간마을에서 추위를 막기 위해 착용하였다. 감투형의 모자로 밖은 털, 안은 가죽으로 되어 있다.

027
활·화살

弓矢 | Bow · Arrow | 조선~근대 | 활 길이 78.5, 활통 길이 100
제주돌문화공원·제주교육박물관

028
족제비 덫

鼬攫 | Weasel trap | 근대 | 몸체 길이 71
제주대학교박물관

족제비는 붓털이나 목도리 감을 얻기 위해 사냥하는 경우가 많았다. 털이 중요하기 때문에 주로 덫으로 잡았으며 동지에서 입춘 사이에 사냥하였다.

임금의 말이 태어난 곳

The Birthplace of Horses for the King

제주의 온화한 기후와 한라산의 넓은 초원지대는 말을 사육하기에 적합한 환경이다.『고려사』에 의하면 고려 문종 27년(1073)부터 '탐라'에서 말을 진상하였으며, 고려 충렬왕 2년(1276)에 서귀포시 성산읍 수산리水山里 일대에 탐라목장耽羅牧場을 설치하면서 목마장이 본격적으로 발전하였다.

제주의 말은 명마名馬로 알려져 공마로서 명성을 얻었으며, 15세기에는 한라산을 중심으로 10개의 목마장이 설치되어 주요 말 진상지가 되었다. 국영목장 이외에 개인이 운영하는 목장도 발달하였으며, 목축 기술의 발달과 함께 말의 관리와 유통, 말 공예품 등 말과 관련된 다양한 분야가 발전하였다.

029 세종실록

世宗實錄 | *Sejong sillok*, the Annals of King Sejong
조선 | 1473년

고득종高得宗은 조선 전기의 문인으로 본관은 제주濟州이며 호는 영곡靈谷, 시호는 문충文忠이다. 태종 13년(1413)에 효행으로 천거되어 직장이 된 이후 한성부판윤 등을 역임하였다. 세종 11년(1429) 그는 말들에 의해 밭의 피해가 많아지자 목장을 한라산 중턱으로 옮기고 경계돌담을 쌓을 것을 건의하였다. 이 돌담은 제주어로 잣, 잣성이라 부르며 한라산 고산지역은 상잣, 해안지역 촌락의 경계는 하잣이라 한다. 그 이듬해 부터 한라산을 중심으로 타원형으로 돌아가는 10소장所場이 조성되었으며 각 소장의 둘레는 45~60리 정도였다. 10소장은 다시 자목장字牧場으로 나뉘어 운영되었는데 많게는 60여개의 자목장이 있었고 군마軍馬, 어승마御乘馬, 역마役馬, 파발마擺撥馬 등으로 이용되는 말을 사육하였다.

Ⅱ 한라산과 사람들   49

030 팔준도첩

八駿圖帖 | *Paljun docheop*, a Horse from Jeju
조선 | 1703년 | 전 윤두서(傳 尹斗緖, 1668~1715) 필 | 51.5×39.5 | 국립중앙박물관

『팔준도첩』은 조선을 개국한 태조 이성계李成桂가 타고 다니던 여덟 마리의 준마를 그린 것이다. 팔준마는 황운골橫雲鶻, 유린청游麟靑, 추풍오追風烏, 발전자發電赭, 용등자龍騰紫, 응상백凝霜白, 사자황獅子黃, 현표玄豹를 말한다. 이중에서 응상백이 바로 제주마濟州馬이다. 이성계가 위화도 회군威化島回軍할 때 탔던 흰 말이며 검은 눈, 짧은 귀, 짧은 다리가 특징이다. 이성계는 응상백을 강하고 슬기롭다고 표현하였는데 당시 제주 말의 모습과 강인한 체력을 알 수 있다.

凝霜白匪稱力	응상백이여, 힘으로만 칭할 것 아니라	照夜光景輝相燭	밤에 비추는 광경이 휘영청 밝으니
大有顒剛且淑	크고 강하고 또 슬기롭네.	央央義旆隨跪足	줄지은 깃발이 발굽을 따라가네.
鴨水湯湯岸千尺	압록강 물 넘실넘실 기슭은 천척인데	一回三韓骨而肉	단번에 삼한을 고통에서 구제하니
白羽晣晣彤弓赫	흰 화살 번쩍번쩍 붉은 활과 함께 빛이 나네.	凝霜白而無斁	응상백이여, 네가 고맙다.

| 031
탐라순력도 공마봉진 貢馬封進 | *Tamna sullyeokdo*, Selecting Horses for the Country
조선 | 1702년 | 이형상(李衡祥, 1653~1733) | 56.7×36.0 | 제주시청 | 보물 제652-6호

1702년(숙종 28) 6월 7일, 관덕정에서 진상할 말을 제주목사가 최종적으로 확인하는 그림이다. 공마봉진의 책임을 수행하기 위해 대정현감 최동제崔東濟를 차사원差使員으로 임명하였다. 진상할 말은 어승마(御乘馬 : 임금이 탈 말) 20필, 연례마(年例馬 : 매년 정기적으로 공납하는 말) 8필, 차비마(差備馬 : 특별한 용도로 쓰기 위해 마련하는 말) 80필, 탄일마(誕日馬 : 임금의 생일을 축하하여 바치는 말) 20필, 동지마(冬至馬 : 동짓날에 바치는 말) 20필, 정조마(正朝馬 : 정월 초하루를 맞이하여 바치는 말) 20필, 세공마(歲貢馬 : 연말에 각 목장에서 바치는 말) 200필, 흉구마(凶咎馬 : 흉변이 있을 때 사역하는 말) 32필, 노태마(駑駄馬 : 짐 싣는 말) 33필 총 433필이며 검은 소(흑우) 20수이다.

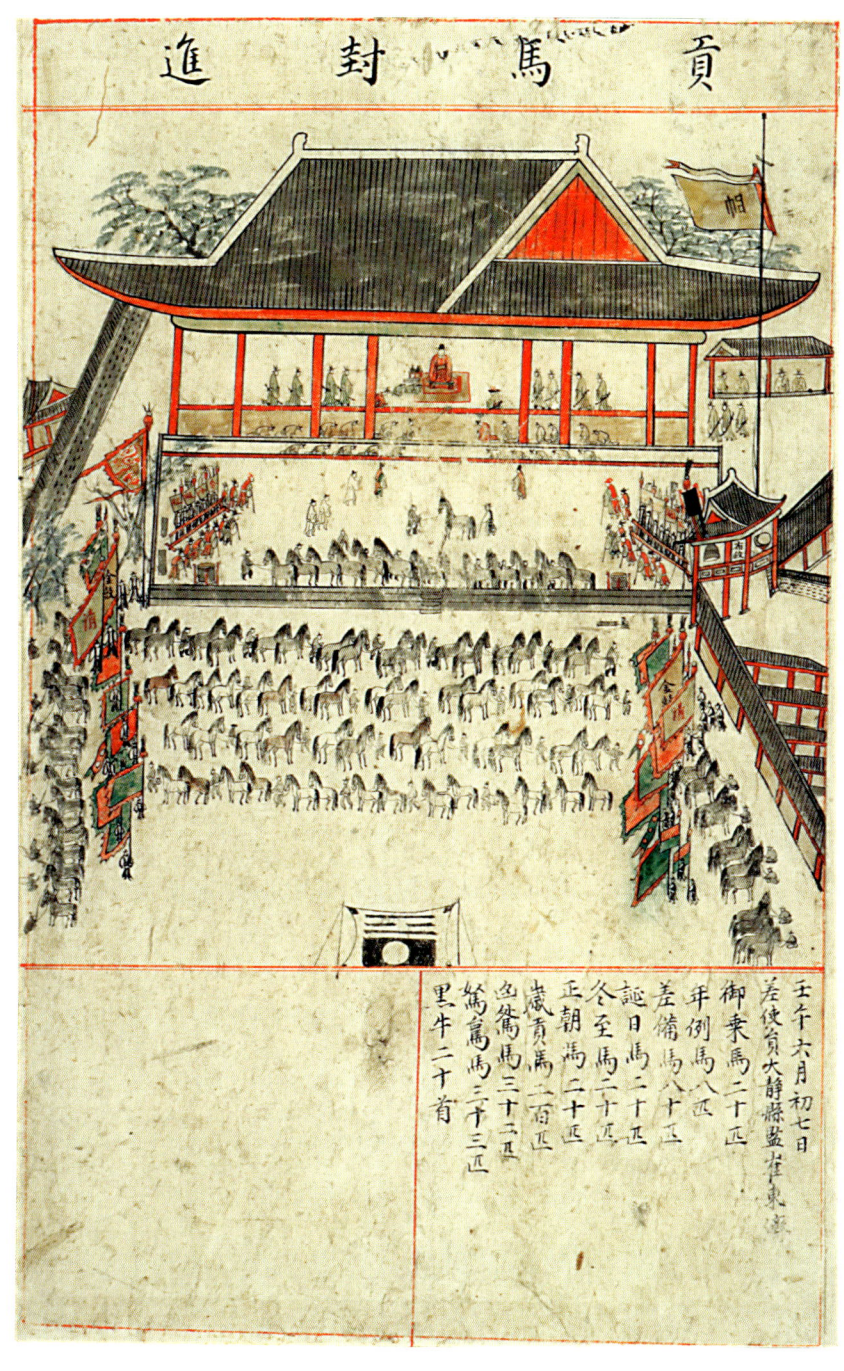

탐라순력도 산장구마

山場駈馬 | Tamna sullyeokdo, Checking the Number of Horses | 조선
1702년 | 이형상(李衡祥, 1653~1733) | 56.7×36.0 | 제주시청 | 보물 제652-6호

1702년(숙종 28) 10월 15일, 산장에서 말을 일정한 장소로 몰아서 마필 수를 확인하는 그림이다. 그림 중앙에 성판악成板岳이 있으며 오른쪽 아래에 교래리橋來里 마을이 보인다. 이 일대는 남북 40리, 동서 60~70리 정도의 규모이며 3개의 목책으로 구분되어 있다. 각 목책에는 말을 취합하는데 필요한 원장(圓場 : 원형목책)과 사장(蛇場 : 좁은 목책통과로)이 설치되어 있다. 원장은 미원장尾圓場과 두원장頭圓場으로 나뉘며 사장이 서로 연결되어 있는데 우마를 미원장에 몰아 놓고 사장을 통해 점검한 뒤 두원장에서 취합한다. 마필을 확인하기 위해 제주판관, 감목관, 정의현감이 참여한 가운데 결책군(사장과 원장의 목책을 만드는 군인) 2,602명, 구마군(말을 모는 임무를 맡은 군인) 3,720명, 목자(말 관리자)와 보인(목자의 경제적 기반의 일부를 제공하는 사람) 214명 등 총 6,500여 명이 동원되었다.

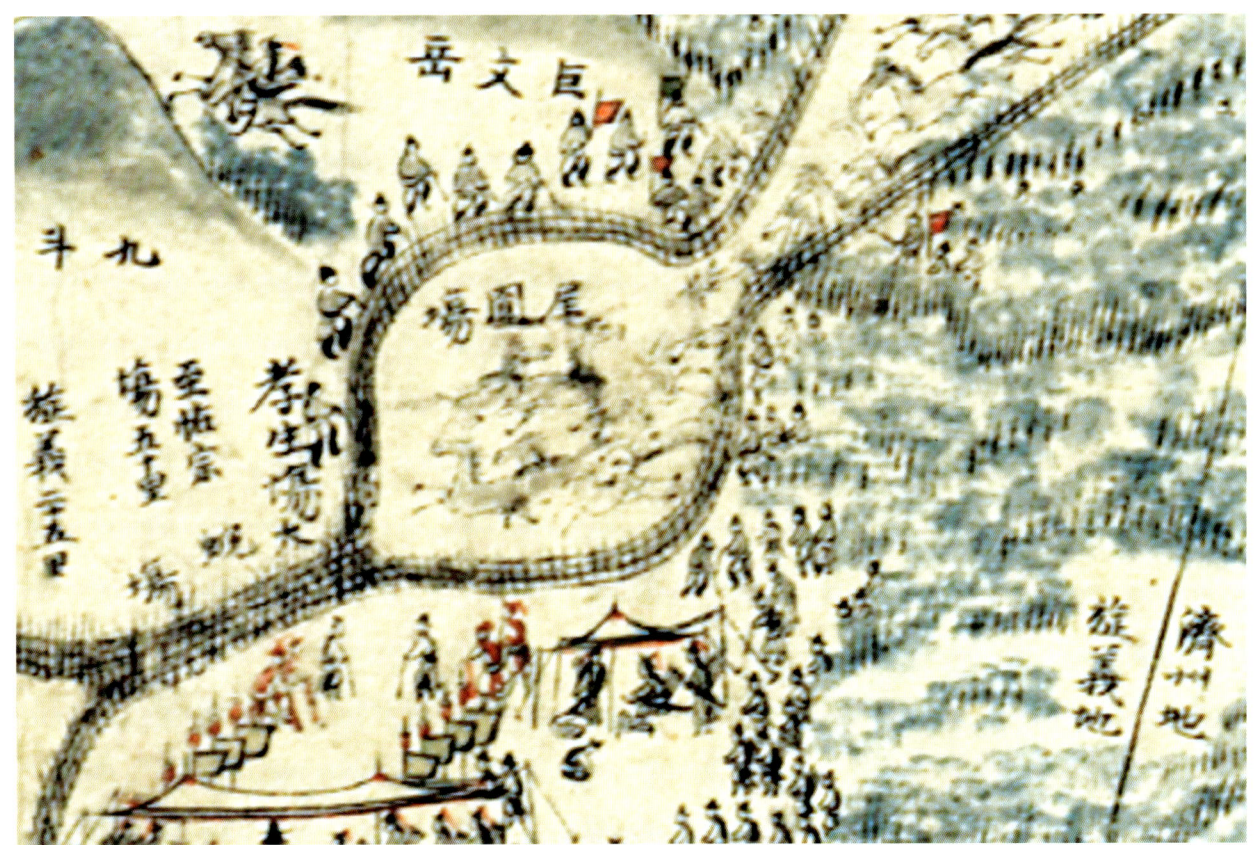

山屯驅馬詩次通判韻

산에 주둔하여 말을 몰 때 통판의 운에 따라
북소리 군사들 고함소리 하늘에 울리며
많은 군사 한라정상으로 말달려 사냥 하네.
언덕을 가두고 들을 에워싸 하나의 틈도 없이
달무리 구름에 가려 연기 흩어지듯
맞바람에 껑충껑충 달려왔다 달려가며
황급히 멀리 뛰어갔다 뒤로 갔다 다시 앞으로
담장 끝에 수많이 점점으로 세 무리로 나뉘어
평생에 장관壯觀 호기 있어라.
『노봉문집蘆峯文集』, 김정金政

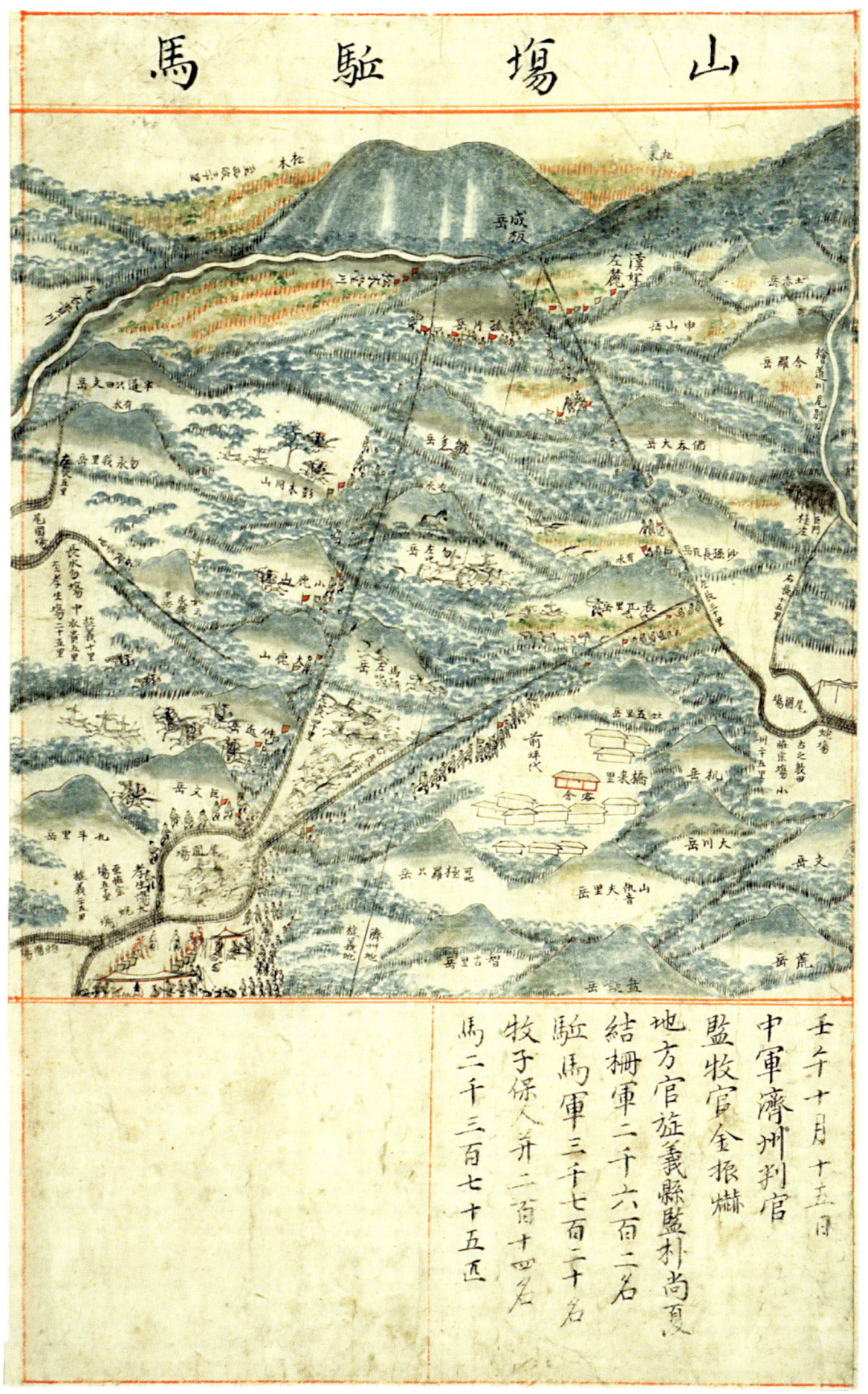

교지

教旨 | Royal Order
조선 | 1664년 | 52×54 | 김찬우

金大吉爲 嘉善大夫 濟州山馬 監牧官者
判下 因濟州牧使狀啓 通四年孶息馬三百四十四□差帖成給□康熙三年五月十一日

강희康熙 3년, 즉 현종 5년(1664) 5월 11일에 김대길金大吉을 가선대부 제주 산마감목관으로 임명하는 교지이다. 제주목사가 장계를 올리기를 4년 동안 번식시킨 말이 344필이라고 통보하였기에 그것이 승인되어 차첩(差帖 : 임명장)을 작성하여 발급한 것이다. 감목관은 종6품의 무관직으로, 김만일 이후 제주목사가 김만일 성손姓孫 중에서 인물을 선발하여 임명한 뒤 조정에 보고하면 병조에서 직접職帖을 내려 보냈다.

034 교지 | 敎旨 | Royal Order
조선 | 1720년 | 54×72 | 김찬우

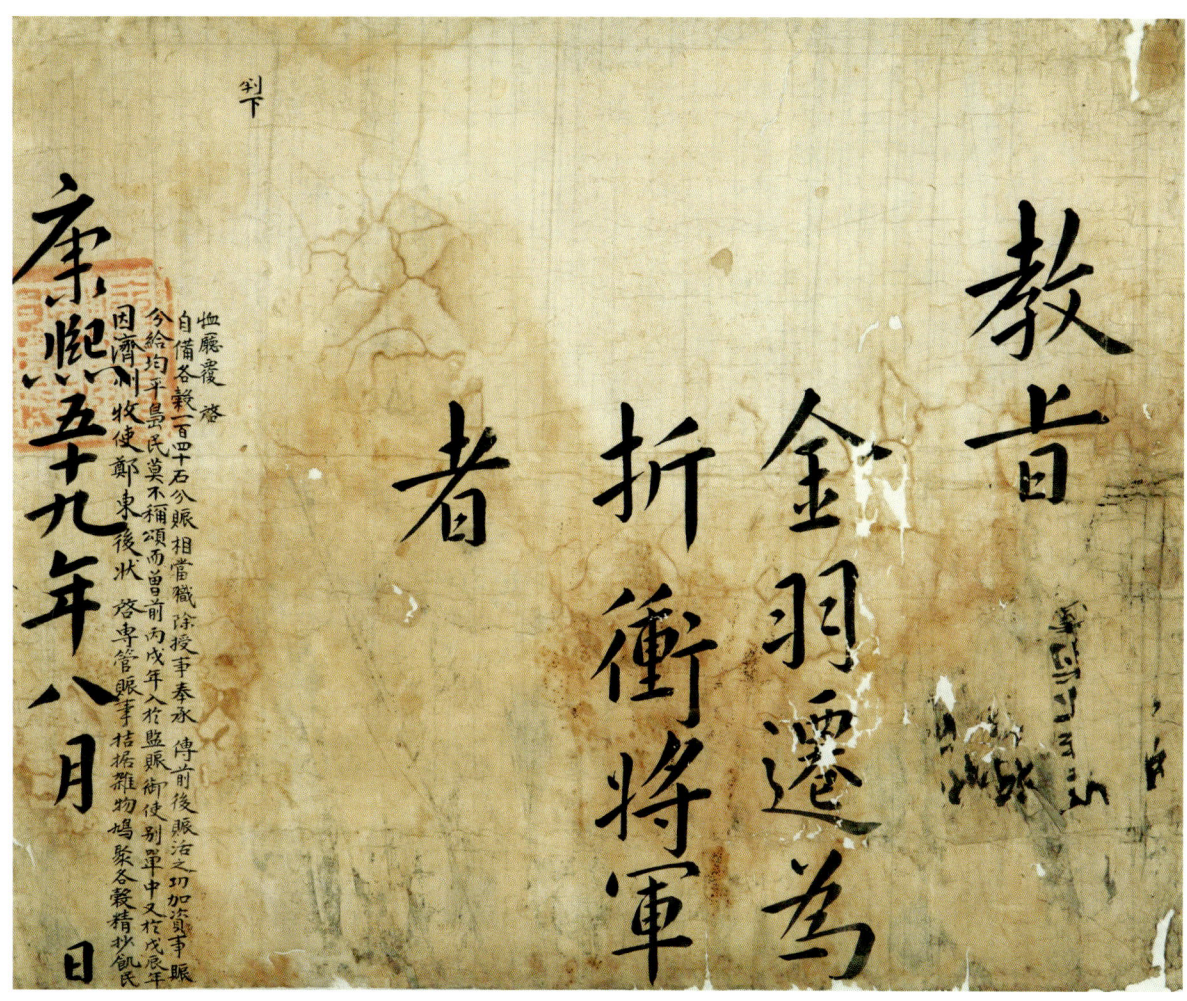

金羽遷爲 折衝將軍 者
判下 因濟州牧使鄭東後狀啓 專管賑事 拮据雜物 鳩聚各穀 精抄飢民 分給均平 島民莫不稱訟 而曾前丙戌年 入於監賑御史別單中 又於戊辰年 自備各穀一白四十石分賑 相當職除授事奉承傳 前後賑活之功 加資事 賑恤廳覆啓
康熙五十九年八月十 日

강희康熙 59년 즉, 1720년(숙종 46) 8월에 김우천金羽遷을 절충장군折衝將軍으로 임명하는 교지이다. 제주목사 정동후鄭東後가 김우천의 진휼내용에 대하여 장계를 올린 것이다. 김우천은 제주도에 기근이 들자 병술년과 무진년에 곡식을 도민들에게 나누어 주었다. 이에 제주목사가 품계를 올려줄 것을 건의를 하였고 이러한 사항이 인정되어 절충장군으로 임명되었다.

김만일金萬鎰과 산마장山馬場

김만일 묘소 金萬鎰墓所 | 제주특별자치도 기념물 제65호

김만일(金萬鎰, 1550~1632)은 조선 중기의 인물로 자는 중림重臨이며 남원읍 의귀리衣貴里에서 태어났다. 그는 지금의 남원읍 의귀리에서 수망리水望里에 이르는 광대한 규모의 말 목장을 운영했으며 말의 수가 1만여 필이 넘었다고 전한다. 임진왜란 때 500필을 전투마로 내놓기 시작하여 전쟁 때마다 수차례에 걸쳐 1,000여 필의 말을 진상한 공로로 1628년(인조 6)에 종1품 숭정대부崇政大夫를 제수 받았다. 이후 그의 아들 김대길金大吉을 시작으로 후손이 대대로 산마감목관山馬監牧官으로 임명되었는데 그의 가계에서 무려 218년 동안 83명의 산마감독관이 배출되었다. 산마장은 국가에서 운영하는 국영목장 외의 목장을 말하며 산장山場, 산둔장山屯場, 산목山牧 등이라 불렀다. 김만일이 국가에 말을 바치기 시작하자 10소장 내의 그의 목장을 기반으로 동서별목장東西別牧場을 설치하였다.

조선시대 10소장 朝鮮時代 十所場

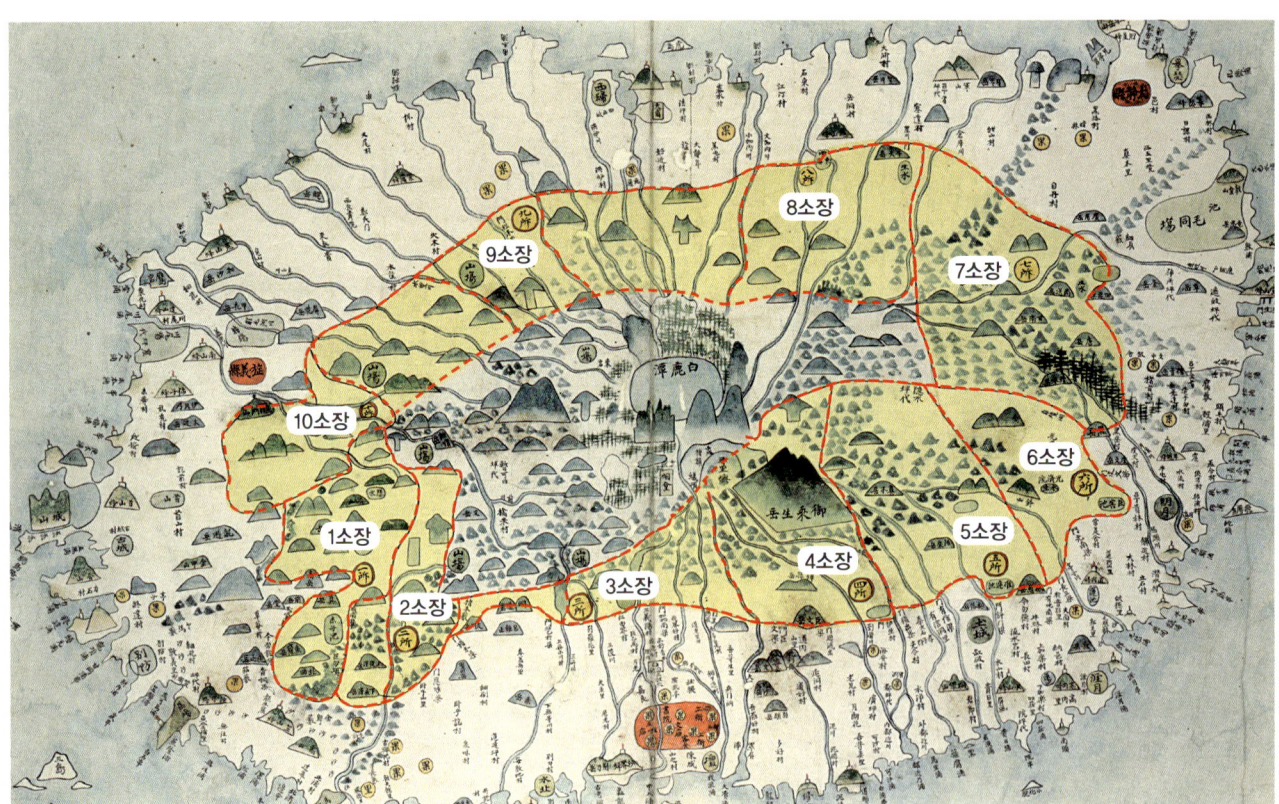

10소장은 1429~1430년에 한라산 중턱에 잣성을 쌓아 10개의 목장을 설치한 것이다. 1~6소장은 제주목, 7~8소장은 대정현, 9~10소장은 정의현에서 담당하였다. 1소장은 지금의 제주시 구좌읍 일대, 2소장은 제주시 조천읍 일대, 3소장은 제주시 회천동 일대, 4소장은 제주시 노형동·무수천 일대, 5소장은 제주시 애월읍·광령리·어음리 일대, 6소장은 애월읍·한경면 일대, 7소장은 안덕면 창고천·예례천 일대, 8소장은 서귀포 중문동 색달천·고근산 일대, 9소장은 고근산~남원읍 한남리·의귀리 일대, 10소장은 표선면 성읍리·삼달리·난산리 일대이다.

035 낙인

烙印 | Branding irons | 근대 | 길이 71.5(위)
제주특별자치도민속자연사박물관

낙인은 말을 관리하기 위해 찍는 쇠도장으로 글자나 숫자, 도형 등으로 이루어져 있다. 국영목장이나 사목장私牧場의 표시를 찍어 말의 생산, 사육, 유통과정에서 효율적으로 관리하고, 분실되거나 남에게 피해를 줬을 때 소유주를 구분할 수 있었다. 국영목장의 경우, 천자문 순서인 천天, 지地, 현玄, 황黃 등의 글자 낙인을 이용하였으며 개인이나 마을의 공동목장의 경우에는 씨족 단위를 상징하는 글자나 동네 이름을 새기기도 하였다.

보초등록

報草謄錄 | *Bocho deungnok*, Records on the Transportation of Horses for the Country
조선 | 1794년 | 41.0×29.7 | 제주교육박물관 | 제주특별자치도 유형문화재 제30호

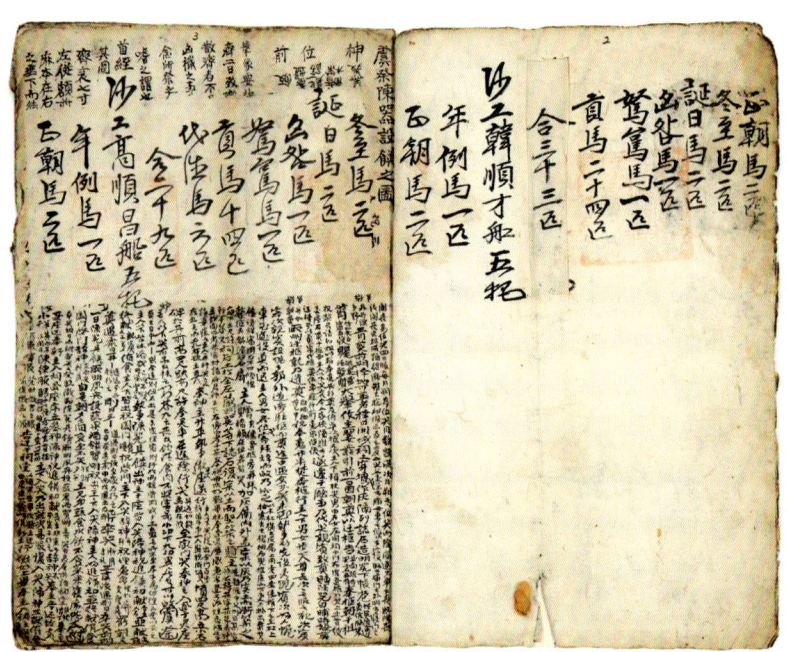
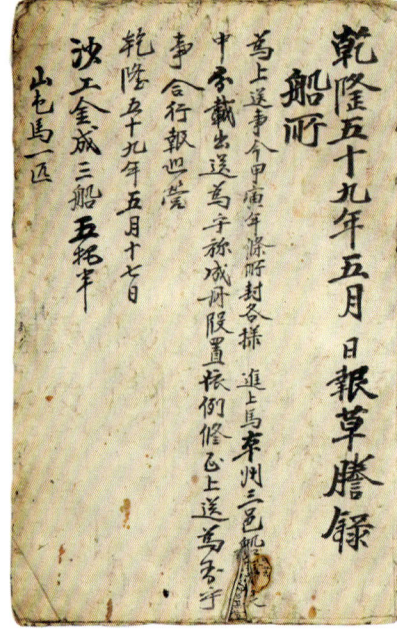

조선 후기 진상마 봉송에 관한 책으로 우리나라에서 가장 오래된 책이다. 건륭乾隆 59년(1794) 5월, 선박관리소에서 갑인년甲寅年에 봉송할 각종 진상마를 제주 삼읍三邑의 배로 나누어 실어 내보내는 보고서로 당시 진상마의 종류와 수, 봉송을 담당할 각 지역별 선박의 현황, 선박을 운영하는 사공의 이름 등이 기록되어 있다. 목마장에서 생산된 말을 육지로 호송하기 위해서는 조천포朝天浦나 별도포別刀浦 등에서 출발하여 보길도, 영암 혹은 강진, 완도, 해남 등지로 이동하였는데 한 배당 20~30여 필의 말을 수송하였다.

037 제주말

Horses of Jeju
1914년 | 국립중앙박물관 유리원판

제주말은 제주에 서식하는 재래종의 말을 말한다. 탐라마耽羅馬, 과하마果下馬, 조랑말, 토마 등으로 불리며 체구가 작고 강건한 체질하며 몸의 길이가 긴 특징이 있다. 고려시대에 원으로 들여온 몽골말의 영향을 받았다고 하나 이전부터 사육되었을 가능성이 있다. 털색은 밤샘, 적갈색, 회색, 흑색 등이며 1986년에 천연기념물 제347호로 지정되었다.

또 다른 삶의 터전

Another Foundation for Living

한라산 중산간 지역에서는 숲이나 들에 불을 지펴 곡식을 재배하는 화전농사가 이루어졌다. 이 곳은 조선시대 동안 목마장으로 활용되었던 곳으로 1894년에 공마제도가 폐지되면서 경작지로 개간 되었다.

화전농사는 초목의 재를 거름삼아 조, 피, 메밀, 콩 등의 곡식을 뿌리고 거두는 것으로 몇 년이 지나 지력이 약해지면 새로운 지역으로 이동하는 방식이다. 화전은 고려·조선시대에도 있었지만 19세기 후반부터 1930년대까지 본격적으로 이루어졌다. 소박한 농기구와 토지 문서에는 한라산을 개간했던 제주 화전민의 억척스러운 삶이 묻어있다.

| 038 | 耗 | Plowing tool
| **따비** | 근대 | 길이 101.0

제주의 농기구는 자갈이 많고 푸석한 밭을 일구기에 알맞게 끝이 뾰족하고 작은 것이 많다. 따비는 땅을 갈 때 사용하는 대표적인 농기구로 날의 수에 따라 외따비, 쌍따비로 나뉜다. 화전경작은 나무 벌채와 화입을 한 후 소나 인력으로 땅을 갈고 씨앗을 뿌린 후 수확을 하는 형태이다.

| 039 | 網橐 | Seed bag | 근대 | 높이 18.0
| **망태기** | 국립제주대학교박물관

040	Famers of Frogtown
대정리 주민 모습	1914년	국립중앙박물관 유리원판

041	湖南全圖 濟州 火田洞	*Honamjeondo*, Slash-and-burn Field of Jeju
호남전도 제주 화전동	1899년	서울대학교 규장각 한국학연구원	

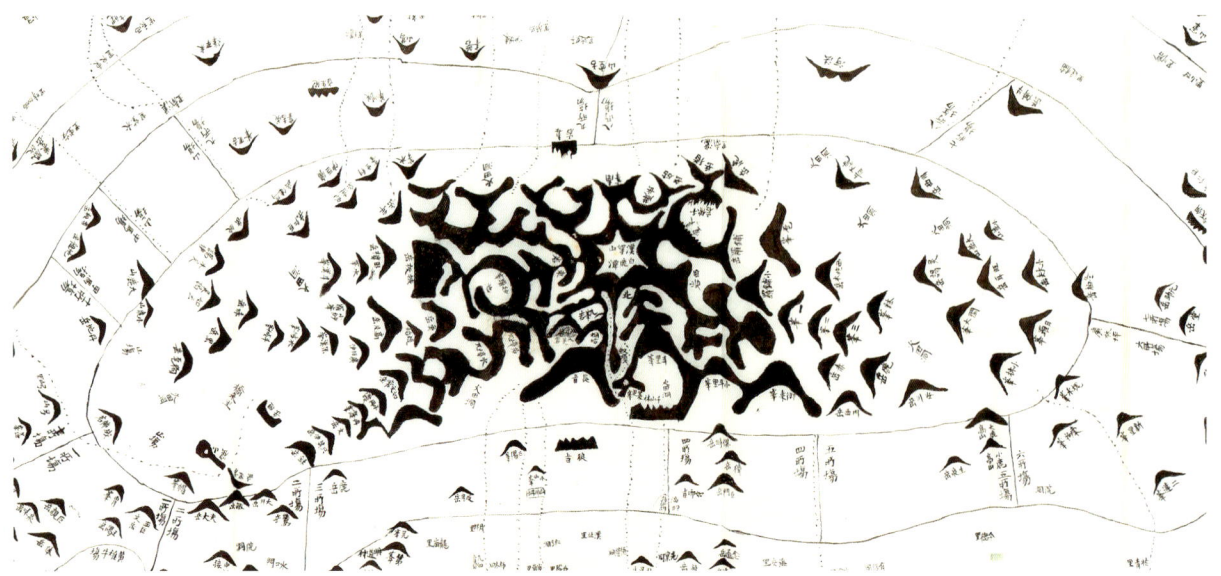

19세기 말부터 한라산 중산간에 형성된 화전동의 위치가 표기된 지도이다. 화전동은 목마장을 중심으로 형성되어 있으며, 규모가 컸을 때에는 수십 여 가구가 모여 있었다.

042 토지매매계약서

土地賣買契約書 | Land Sale Contract
1910 | 32.0×28.5 | 김찬우

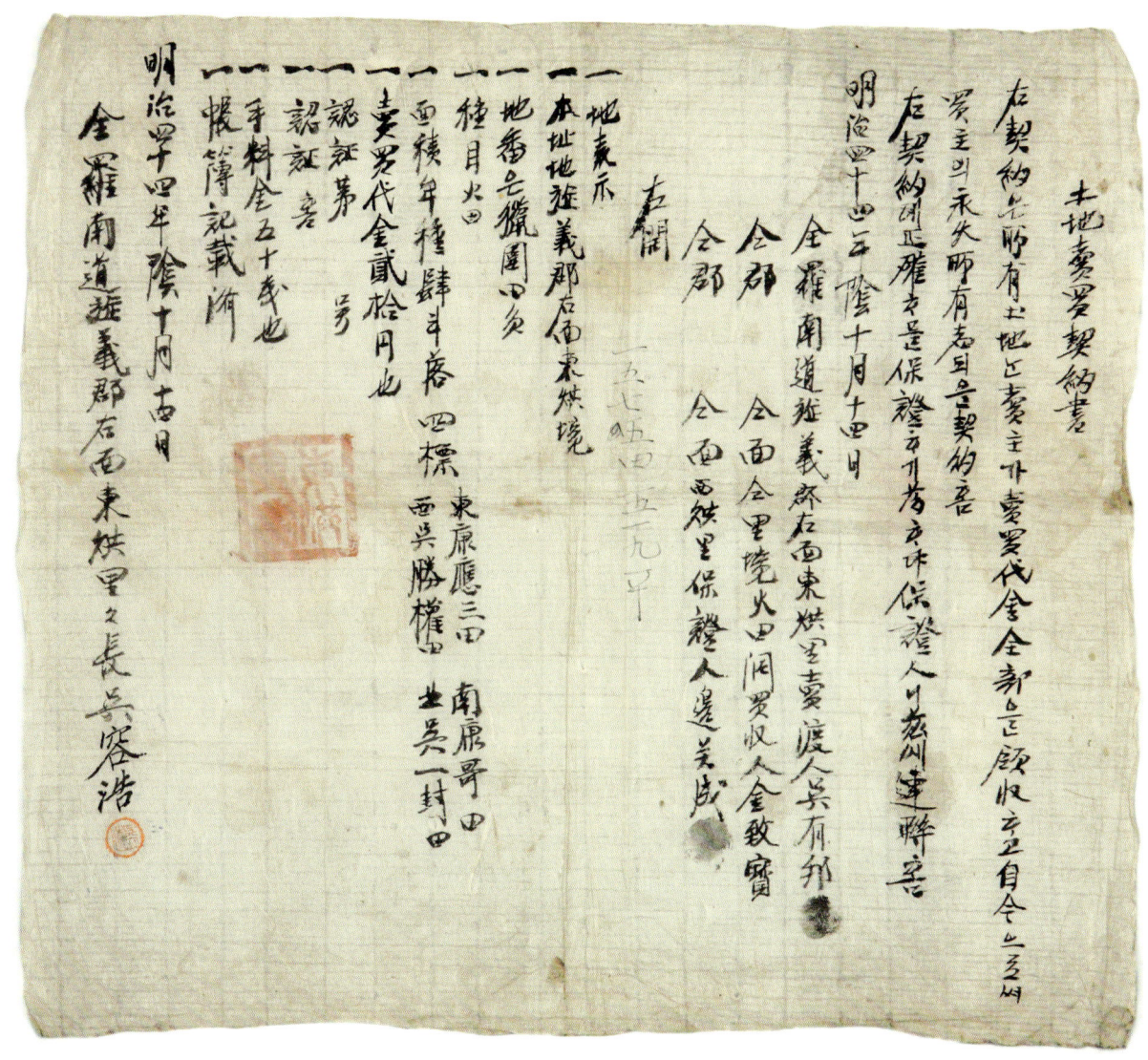

융희隆熙 4년(1910)에 전라남도 정의군 우면 동홍경 화전동 김치보金致寶가 화전 밭을 매수한 계약서이다. 지번은 엽의전원, 면적은 보리씨 일곱 말지기, 수수료 대금은 오십전五拾錢이다. 위치는 사표四標하여 매수한 밭의 동·서·남·북의 지주地主 이름을 적었고 장부기재帳簿記載는 전라남도 정의군 우면 동홍리 리장 오의방吳義邦이 하였다고 되어 있다. 이곳은 현재 서귀포시 동홍동 솔오름 인근인 연자골(혹은 연저골)에 해당되며 당시 15가구 정도가 있었다고 한다. 이 문서는 당시 화전의 매매에 대한 양상을 파악할 수 있다.

한라산의
신앙과 전설

FOLK BELIEFS AND
LEGENDS OF
HALLASAN MOUNTAIN

탐라개국신화

한라산의 불교사찰

신선과 별들의 고향

한라산신제

탐라 개국신화

The Myth of the Founding of Tamlaguk

한라산은 탐라의 모태이자 제주 곳곳에 좌정해 있는 신들의 땅이다. 특히 탐라의 근간을 이룬 시조가 땅에서 용출한 경우는 우리나라에서도 보기 힘들만큼 매우 독특하다.

탐라개국신화는 한라산 북쪽 기슭에 있는 모흥毛興에서 솟아난 고高·양梁·부을나夫乙那 세 신인神人이 석함石函을 타고 온 세 처녀와 혼인하여 마을을 정하고 살았으며 오곡종자와 망아지, 송아지를 길러 점차 탐라의 기틀을 잡았다는 이야기이다. 토착 세력과 새로운 세력의 결합으로 인식되는 이 이야기는 비록 신화로 전해지고 있지만 한라산을 중심으로 고대 사회가 형성되어 가는 단계를 보여준다. 『신증동국여지승람新增東國輿地勝覽』, 『탐라지耽羅志』, 『탐라지초본耽羅誌草本』, 『영주지瀛洲志』에 기록되어 있으며 구전하는 무가나 전설로도 전승되고 있다.

043 고려사 지 권 제11

高麗史 | *Goryeosa*, The History of Goryeo | 조선
1449~1451년 | 28.0×19.4 | 국립중앙도서관

탐라현 耽羅縣

전라도全羅道 남해 바다 가운데에 있다. 고기古記에 말하기를,

'태초에 사람도 생물도 없었다. 세 신인神人이 땅으로부터 솟아나 그 주산主山 북쪽 산기슭에 구멍이 있어 모흥毛興이라 하는데 이것이 그 곳이다. 첫째를 양을나良乙那라 하고 둘째를 고을나高乙那라 하고 셋째를 부을나夫乙那라 하였다. 세 사람이 인적 없는 황량한 곳에서 사냥을 하여 가죽옷을 입고 고기를 먹고 살았다. 하루는 자주색으로 봉인한 나무상자 하나가 바다에 떠서 동쪽 바닷가에 이르거늘 가서 열어보니 상자 안에는 또 석함石函이 있고 붉은 허리띠에 자주색 옷을 입은 사자使者 한 사람이 따라 왔다. 석함石函을 여니 푸른 옷을 입은 처녀 셋과 망아지, 송아지, 오곡五穀의 종자種子들이 나타났는데…(중략) 세 사람이 나이순으로 나누어 장가가서 샘물이 달고 토지가 비옥한 곳에 나아가 화살을 쏘아 땅을 점치고 양을나良乙那가 사는 곳을 제1도都라 하고 고을나高乙那가 사는 곳을 제2도都라 하고 부을나夫乙那가 사는 곳을 제3도都라 하여 처음으로 오곡五穀을 씨뿌리고 또한 망아지와 송아지를 길러 날로 살림이 풍부하여 갔다.

탐라지초본

耽羅誌草本 | Draft of *Tamnaji*, Town Chronicle of Jeju
조선 | 이원조(李源祚, 1792~1871) | 30.2×18.3 | 한국국학진흥원 이수학 기탁

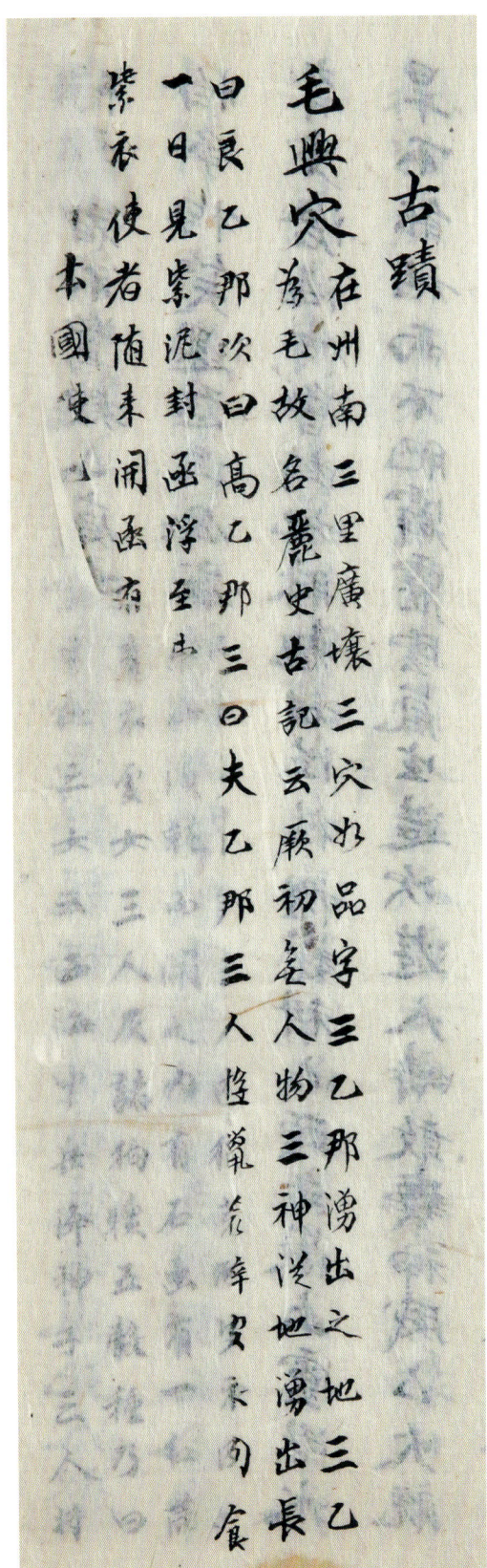

응와凝窩 이원조가 제주목사로 재임하던 시기에 집필한 읍지 초본이다. 「고적古蹟」조에 모흥혈毛興穴에 대한 내용이 있다. 『고려사』와 『고기』에 나온 이야기를 쓰고 있으며 내용은 탐라의 개벽 설화를 시작으로 세 신인과 세 처녀의 결혼과 정착생활, 농경사회의 형성, 고을라의 15세손 고후高厚·고청高淸·고계高季 삼형제의 신라 입조 등에 대하여 기록되어 있다. 모흥혈은 삼성혈三姓穴이라고도 하며 조선 중종 때 목사 이수동李壽童이 삼성혈에 울타리를 두르고 비석과 홍문紅門을 세워 세 신인의 후예로 하여금 제사 지내도록 한 이래, 오늘날까지 유교식 제법으로 제사를 지내고 있다. 현재 사적 제134호로 지정·보호되고 있다.

045 제주도 | 濟州圖 | *Jejudo*, Map of Jeju Town Fortress
조선 | 18세기 | 35.7×42.0

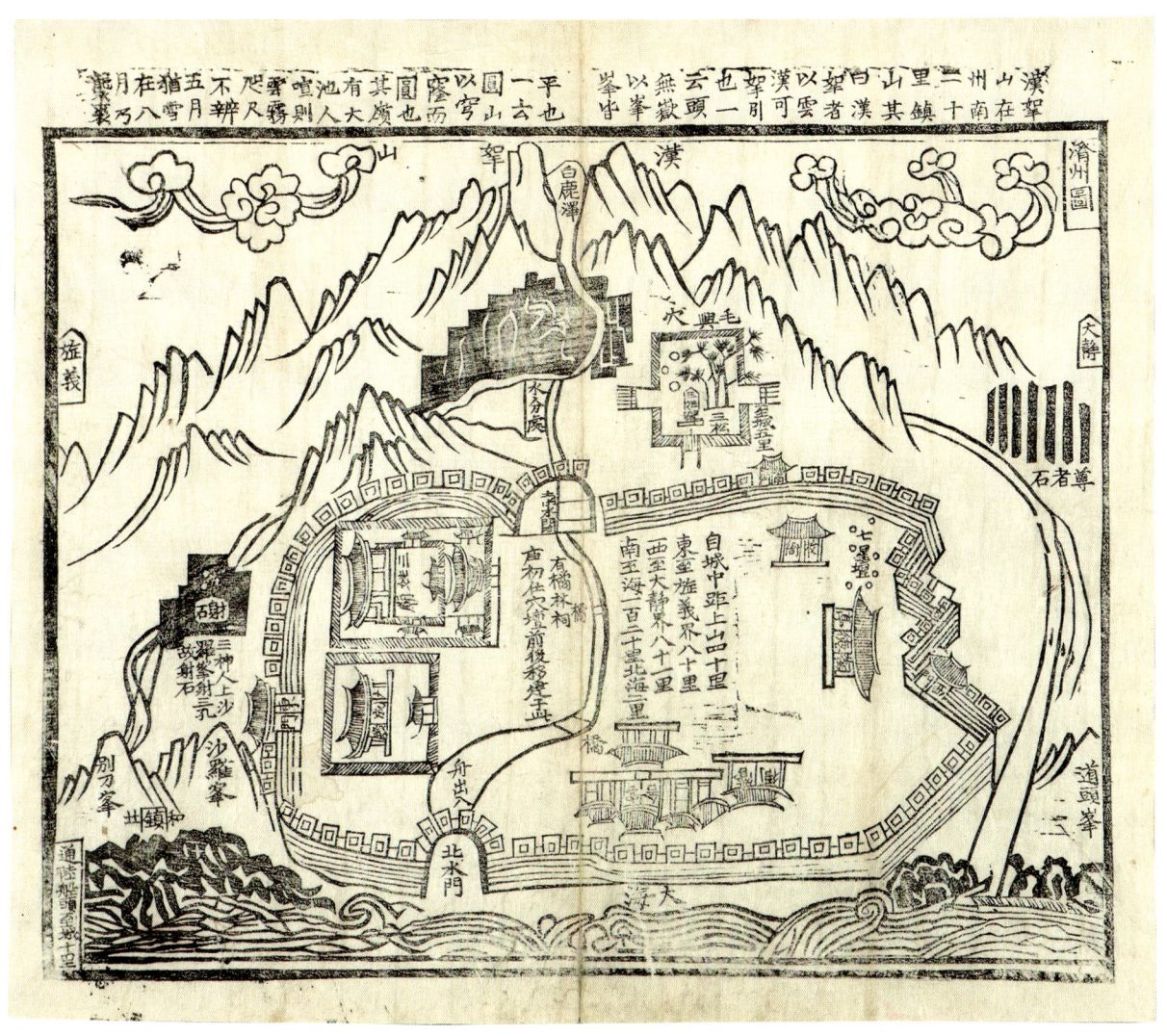

민화풍의 제주지도로 1702년에 건립된 삼성묘三姓廟가 동문 안쪽에 있고, 1755년에 광양으로 이전된 향교가 성안에 있는 것으로 보아 18세기 전반기의 상황으로 추정된다. 하늘의 구름과 우뚝 선 한라산세, 도식적으로 그려진 읍성 모습이 이전의 다른 지도와 구별된다. 한라산 정상의 백록담에서 이어진 하천이 남수각南水閣과 읍성을 통과하여 북수문北水門으로 이어지는 모습이다. 상단에는 한라산에 대한 기록이 있는데『신증동국여지승람』의 내용을 인용하고 있다. 삼성묘의 위치와 삼사석三射石의 위치를 알 수 있다.

노봉문집

蘆峯文集 | *Nobong munjip*, Anthology of Kim Jeong's Literary Works
조선 | 김정(金政, 1670~1737) | 31.3×20.1 | 김재창

김성의 본관은 풍산豊山, 호는 노봉蘆峯, 자는 사달士達이다. 1735~1737년에 제주목사로 재임하였으며 1736년에 삼천서당三泉書堂을 창건하는 등 학문 발전에 이바지 하였다. 1737년(영조 13)에 목사 재임 중 병사하였으며 그의 업적을 기리기 위해 삼천서당 앞에 노봉김정흥학비蘆峯金政興學碑를 세우고 매년 제사를 지냈다. 문집에는 제주 곳곳을 다니며 쓴 시와 글이 수록되어 있으며 삼사석비三射石碑를 정비하고 삼성묘三姓廟에 제사를 지낸 제문이 수록되어 있다. 또한 풍우뇌우단風雨雷雨壇을 설치하여 제를 지냈다.

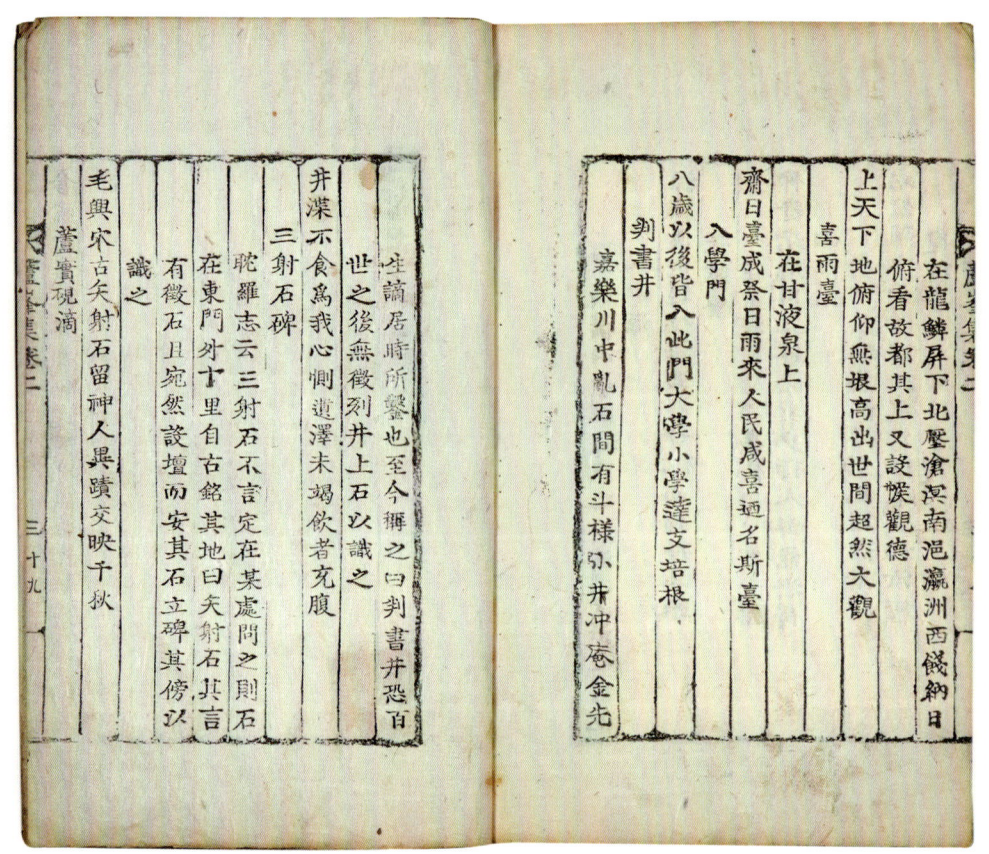

삼사석비 三射石碑

탐라시耽羅志에 '삼사석은 어느 곳에 있다고 성하여 말 할 수 없다'고 하였는데 물어보니 돌이 동문 밖 10여 리에 있으며 옛날부터 그곳을 명명하기를 '살 쏜 돌矢射石'이라고 한다고 하였다. 그 말을 증명하는 돌이 있음이 또한 뚜렷하기에 단壇을 만들고 그 돌을 안치하고 그 곁에 비석을 세워 표시하였다.

毛興穴古　모흥혈 전설 오래고
矢射石留　살 쏜 돌 아직도 남아
神人異蹟　신인의 기이한 자취
交映千秋　천년을 서로 비추고 있네.

047 삼성사 대제 모습

1950년
『기억의 저편』 | 제주시청

탐라 시조의 위업을 기리고 제주도민의 안녕을 기리는 제례의식은 1526년, 이수동목사가 춘·추봉행제를 올리기 시작한 이래로 현재까지 이어져 오고 있다. 삼성혈(사적 제134호) 내에서 올리며 1년에 2번 개최한다.

048 삼사석비

1914년
국립중앙박물관 유리원판

탐라의 시조가 배필을 맞이하여 살 곳을 정하기 위해 화살을 쐈다는 전설이 깃든 비이다. 제주시 화북동에 위치하며 김정 목사가 세운 삼사석비 옆에 화살아 꽂혔던 돌을 보관하는 석함이 있다. 석함의 높이는 149cm이며 조선시대 1735년(영조 11)에 제주사람 양종창梁宗昌이 세웠다. 제주도기념물 제4호로 지정되어 있다.

한라산의 불교사찰

Buddhist Temples at Hallasan Mountain

불교가 제주지역에 최초로 전해진 시기는 정확히 알 수 없다. 그러나 조선시대에 쓰여진 읍지류의 기록에 보이는 다수의 사찰들은 제주지역에 불교문화가 꽃피웠음을 보여준다.

이중 고려 후기, 원의 지원을 받고 발전한 법화사法華寺, 수정사水精寺, 원당사元堂寺는 11~13세기 제주 불교문화의 화려한 면모를 보여준다. 그러나 조선시대에 들면서 숭유억불정책으로 인해 불교는 점차 쇠퇴의 길을 걷게 되었다.

한라산과 관련된 사찰은 영실 존자암尊者庵이 대표적이다. 한라산을 찾은 조선시대 관료나 문인, 유배인들은 한라산을 등반할 때 존자암에서 기거했는데 그들이 남겨 놓은 시문집에는 시대에 따라 쇠락해져갔던 존자암의 옛 모습이 기록되어 있다.

049 소총유고

篠叢遺稿 | *Sochong yugo*, Anthology of Hong Yu-son's Literary Works
조선 | 1810년 | 홍술조(洪述祖) | 30.5×19.2 | 국립중앙도서관

홍유손洪裕孫의 시문집이다. 김종직의 제자인 홍유손(1431~1529)은 무오사화에 연관되어 김종직과 함께 1498년 제주에 유배되었다. 그는 1507년에 제주 유배 중에 퇴락해가는 존자암을 보수할 것을 권하는 「존자암개구유인문尊者庵改構侑因文」을 남겼다. 이 글에서 존자암이 16세기 초까지 나라에서 지원받아 제사를 올렸을 정도의 위상을 지녔던 사찰이었음을 알 수 있다.

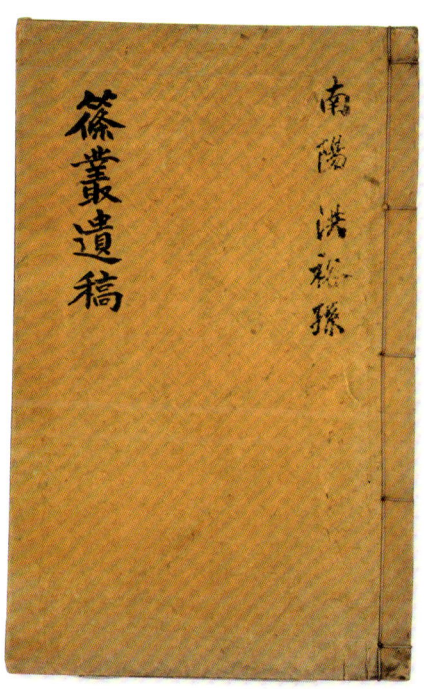
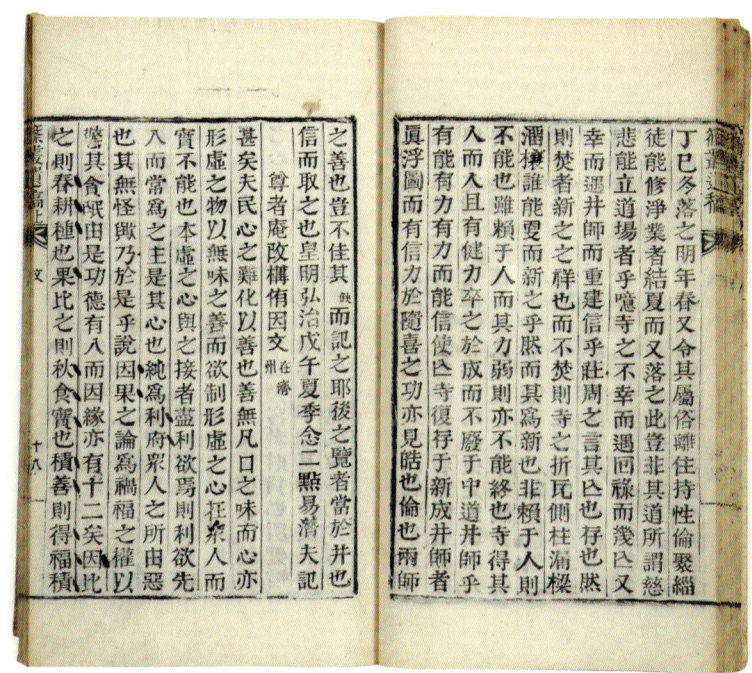

존자암개구유인문 尊者庵改構侑因文

존자암은 비보소이자 이미 세상에 이름이 난지 오래다. 뿐만 아니라 나라에서 이 암자에 논을 하사하여 벼를 심어 제를 지낼 경비로 삼고 음력 4월 길일을 잡아서 세읍의 수령 중 한 사람을 뽑은 다음 목욕재계하여 이 암자에서 제사 지내게 하고 이를 국성재國聖齋라 하였는데, 지금은 이 제사가 폐지된지 6,7년이 되었다(중략)

팔오헌집

八吾軒集 | *Paroheonjip*, Anthology of Kim Seong-gu's Literary Works
조선 | 1873년 | 김우수(金遇洙) 등 | 30.2×19.3 | 제주시청

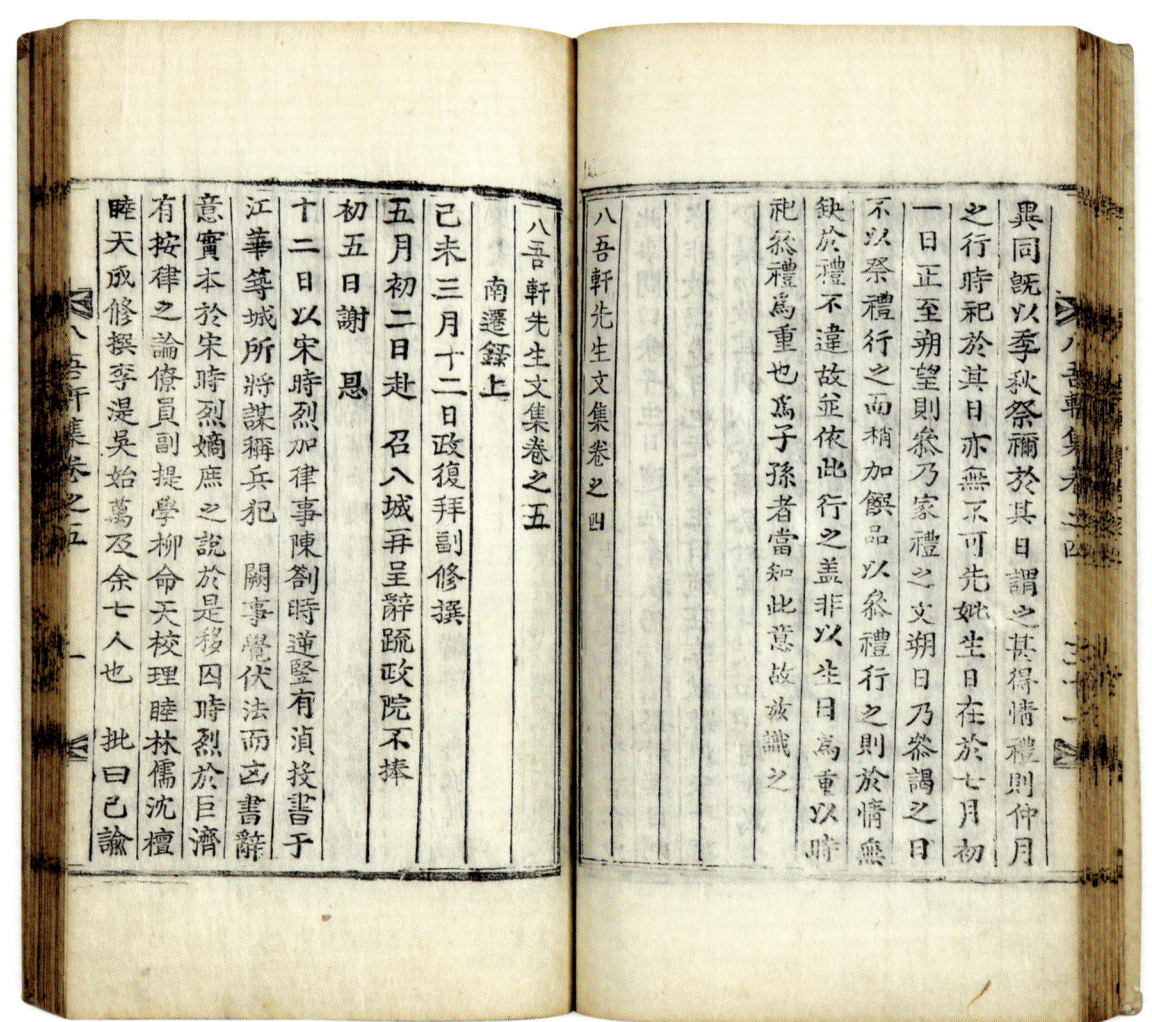

조선 후기 문신 김성구金聲久의 시문집으로 그의 6대손 김우수 등이 편집·간행하였다. 김성구는 1676년 정의현감旌義縣監으로 재임하였는데 재임시 제주도의 관사官事와 민인民人 및 마정馬政의 폐단에 대하여 「보제주목사논읍폐장報濟州牧使論邑弊狀」, 「논산마구점장論山驅點狀」 등을 올리기도 하였다. 권4에 수록된 「남천록南遷錄」은 각종 사건과 개인에 관한 일을 일기체 형식으로 쓴 것으로 이중에는 존자암의 폐사에 대한 기록도 수록되어 있다.

존자암尊者庵과 세존사리탑世尊舍利塔

제주특별자치도 기념물 제43호 | 제주특별자치도 유형문화재 제17호

존자암은 한라산 영실의 서북편 볼레오름 중턱에 위치하는 사찰이다. 『신증동국여지승람』에 '한라산 서쪽 기슭에 있고 그곳 동굴에 스님이 도를 닦는 모습의 돌이 있어 수행동修行洞이라 전해졌다'고 기록되어 있다. 존자암의 창건 연대에 대하여 충암 김정은 「존자암중수기尊者庵重修記」에서 삼성三姓이 처음 일어났을 때 만들어져 삼읍三邑이 정립된 이후 오랫동안 전하였다고 하였다. 존자암은 16세기에 나라의 안녕을 기원하는 국성재國聖齋를 지냈던 사찰이었으나 대정현 주변으로 여러 번 옮겼고 점차 쇠락해져갔다. 이러한 사실은 『남사록』, 『탐라지』, 『남천록』, 『지영록』 등에 나타나는 존자암의 모습을 통해 알 수 있다. 존자암터 발굴조사에서는 건물지, 부도, 배수시설 등과 고려 말~조선 초의 청자, 분청사기, 백자, 청동신장상, '만호겸목사萬戶兼牧使' 명문기와편 등이 출토되었다.

李慶億詩   이경억의 시

尊者知名寺   존자암은 유명한 절로 알려졌는데
荒凉半舊墟   황량하여 절반은 옛 터만
千年孤塔在   천년 묵은 탑은 남아 있고
一室數椽餘   자그마한 집 한 채
海客經過少   바다나그네 지나가는 이 적고
蠻僧禮法疎   남쪽 지방 중은 예불이 서툴다.
秋宵望南極   가을 하늘의 노인성을 바라보니
塵慮已全除   세상 생각 다 함께 사그라든다.

『탐라지초본』, 이원조

청동신장상

青銅神將像 | Bronze Buddhist Guardian Deity | 고려
서귀포시 하원동 존자암 터 | 길이 4.9

소형의 청동 신장상으로 왼손은 칼을 들고 있으며 오른손은 허리춤에 댄 모습이다. 신장상은 불법을 수호하는 신으로 탑이나 부도, 사리갖춤구 등에 장식되며 이처럼 작은 금속제 신장상은 사리갖춤구의 겉면에 장식되는 경우가 많다. 존자암에서 출토된 신장상은 부조로 되어 있으며 도포와 가슴신이 부드럽게 표현되어 있다. 이외 사리갖춤구의 일부로 보이는 청동제 뚜껑이 출토되었다.

신선과 별들의 고향
Home of Taoist Immortals and Stars

신선의 존재를 믿고 그 경지에 오르고자 하는 중국의 신선사상은 우리나라에도 영향을 주어 봉래蓬萊·방장方丈·영주산瀛州山 삼신산이 생겼다. 특히 진秦나라 시황제始皇帝가 서복徐福을 영주산에 보내어 불로장생약을 구해 오라는 전설은 유명하다.

한라산은 하얀 사슴을 탄 신선이 살고 있는 영주산으로 여겨왔으며, 영주瀛洲, 동영주東瀛洲, 소천태산小天台山 등 이와 관련된 수많은 지명과 전설이 남아 있다. 또한 장수를 관장하는 노인성老人星을 바라볼 수 있는 곳이라 하여, 한라산은 불로장생의 신비로운 산으로 명성을 얻게 되었다.

051 파한록

破閑錄 | Pahallok, Anthology of Kim Seok-ik's Literary Works
1922년 | 김석익(金錫翼, 1844~1956) | 22.0×13.5

심재心齋 김석익은 제주의 한학자로 제주도 학자 명도암 김진용明道菴 金晉鎔의 후손이다. 『탐라기년耽羅紀年』, 『파한록破閑錄』, 『유리만필儒理漫筆』, 『근역시화槿域詩話』 등 제주의 역사에 대한 많은 기록을 남겼다. 『파한록』은 한가로움을 깨뜨린다는 뜻으로 유학자들 사이에 회자되던 일화를 모은 것이다. 이 책에는 제주의 풍토, 인물, 문화, 집안, 문집, 성씨, 역대 목민관의 일화, 표류민 이야기, 인쇄술 등 다양한 분야의 이야기가 실려 있으며 이중 중국 진나라의 방사方士인 서시徐市가 새겼다는 글씨에 대한 내용이 있다.

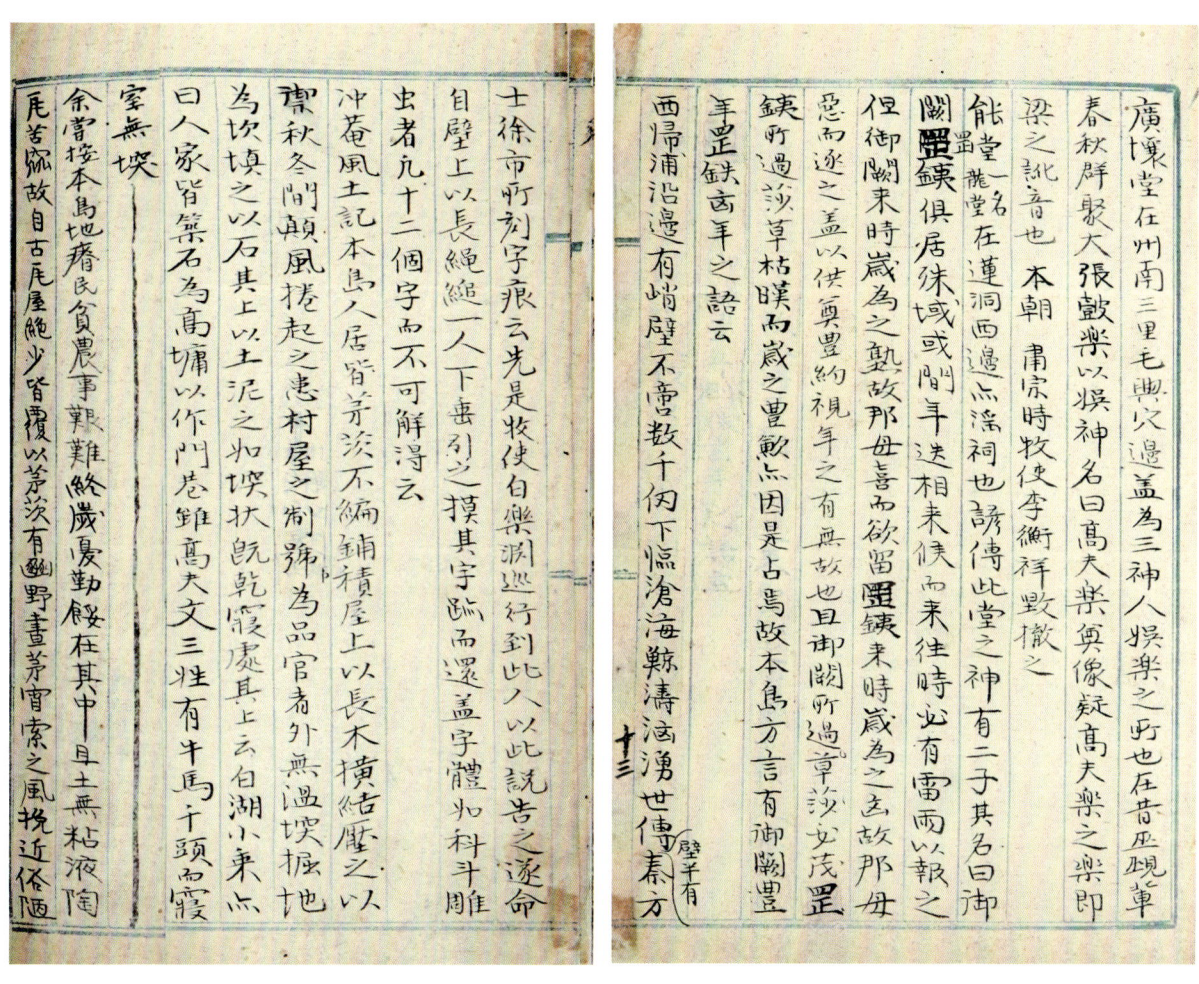

서시 徐市의 글씨

서귀포 해안가에는 가파른 절벽이 있는데, 수천인의 높이일 뿐만 아니라 아래로는 넘실대는 바다와 잇닿아 있다. 세상에 전하기를 절벽의 중간에 중국 진나라 방사인 서시가 새겼다는 글씨 흔적이 있다고 한다. 옛날에는 목사 백낙연白樂淵이 순행하다 이곳에 이르니, 어떤 사람이 이 이야기를 말하자, 이에 명하여 절벽 위에서부터 긴 줄을 매달아 한 사람이 밑으로 내려가 그 글자의 자취를 본떠 돌아오게 했다. 글자는 12자였으며 자체字體가 올챙이, 새, 벌레 모양과 같았다. 모두 12자로 되어 있다.

052
지도 천하총도
地圖 天下 摠圖 | Maps
조선 | 1805년 | 28.5×27.9 | 국립중앙박물관

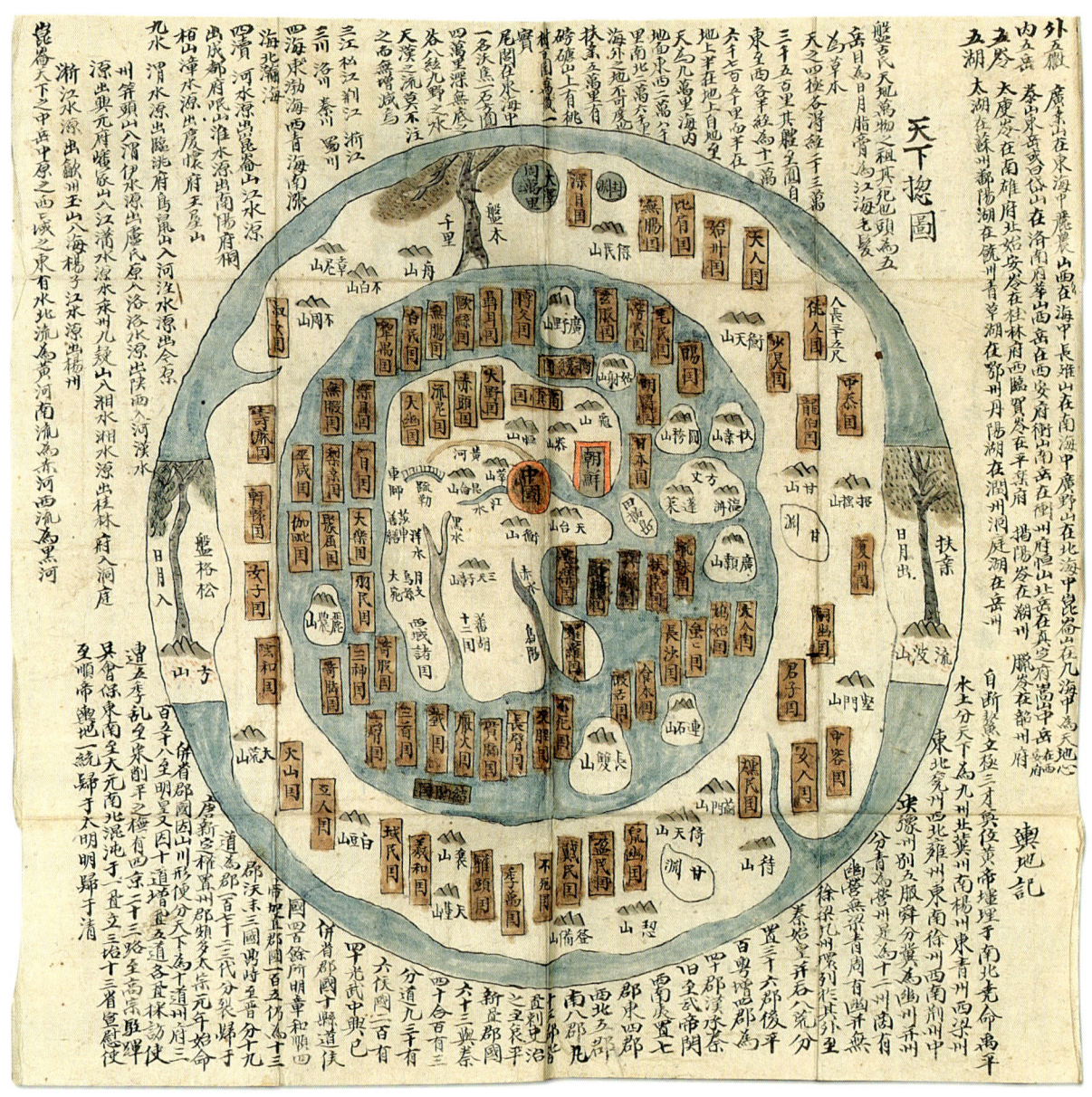

휴대용으로 제작된 지도첩으로 13면으로 이루어져 있다. 조선 후기 유행하는 지도 방식을 따라 세계지도 1면, 외국지도(중국, 일본, 유구) 3면, 조선지도 9면(조선총도 1면, 도별도 8면)으로 구성되어 있다. 천하도는 조선 중기 이후에 제작되어 민간에서 사용되었던 지도로 현전하는 것은 18세기의 것이 많다. 고대 중국의 세계관을 담고 있는 것으로, 가운데 중국대륙을 중심으로 내해와 그 외부를 둘러싼 환대륙, 그리고 바다가 이를 둘러싸고 있는 원형의 모습을 하고 있다. 조선을 붉게 표시하였고 주변에 불사국不死國, 삼수국三首國 등 상상의 국명을 배열하고 있는데 조선과 일본 아래에 봉래蓬萊·영주瀛州·방장方丈이 크게 그려져 있다.

053 탐라지

耽羅誌 | *Tamnaji*, Town Chronicle of Jeju
조선 | 1653년 | 이원진(李元鎭, 1594~1665) | 31.5×20.5

한라산은 신선사상과 관련된 이름을 많이 갖고 있다. 이원진은 '한라산의 이름은 원산圓山, 곧 원교산圓嶠山이고 그 동쪽이 곧 동무소협東巫小峽으로 '신선이 사는 곳'이라 하였다. 그 동북쪽에는 영주산瀛洲山이 있어 세상에서 탐라를 일컬어 동영주東瀛洲라고 한다고 하였다. 또한 방암方巖에 대하여 '한라산의 꼭대기에 있는데 그 형상이 네모반듯하여 사람이 다듬어 만든 것 같고, 바위 아래에 향부자香附子가 군락을 이루어 향기가 온 산에 가득하고 관현악을 듣는 것 같이 황홀해서 세속에서 전하기를 신선이 항상 노는 곳이다'라고 하였다.

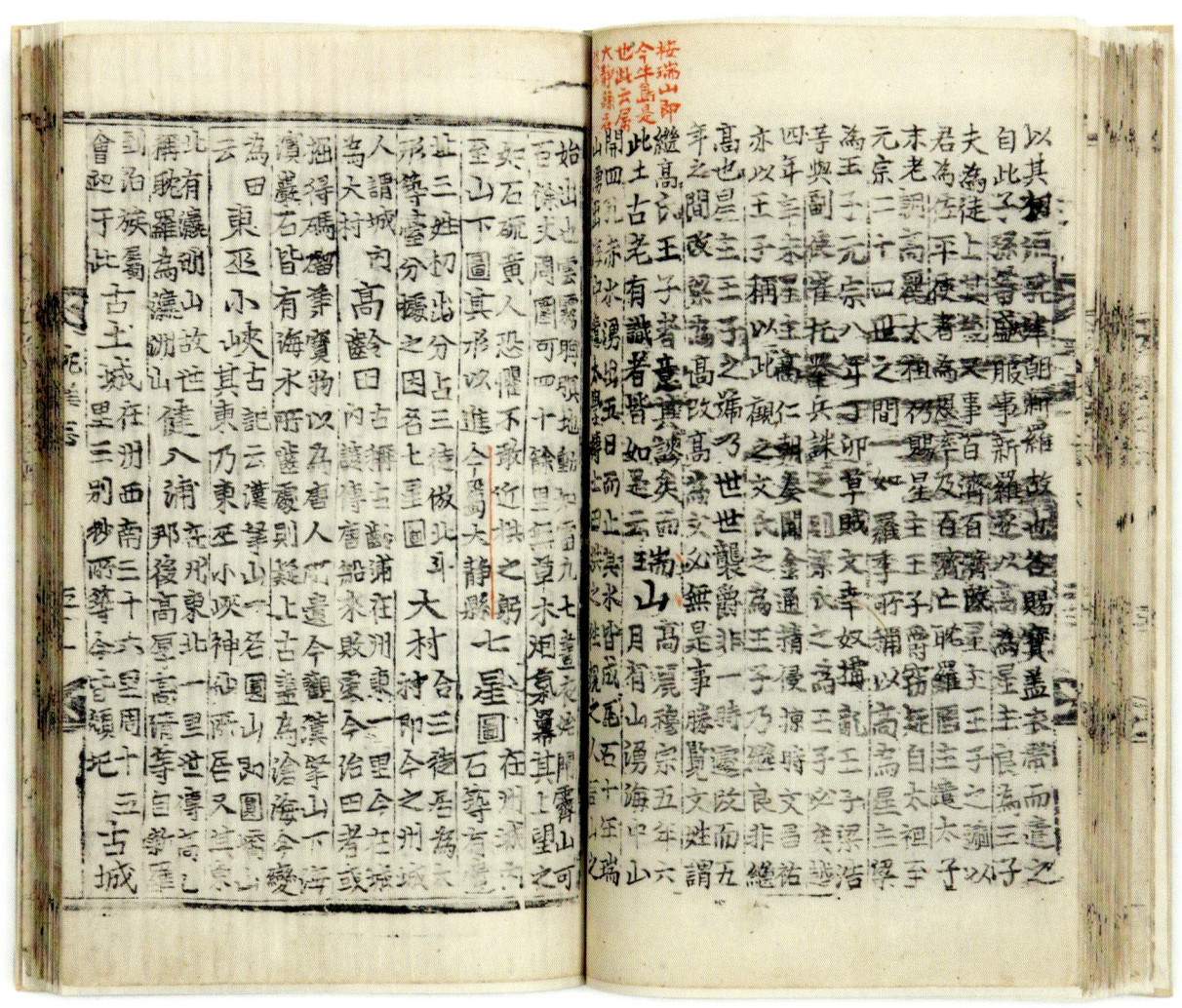

방암 方巖

방암方巖은 한라산 분화구 서북 정상에서 남쪽으로 조금 내려온 곳에 있는 바위로 바위에 네모난 구멍 혹은 굴이 있어 붙여진 이름이다. 『신증동국여지승람』을 비롯하여 이형상의 『남환박물』 등 대부분의 제주관련 고서에서 확인된다.

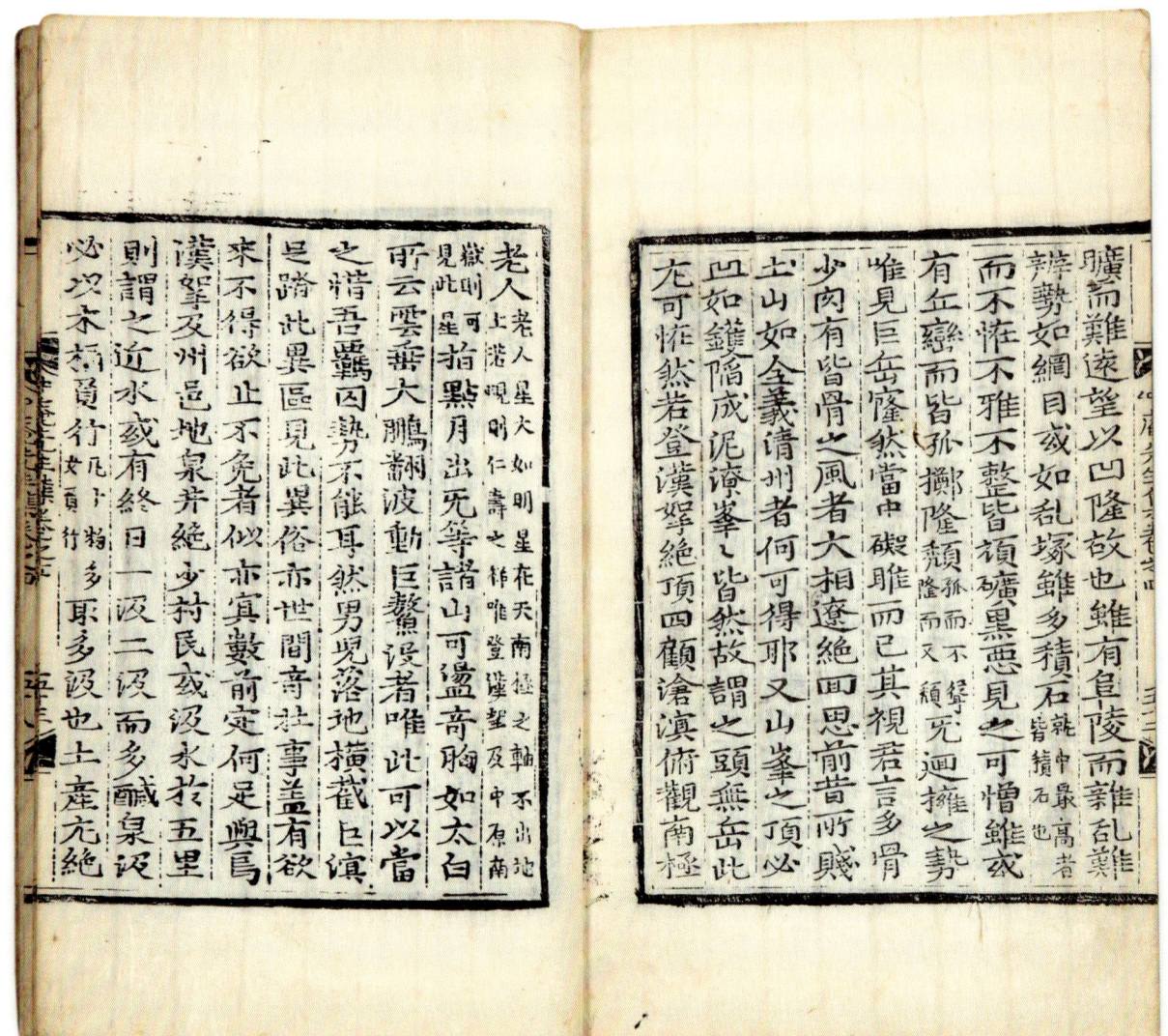

충암집 冲庵 김정의 문집인 『충암집冲庵集』 권4에 제주도 유배생활을 하면서 견문한 내용을 적은 「제주풍토록濟州風土錄」이 수록되어 있다. 그는 기묘사화己卯士禍로 1520~21년 제주에 유배된 후 사사賜死되었는데 그간의 제주에 대한 견문을 생생히 소개하고 있다. 이 글에서는 그는 한라산 정상에서 남극의 노인성을 굽어본다고 했으며, 오직 한라산과 중국의 남악인 형산衡山에서만 이 별을 볼 수 있다고 하였다.

055 천상열차분야지도

天象列次分野之圖 | Celestial Chart
조선 | 19세기 | 112.0×79.5 | 국립중앙박물관

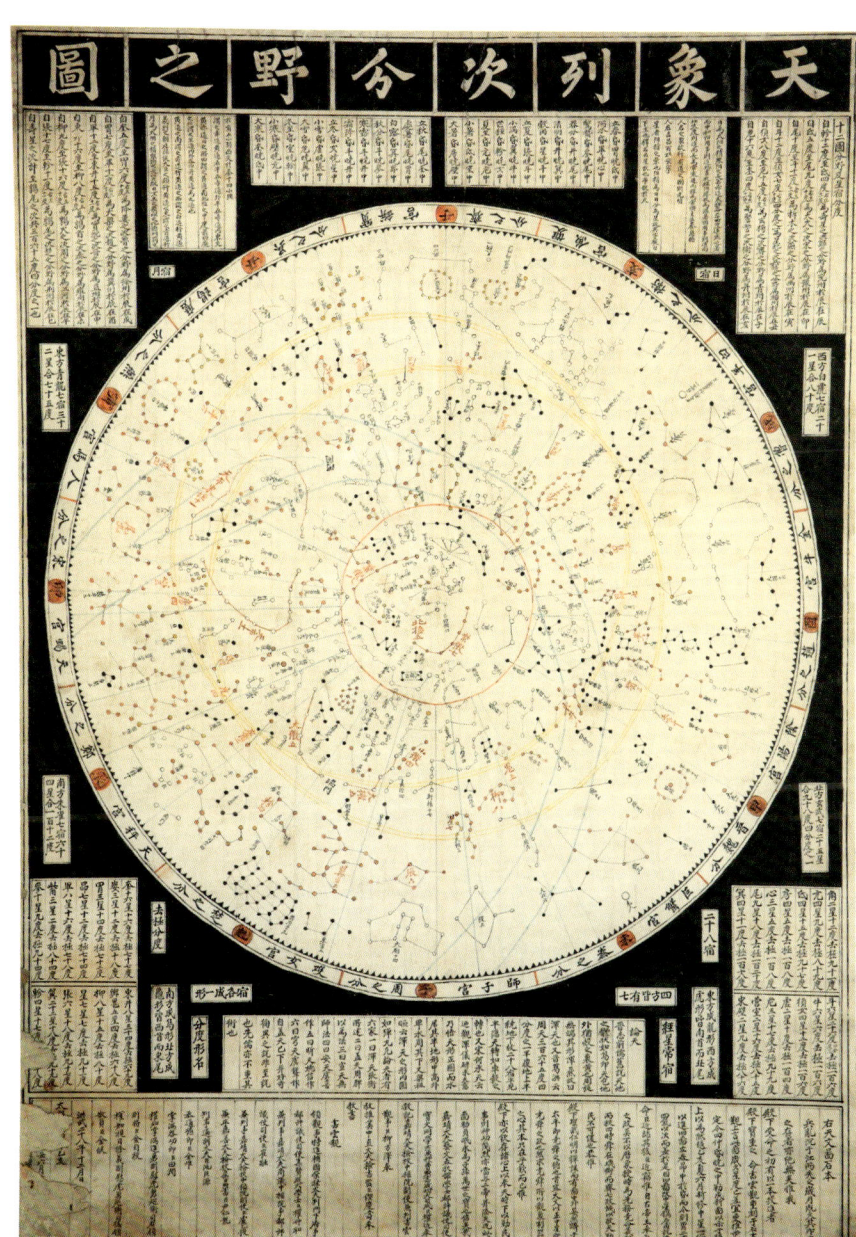

「천상열차분야지도」는 하늘의 모습 '천상'을 '차'와 '분야'에 따라 벌려놓은 그림이다. 천문도의 남쪽하단에 제주도 남쪽에서 바라볼 수 있는 노인성이 표시되어 있다. 노인성은 오늘날의 1등성 카노프스에 해당된다. 한국과 중국에서는 남극노인성南極老人星, 노인성老人星, 수성壽星이라 부르는데 특히 한국에서는 남쪽의 수평선 근처에서 매우 드물게 볼 수 있다. 예로부터 노인성이 인간의 수명을 관장한다고 믿었기 때문에 왕이 노인성을 향해 제사를 올리는 풍습이 있었으며 노인성이 보이는 해에는 나라가 평안해진다고 믿었다. 김상헌의 『남사록』에 의하면 노인성은 춘분과 추분에 날씨가 활짝 개이면 반쯤 볼 수 있으며 절제사 심연원沈連源과 토정 이지함土亭 李之菡이 보았다고 하였다.

漂海錄 | *Pyohaerok*, Record of Drifting Across the Sea | 조선

056 표해록

장한철(張漢喆, 1744~?) | 1771년 | 24.4×14.5 | 제주특별자치도 유형문화재 제27호

1770년 장한철이 한양으로 과거를 보러 가던 중 풍랑을 만나 오키나와열도沖繩列島의 호산도虎山島에 표착하였다가 간신히 제주로 돌아와 작성한 표류기이다. 장한철 일행이 오키나와에서 다시 풍랑을 만나 표류하던 중 바다 위의 한라산을 보고 기뻐하며 백록선자白鹿仙子와 설문대 할망(할머니, 詵麻姑)에게 살려달라며 기원하는 부분이 있다. 또한 한라산 신선과 설문대 할망에 대한 전설을 적어 놓았다. 이러한 상황은 당시 제주사람들에게 백록을 탄 신선과 설문대 할망이 한라산의 산신으로 좌정했음을 보여준다. 또한 표류하던 중 바라본 남극노인성의 위치를 보며 오키나와에 가까워졌음을 보여주는 심도 있는 식견도 함께 적고 있다.

정월 초5일, 맑음

해가 돋을 무렵, 동북쪽에 큰 산이 보였는데 곧 한라산이었으며, 이를 보면 멀지 않은 듯 하지만 한라산이 가까이 있는 것은 아니었다... "나의 부모를 불쌍히 여기시어 저 산굴을 오르게 하소서, 나의 아내와 자식을 불쌍히 여기시어 저 민둥산을 오르게 하소서!"라고 하였다. 훅 일어나 한라산을 향하여 절을 하며 말하기를 "흰 사슴을 탄 신선이여, 나를 살려 주소서, 설문대 할머니, 나를 살려주소서!"라고 하였다.

대개 탐라사람들의 전해 오는 말에 신선 할아버지가 흰 사슴을 타고 한라산 위에서 노닐었다고 하고, 또 전해오기를 아주 오랜 옛날 초기에 설문대 할머니가 있었는데 걸어서 서해를 건너와 한라산에서 노닐었다고 한다.

057 수성노인도

壽星老人圖 | *Suseong noindo*, Old Man of the Longevity Star
조선 | 77.6×61.8 | 국립중앙박물관

예로부터 국가와 민간에서는 별을 보며 국가의 길흉화복을 점쳐왔다. 특히 국가의 흥망성쇠와 인간의 수명을 관장하는 것으로 여겼던 수성壽星에 대한 믿음은 매우 깊어 국가에서 제사를 지내거나 새해맞이용 그림으로 그려 장수를 기원하였다. 수성노인도는 수성, 즉 남극노인성을 인격화한 것으로 우리나라에서는 18세기 이후에 보편화되었으며 점차 19세기의 칠성신앙七星神仰에 스며들어 확산되었다. 수성노인도는 길게 솟은 머리와 이마의 주름, 짧은 신체, 양감 있는 도의道衣, 장수와 복을 기원하는 지물이 들려 있는 것이 특징이다. 이 그림 역시 그러한 특징이 잘 나타나 있으며 이목구비와 수염은 섬세한 필치로 그렸고 도의자락은 바람에 휘날리는 모습이다. 손에는 '壽'자가 새겨진 위패를 들고 있으며 생일을 맞이한 강원철姜元鐵의 장수를 기원하고 있는 모습니다.

畵祝雅孫
元鐵壽
一如南極
亨無窮

손자 원철의 목숨이
남극처럼 끝없이
누리기를 빌며 그린다.

058 군선도

群仙圖 | *Gunseondo*, Taoist Immortals
조선 | 김홍도(金弘道, 1745~?) | 26.1×48.0 | 국립중앙박물관 | 보물 제527호

단원檀園 김홍도가 그린 신선그림이다. 신선들이 군집을 이루는 그림은 주로 서왕모西王母의 생일을 축하하러 가는 모습을 그린 것으로 신선들은 종종 사슴, 나귀, 거북, 괴어怪魚 등을 타고 있으며 각 신선을 상징하는 물건을 들고 있는 경우가 많다. 이 그림에는 거북을 탄 하마선인蝦蟆仙人과 못 생긴 철괴鐵拐, 파초선을 든 종리권鍾離權, 통소를 부는 소년 모습의 한상자韓湘子 등이 활달한 필치로 그려져 있다. 김홍도는 풍속화와 도교의 신선 불교의 석가여래를 그린 도석인물화道釋人物畵에 능하였는데, 이 그림은 도교나 불교와 관련된 여러 신들을 그린 것으로 당시 조선사회에 뿌린 내린 도가사상을 잘 표현하였다.

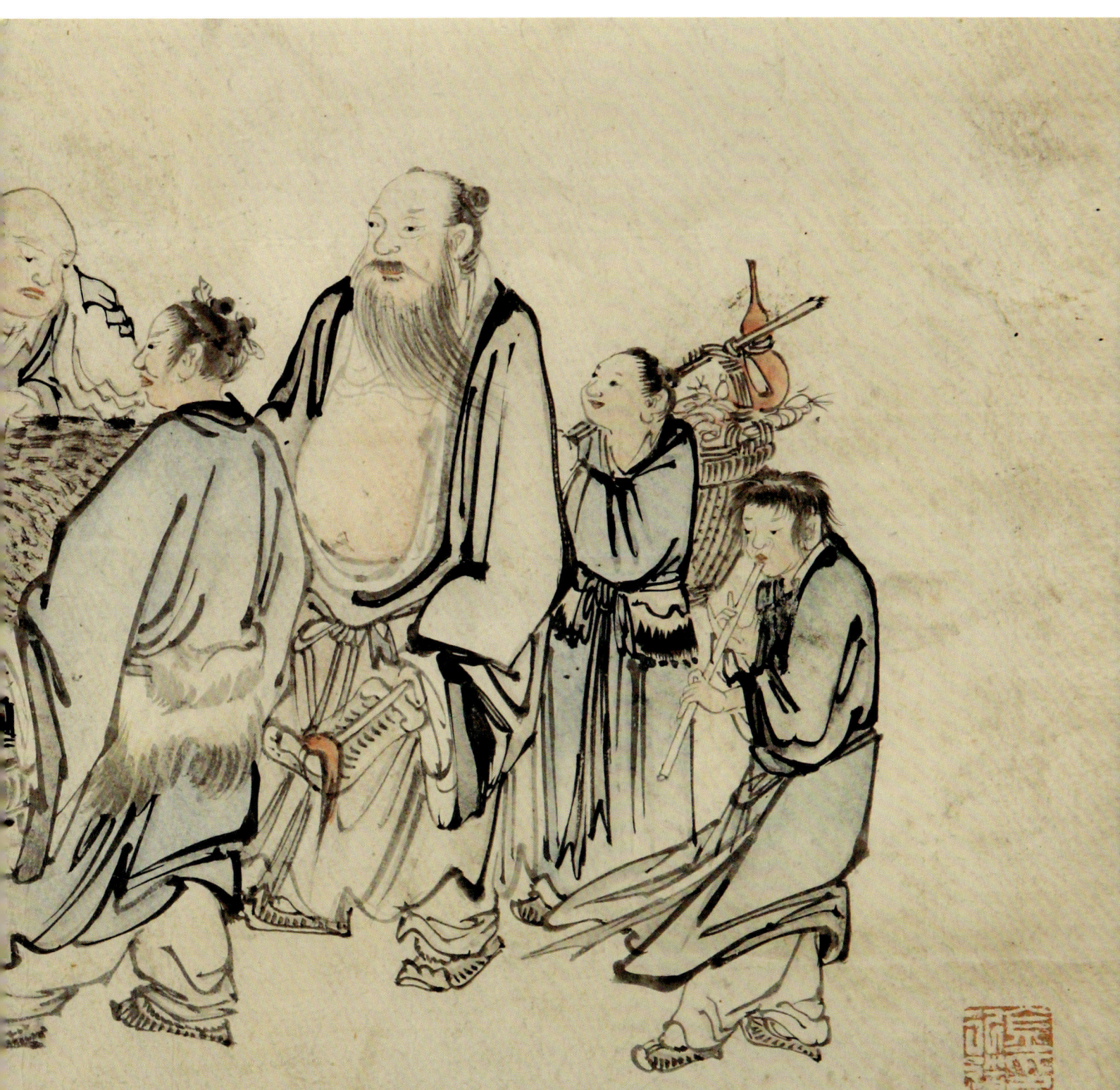

한라 산신제

Religious Rituals for the Mountain Spirits of Hallasan Mountain

한라산은 신령스러운 산이라 하여 해마다 산 정상에서 나라의 안녕을 기원하는 제사를 지냈다. 탐라국시대부터 지냈다고 전해지며 기록상으로는 고려 고종 40년(1253)에 한라산신제를 올리게 했다는 기록이 있다.

 조선시대에 제주목사가 부임하면 2월에 한라산 백록담에서 산신제를 지냈는데 처음에는 한라산 정상 북벽에서 거행하다가 성종 원년(1470)에 이약동李約東목사가 제주도민이 추운 겨울에 동사하는 폐단이 발생하자 한라산 정상에서 지금의 산천단山天壇으로 옮겨와 거행하였다.

한라산신제를 거행했다는 기록은 조선왕조실록과 읍지류에 등에서 확인되는데, 한라산이 국전國典에 오르지는 않았지만 치악산, 계룡산 등에 준하여 지냈음을 알 수 있다. 산신제는 1908년까지 지속되었는데 제주에 기근이 들거나 역모 등이 발생했을 때 임금이 어사를 파견하여 한라산 백록담에서 산신제를 거행하기도 하였다.

남사일록

南槎日錄 | *Namsaillok*, Report of Jeju Island by Yi Jeung
조선 | 이증(李增, 1628~1686) | 영인본

이증은 1679년(숙종 5) 8월에 전목사 윤창형尹昌亨과 정의현감 상인담尙仁詹의 비행을 조사하기 위해 제주안핵겸순무어사로 파견되었다. 『남사일록』은 제주에 약 5개월 동안 있으면서 자신에게 부여된 소임과 그날의 보고 들은 바를 일기체 형식으로 엮은 것이다. 임금이 내린 소임 중 한라산재漢拏山齋에 제사를 지내는 조항이 있는데 그는 3월에 한라산에 올라 산신제를 지냈다.

한라산제문 漢拏山祭文

경신庚申 3월 경인 삭庚寅 朔 20일 기유己酉

국왕은 삼가 신하인 부사직副司直 이증李增을 보내어 한라산의 신께 고하나이다.

삼가 탐라 한 지역은 아득히 바다 밖에 있어 높이 솟은 저 한라, 웅장한 진鎭인 남쪽 변방, 상서로운 기운은 모여들고 맑은 기운 감돌며 신기함이 쌓이고 신령이 축적되나이다. 남쪽지방이라 종사宗社와는 멀리 떨어져 홍수와 가뭄, 질병이 일어나는데, 기도하면 반드시 얻게 하시어 공덕을 베풂이 흡족하여 백성들은 그 복을 누려왔습니다. 제사전례를 살펴서 보답하는 일에 어기지 말아야 하나 이제까지 겨를이 없어 내 마음은 한탄스러웠습니다. 이제 따로 관원에게 부탁하여 엄숙히 신명께 잿밥을 드리며 더욱 은밀한 도움을 바라오니 우리의 먼 곳 백성에게 은혜를 주시며 그들의 질병을 물리치고 풍성한 번영을 주소서. 경건한 받듦을 바꾸지 않겠사오니 영원히 신명의 주심을 입고자 하여 삼가 희생과 폐백으로 고기와 술과 곡식을 차리고 여러 물품을 신명께 바쳐 경배하여 고 하나이다.

지제교知製敎 권흠權솞이 지어 올림

060 남사록

南槎錄 | *Namsarok*, Report of Jeju Island by Kim Sang-heon
조선 | 김상헌(金尙憲, 1570~1652) | 25.5×18.3 | 서울대학교 규장각 한국학연구원

김상헌은 조선 중기의 문신으로 호는 청음淸陰이며 선조 34년(1601)에 제주에서 있었던 소덕유蘇德裕·길운절吉雲節의 역모사건을 조사하기 위해 안무어사로 파견되었다. 제주의 민심을 안정시키고 이어서 한라산신제를 지냈는데 제물을 실었던 배에서 제물이 떠내려 간 것과 한라산에 올라 산신제를 정성스럽게 지냈음을 기록하였다. 그가 쓴 『남사록』은 1602년 8월부터 이듬해 2월, 약 6개월 동안의 제주 기행문으로 제주의 상황을 보여주는 귀중한 자료이다.

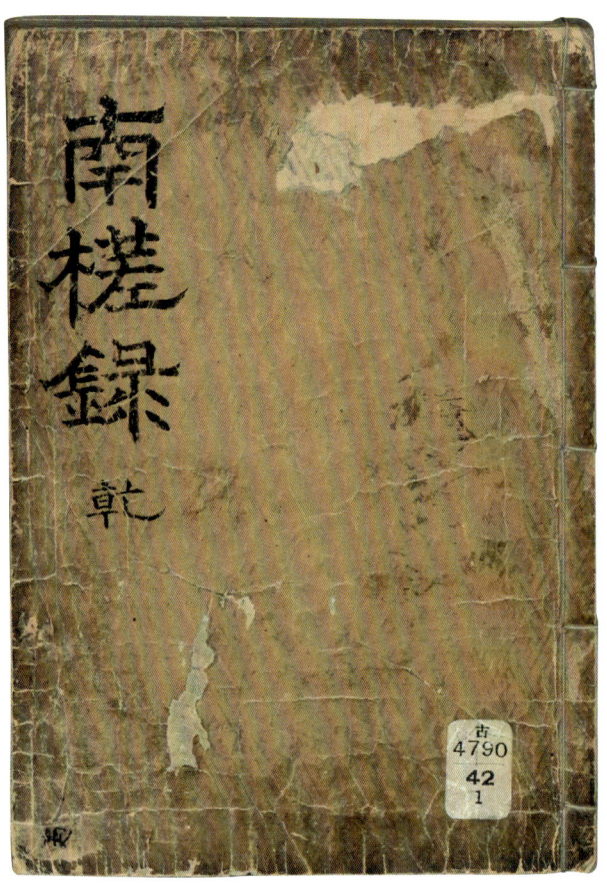 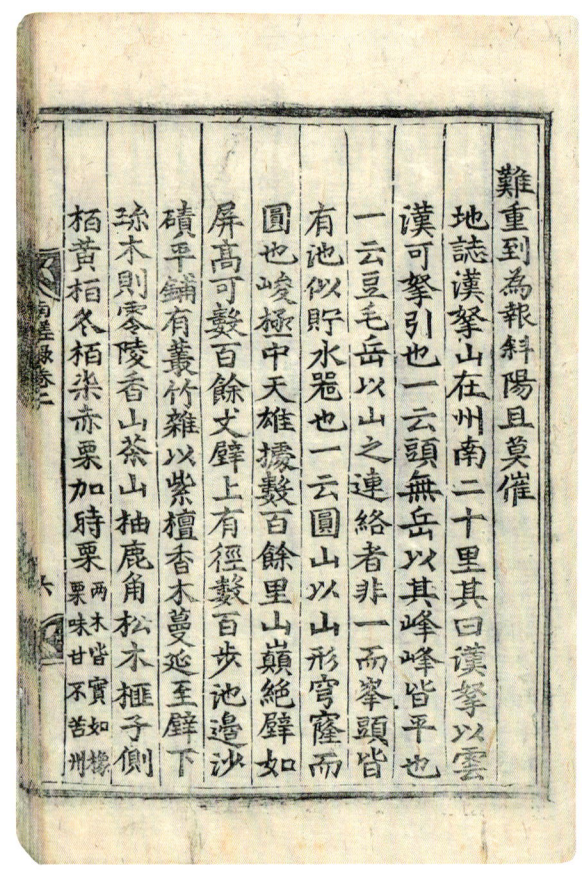

지지 地誌

한라산은 제주목에서 남쪽으로 20 리 에 있다. 그 이름을 한라漢拏라고 한 것은 은하수雲漢를 끌어당길拏引만하다 해서 부르게 된 것이다. 또 두무악頭無岳이라고도 하는데 봉우리마다 모두 평평하기 때문이다. 또 두모악豆毛岳으로도 불리는데 산의 이어진 것이 한결같지 않고, 봉우리 위에 모두 못이 있어 마치 물 담는 그릇 같기 때문이다. 원산圓山이라고도 하는데 산의 모양이 궁륭穹窿 같이 둥글기 때문이다. 높이는 중천中天에 다하였으며 수백여리에 자리 잡아 지켜 섰고, 산꼭대기 절벽은 병풍과 같아 높이가 몇 백 장丈은 될 만한데 절벽위에는 수 백보나 되는 길이 있다. 못가에는 모래벌이 평평하게 깔렸으며, 대숲이 자단紫檀 향나무와 섞여 절벽 아래까지 펼쳐있다.

한라산제문 漢拏山祭文

만력 29년 9월 을미삭 25일 기미

국왕은 성균관 전적 김상헌을 보내어 한라산의 신령께 제사를 드립니다. 삼가 생각건대 궁륭穹窿 같은 산이 있어 바다 가운데 자리 잡고 있습니다. 아래로는 수부水府를 감싸 두르고 위로는 운공雲空에 맞닿아 백령百靈이 머무르니 모든 산악山嶽의 으뜸입니다. 남라의 신산鎭山이 되어 남쪽 끝자락 절경을 이루었습니다. 천신天神의 권능을 빌어 우리 백성을 도우시니 전염병이의 재앙이 없고 풍우風雨가 때를 맞추어 곡식과 삼이 두루 자라고 축산畜産이 번성합니다. 제주 고을은 그래서 편안하고, 나라에서는 이들의 도움을 받습니다. 이미 풍족하고 이미 은혜를 받았으니 신령의 덕이 아님이 없습니다. 그런데 못된 무리들이 감히 반역을 도모하여 어느새 숨어살며 날로 백성을 속이고 무리를 모은 것이 마치 개미가 쌀과 겨를 핥는 것처럼 되었습니다. 비록 나라의 불행이기도 하지만 또한 신령의 부끄러운 일이기도 했습니다. 음모가 일찍 드러나 괴수는 처형하여 그 시체를 저자에 내어놓았고 온 섬은 평안을 얻었습니다. 큰 난리가 일찍 끝났으니 신령의 도움이 아니었다면 어찌 이렇게 될 수 있었겠습니까. 이에 마땅히 사신使臣을 보내어 경건히 아룁니다. 차린 제물은 비록 적습니다만 성의誠意는 두텁습니다. 비로소 이제부터 세세世世로 흠향歆享하시어 어려운 시련을 그쳐 주시고 길이 이 고을이 평안하도록 해 주소서.

지제교 이수록李綏祿이 제진製進함

조선왕조실록 속 한라산신제 기록

태종실록 18년(1418) 4월 신묘(11일)

예조에서 제주의 문선왕文宣王 석전제釋奠祭 의식과 한라산제漢拏山祭 의식을 올렸다. 석전제 의식은 각도의 계수관界首官의 예에 의하고, 한라산제 의식은 나주 금성산錦城山의 예에 의하여 제사전諸祀典에 기재된 대로 봄·가을에 제사하게 하였다.

숙종실록 29년(1703) 7월 계유(29일)

이형상목사가 치계하기를 '명산名山과 대천大川은 소사小祀에 기재되어 있는데 유독 한라산만 사전祀典에서 누락되어 있습니다. 오례의五禮儀의 찬성纂成은 성화년간(成化年間, 성종 5년, 1474)에 있었는데 그때는 본주本州가 혹은 순종하기고 하고 혹은 거역하기도 하였으므로 아마 이로 인하여 누락되었을 것입니다. 일찍이 이 일을 아뢰었는데 해당 조曹에서 기각되었습니다. 바라건대 다시 품의 처리하십시오' 하였다.(중략). 영부사領府事 윤지완尹趾完이 의논하기를 '국전國典에 등재되지 않은 것을 지금 창시하여 시행하는 것은 어려우나, 명산에서 제사를 지내지 않는 것은 이미 결례되는 것입니다. 본주의 사정이 다른 도의 주군州郡과는 다르므로 본주로 하여금 춘추에 제사하되 제후諸侯의 봉토내封土內에서 산천제山川祭를 지내는 것과 같이 하면 무방할 것입니다'하였다.(중략).. 임금이 분부하길 '한라산은 해외의 명산인데도 유독 사전에 들어가지 않았음은 흠궐(欠闕, 일정한 수에 부족이 생김)을 면치 못할 것이니 영상의 의논에 의하여 시행하라' 하였다. 예조가 청하기를 '치악雉岳과 계룡산鷄龍山 등의 산제의 예에 준하여 축문식祝文式을 따르고 정월·2월·7월에 설행하도록 하십시오' 하니 이를 윤허하였다.

심낙수어사 마애석각 沈樂洙御使 磨崖石刻

심낙수(沈樂洙, 1739~1799)는 1794년(정조 18) 3월에 제주위유안핵순무시재어사濟州慰諭按覈巡撫試才御使로 파견되어 어명에 따라 백록담에서 한라산신제를 지낸 인물이다. 당시 제주에는 전염병이 돌고 흉년이 들었는데 6백여 명의 아사자를 낸 전 제주목사 이철운李喆運의 죄상을 규찰하기 위해 제주에 왔다. 심낙수의 마애석각은 백록담 동벽에 새겨져 있는데 가로 55cm, 세로 80cm의 벽면을 직사각 형태로 갈아낸 후, 그의 사적事蹟을 기념하여 새겨 넣었다. 심낙수의 한라산신제 내용은 1793년(정조 17)의 기록에서도 확인된다.

현종실록 12년(1671) 9월 갑자(16일)

조정에서 제주 삼읍에 기황饑荒이 더욱 심하여 백성이 많이 죽으므로 위유慰諭하는 일을 거행하지 않을 수가 없었다. 드디어 이하李夏를 선유어사宣諭御使로 삼아 가서 선유하게 하였다. 우의정 김수흥金壽興이 차箚를 올리기를 '그의 조부祖父 김상헌金尙憲이 일찍이 신축년(辛丑年, 선조 34년, 1601)에 어사로서 본도에 가서 효유하였는데 선조는 특명으로 한라산에 사제賜祭하게 하였고 또 별도로 사목事目을 만들어 보내었습니다. 청컨대 구례에 의하여 하십시오'하니 이일을 비변사에 내리어 그때 따라서 행하였던 절목 17조를 참작하여 정하고 삼읍 백성에게 면포 4천필과 맥종 2천석을 하사하였다.

정조실록 17년(1793) 11월 계축 (24일)

임금이 제주어사 심낙수沈樂洙에게 향축香祝을 주어 한라산신에게 치제致祭하게 하였다. 예조에 명하여 의주儀注를 마련하라고 하였다. 예조가 말하기를 '오례의에 실려 있는 주현명산대천의州縣名山大川儀를 사용함이 마땅합니다.' 하니 이를 윤허하였다.

심낙수어사 마애석각

산천단과 곰솔 곰솔 : 천연기념물 제160호

기적비

이약동선생한라산신단기적비

한라산신고선비

제주특별자치도 제주시 아라 1동에 위치한다. 산천단에 대한 기록은 『제주읍지』, 「제주삼현도」 등에 나오는 것으로 보아 18세기 후반부터는 산천단山川壇이라 부른 것으로 보인다. 원래 이곳에는 이약동목사가 세운 묘단墓壇과 한라산신선비漢拏山神仙碑가 있었으나 소멸되었으며, 조선 말 이후 지방 유지들이 세운 한라산신고선비漢拏山神古壇碑와 부러진 기적비紀蹟碑가 남아 있다. 그 뒤 1989년에 지방문화인들과 이목사의 후손인 벽진이씨문중회碧珍李氏門中會가 함께 세운 목사이약동선생한라산신단기적비牧使李約東先生漢拏山神壇紀蹟碑와 묘단이 세워졌다.

산천단에는 천연기념물 160호로 지정된 곰솔 8그루가 제단 주위에 자라고 있다. 우리나라 곰솔 중 가장 오래되고 큰 나무로 알려져 있으며 길이 20여m, 둘레 3.4~6m, 수령은 500~600년으로 추정된다.

탐라기년

耽羅紀年 | *Tamna ginyeon*, History of Jeju
1918년 | 김석익(金錫翼, 1844~1956) | 23.0×16.0

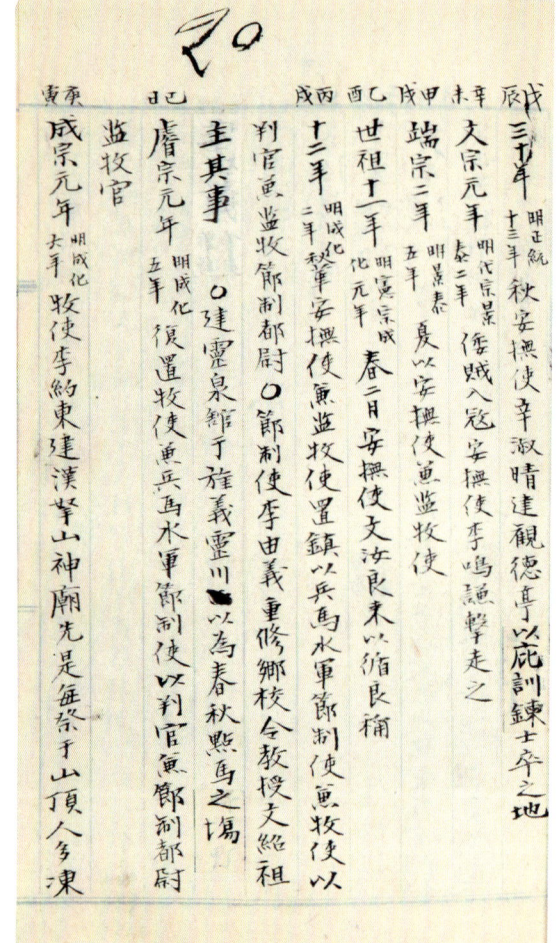
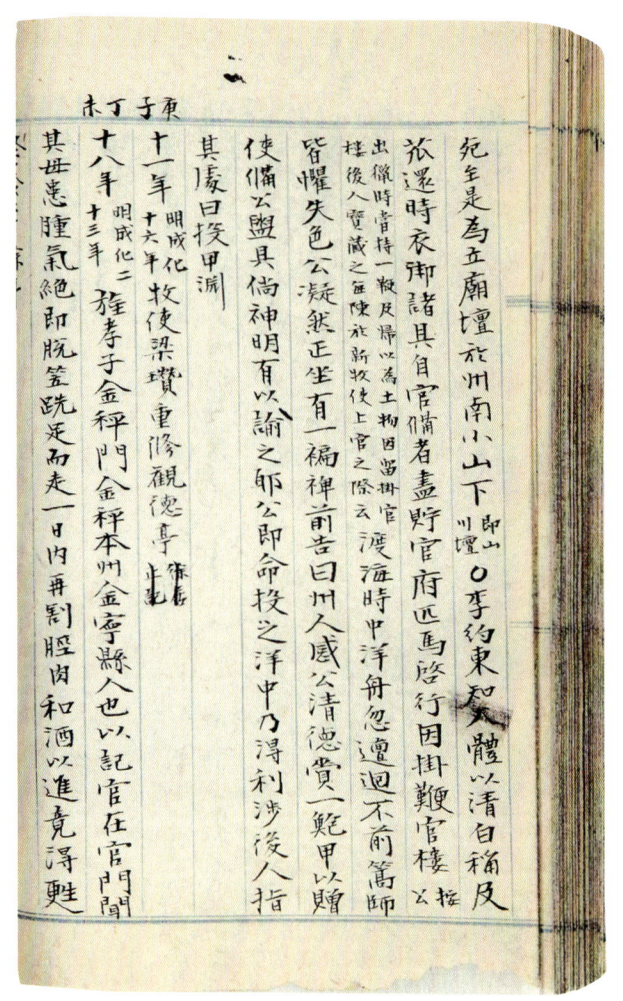

김석익이 고래로부터 조선 말기에 이르는 시기의 제주역사를 편년체로 기록한 책이다. 제주에 대한 역사서는 주로 중앙에서 파견된 관료들이 쓴 경우가 대부분인데 이 책은 제주사람이 쓴 제주 기록이자 시기도 탐라~제주에 이르는 방대한 시기를 개괄하고 있다. 이 중 한라산신제를 지금의 산천단으로 옮겨 시행된 내용이 수록되어 있다.

062 제주삼읍전도

濟州三邑全圖 | *Jeju sameup jeondo*, Map of Jeju Island
조선 | 1872년 | 25x35 | 서울대학교 규장각 한국학연구원

대정·정의 등의 고을이 현縣이 아닌 군郡으로 표기된 것으로 보아 1895년의 지방행정구역 개편 이후에 제작된 것으로 보인다. 중앙의 한라산을 중심으로 오름과 오백장군, 존자암 등을 표기하였으며 백록담은 흰색으로 표현되어 있다. 삼의양악 아래에 한라산신제를 지냈던 산천단山川壇이 표시되어 있다.

IV. 한라산의 풍경과 시

THE SCENERY OF HALLASAN
MOUNTAIN AND POEMS

한라산 풍경 그림

한라산을 노래한 시와 글

바위에 새긴 글씨

한라산 등반 기록

한라산 풍경 그림

Landscape Paintings of Hallasan Mountain

한라산은 예로부터 이름난 명산이었기에 조선시대 관료들은 한라산에 대한 글을 쓰거나 그림을 그려 한라산에 대한 동경을 표현하였다.

한라산 그림은 많지 않지만 소치 허련小癡 許鍊, 학산 윤제홍鶴山 尹濟弘 등의 문인들이 그린 산수화와 「제주십경도濟州十景圖」, 「제주도도濟州島圖」 등의 민화풍 그림, 『탐라순력도』 등의 기록화가 있다.

특히 한라산 백록담과 영실기암, 방선문 등은 한라산의 대표적인 비경으로 이후 「영주십경瀛洲十景」에서 새롭게 품제되어 지금의 제주를 상징하는 대명사가 되었다.

063 제주도도

濟州島圖 | *Jejudodo*, The Scenery of of Jeju Island
조선 후기 | 61×40.5 | 국립민속박물관

민화풍의 십경그림으로 탐라도총耽羅都摠, 영곡瀛谷, 백록담白鹿潭, 산방山房으로 이루어져 있다. 상단에 여백을 두어 사적의 이름과 설명을 적고 하단에 그림을 그렸다. 제목과 설명은『지영록知瀛錄』의『탐라십경도耽羅十景圖』와 일치하는데 그림의 세부 모습과 채색 등에서 조선 후기의 특징이 나타난다. 19세기의 십경도는 십경十景의 구성과 형식, 내용 등에서『지영록』의 영향을 받은 것으로 보인다.

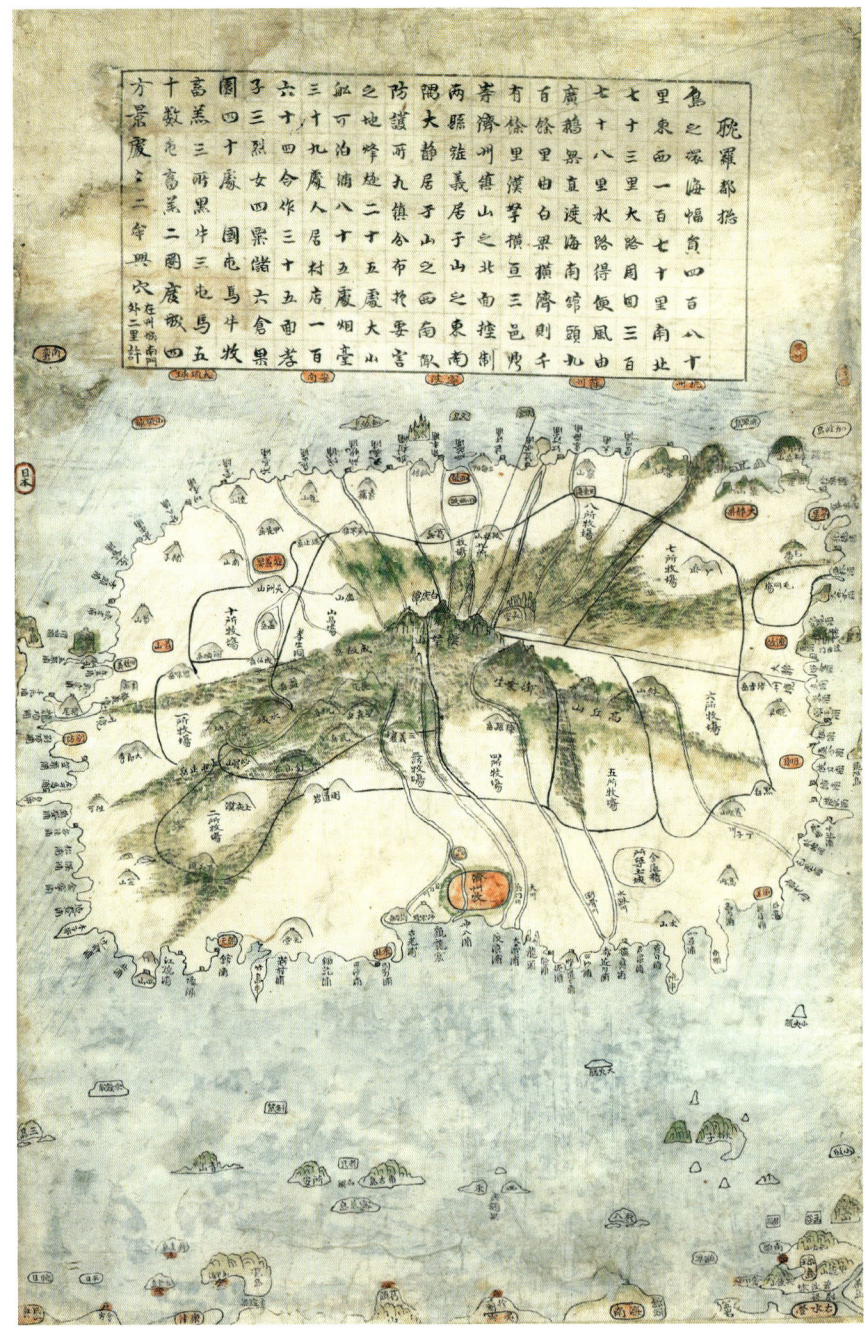

탐라도총 耽羅都摠

바다로 둘러싸인 섬의 둘레는 480리이고, 길이는 동서로 170리, 남북으로 73리이다. 대로로는 둘레가 378리이고, 수로로는 순풍을 만나 광아량에서 해남 관두량까지 바로 건너면 900여 리이고, 백량에서 가로질러 건너면 1,000여 리이다. 한라산을 가로 뻗어 3읍이 마주보고 벌려져 있는데, 제주목은 진산의 북면에서 2현을 아울러 다스린다. 정의현은 산의 동남쪽 모퉁이에 있고, 대정현은 산의 서남쪽 모퉁이에 있다. 방호소와 구진은 요해처에 분포되어 있다. 봉수는 25곳에 있고 크고 작은 배들이 정박할 수 있는 포구는 85곳이며, 연대는 39곳이다. 사람이 살고 있는 마을은 164곳으로, 35면으로 이루어져 있다. 효자 3명, 열녀 4명이 나왔다. 곡식을 쌓아두는 창고는 6개이며, 과원은 40곳이다. 나라에서 말과 소를 목축하는데, 염소는 3곳, 흑우 3둔, 말 50수둔이 있고, 염소를 기르는 우리가 2개 있다. 모흥혈 성 남문 밖 2리쯤에 있다.

백록담 白鹿潭

한라산 맨 꼭대기는 하늘에 높이 솟아 돌이 동그랗게 둘러있는데, 주위가 약 10리 이다. 그 가운데가 마치 솥과 같이 무너져 내려갔는데 그 안에 물이 가득하다. 담의 북쪽 구석에 기우단祈雨壇이 있다. 숲이 벌여 있고 사계절 긴 봄 마냥 넝쿨향기가 두루 멀리 미치어 향기가 신발에까지 스며든다.

산열매山果-시로미는 칠과 같이 검은가 하면, 혹은 주사처럼 빨개서 맛은 달콤하고 또한 향이 있어 진짜 선과仙果이다. 산 위에는 바람기운이 싸늘하여 비록 한여름이라 하더라도 오히려 덧옷을 생각나게 한다. 끝 간곳을 눈으로 보면 사방이 바다인데 물과 하늘이 서로 맞붙어 가까이는 여러 섬들이 눈 밑에 별처럼 벌여 있고, 멀리는 등래登萊-중국 산동성 등주와 내주, 영파寧波, 유구琉球, 안남安南, 일본日本이 역시 아득한 가운데에 어렴풋하게 모두 가리킬 수 있다. 웅장한 경치를 큰 뜻을 품고 구경함은 이보다 더 하지는 않을 것이다. 창해滄海가 술잔이요, 천하가 작다는 것은 아마 이를 두고 말한 것이리라. 옛날에 어떤 산지기가 밤에 못가에 엎드려 있는데 천 몇 백이 되는 사슴 떼가 와서 이 가운데서 물을 마시는 것을 보았다. 어떤 사슴 한 마리가 우뚝 뛰어나고 색깔이 하얀데 등 위에 백발의 한 노인이 타고 있었다. 산지기는 놀랍고 괴이하여 감히 범접하지를 못하여 다만 뒤떨어진 사슴 하나를 쏘았다. 조금 있으니까 노인이 사슴 떼를 점검하는 모양 같았는데 긴 휘파람을 한 번 소리 내자 갑자기 보이지 않았다. 못의 이름을 얻게 된 것이 대략 이러하다고 한다.

영곡 瀛谷

한라산 서쪽 기슭 대정현大靜縣 지경에 있다. 백록담에서 남쪽으로 내려오다 서쪽으로 방향을 바꿔 산등성이를 넘고 골짜기를 건너 25리를 오면, 낭떠러지가 걸려 있고 절벽이 깎아 세워져서 층층이 기암괴석들이 나열되어 있다. 그 꼭대기의 장관은 마치 장군이 칼을 찬것 같고, 아름답기가 미녀가 쪽을 진 것, 승이 절을 하는 것, 신선이 춤을 추는 것, 호랑이가 웅크리고 있는 것, 봉鳳이 날아오르는 것 같이 크고 작고 높고 낮은 것들이 물체의 모양을 안한 것이 없어. 속칭 오백장군골五百將軍洞, 혹은 천불봉千佛峯이라고 하고, 일명 행도골行道洞이라고도 한다. 그 밑으로는 샘이 솟아 계곡을 이루어 길게 흘러가며 마르지 않는다. 골짜기는 넓고 평평하여 소나무가 짓푸르러 하늘을 찌른다. 목장이 여기저기에 있고 비단 같은 구름이 산에 두루 퍼져있다. 옛날에는 자그만 사찰이 있었으나 지금은 옮겨 갔다. 존자암尊者庵이었던 폐지廢址에는 계단과 초석이 아직도 완연하다. 대개 한라가 모두 석산이므로 산기슭도 장엄하지만, 유독이 한쪽 면의 눈 쌓인 봉우리는 옥玉을 배열한 듯 마치 풍악楓嶽―가을 금강산의 중향성衆香城과 같아 또한 이채롭다.

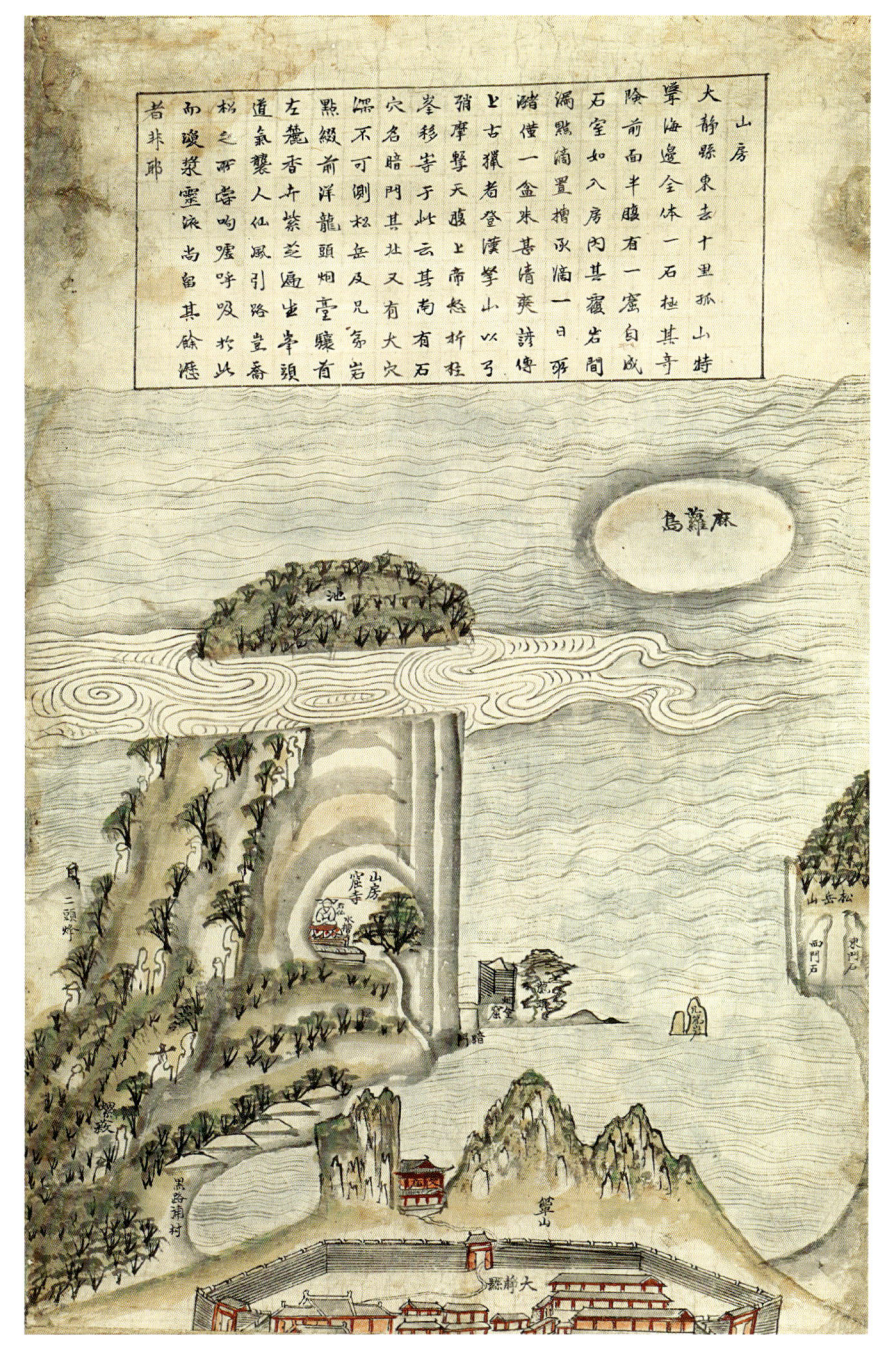

산방 山房

대정현의 동쪽 10리 거리에 외로운 산이 해변에 우뚝 솟아 있다. 전체가 하나의 돌로 되어 아주 기이하고 험하다. 앞면의 반허리에 한 개의 굴이 있어 자연히 석실石室을 이루어 마치 방안에 들어간 듯 하다. 그 천정 바위 사이에서 물이 새어나와 방울방울 떨어지는데 통을 놓아두고 물방울을 하루 종일 받아 모으면 겨우 한 동이가 되는데 맛은 매우 맑고 상쾌하다. 전설에 아주 옛날 사냥꾼이 한라산에 올라가, 활을 쏘아 하늘의 배 가까이에 이르자 상제上帝가 노하여 주봉柱峯을 꺾어 여기에 옮겨 세웠다고 한다. 그 남쪽에 돌구멍이 있는데 이름을 암문暗門이라 하며, 그 북쪽에 또 큰 구멍이 있는데 깊이를 잴 수 없다. 송악松嶽과 형제암兄弟巖이 앞 바다에 점철點綴하고, 용두연대龍頭烟臺가 머리를 내민다. 왼쪽 기슭에 향훼香卉와 자지紫芝가 두루 자라고, 산머리에는 도기道氣가 사람들에게 베어들고 선풍仙風이 길을 인도하는데, 어찌 높은 소나무가 여기에서 일찍부터 심호흡을 하여 경장영액瓊漿靈液을 아직까지 간직했다가 그렇게 스며오는 것이 아니라 하겠는가.

064 제주십경도

濟州十景圖 | *Jeju sipgyeongdo*, The Scenery of Jeju Island
조선 | 19세기 | 51.8×30.2 | 국립민속박물관

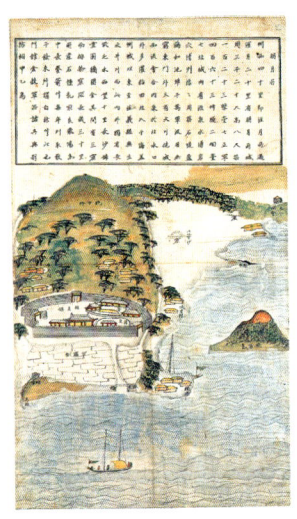   

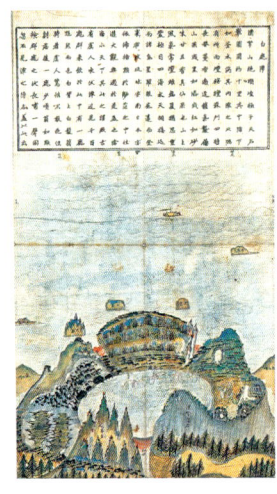 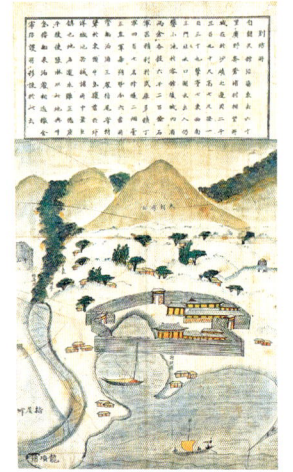

명월소明月所, 천지연天池淵, 서귀소西歸所, 성산城山, 산방산山房, 취병담翠屛潭, 조천관朝天館, 영곡瀛谷, 백록담白鹿潭, 별방소別防所 10곳을 그린 화첩이다. 상단에 제목과 위치 및 고사 등을 적었고 그림에는 지명 등을 표기하였다.「서귀소」,「영곡」,「백록담」에 한라산이 표현되어 있다.「서귀포」의 한라산은 가운데가 움푹 패인 뾰족한 산으로 그렸으며 그 아래에 영실과 성판악, 숲과 계곡을 표현하여 서귀포와 한라산을 넓게 조망하였다. 이 화첩은「제주도도」와 그림 형태와 구조가 동일하다.

065 탐라순력도 병담범주

屛潭泛舟 | *Tamna sullyeokdo*, Boating on Chwibyeong Pond
조선 | 1702년 | 이형상(李衡祥, 1653~1733) | 제주시청 | 보물 제652-6호

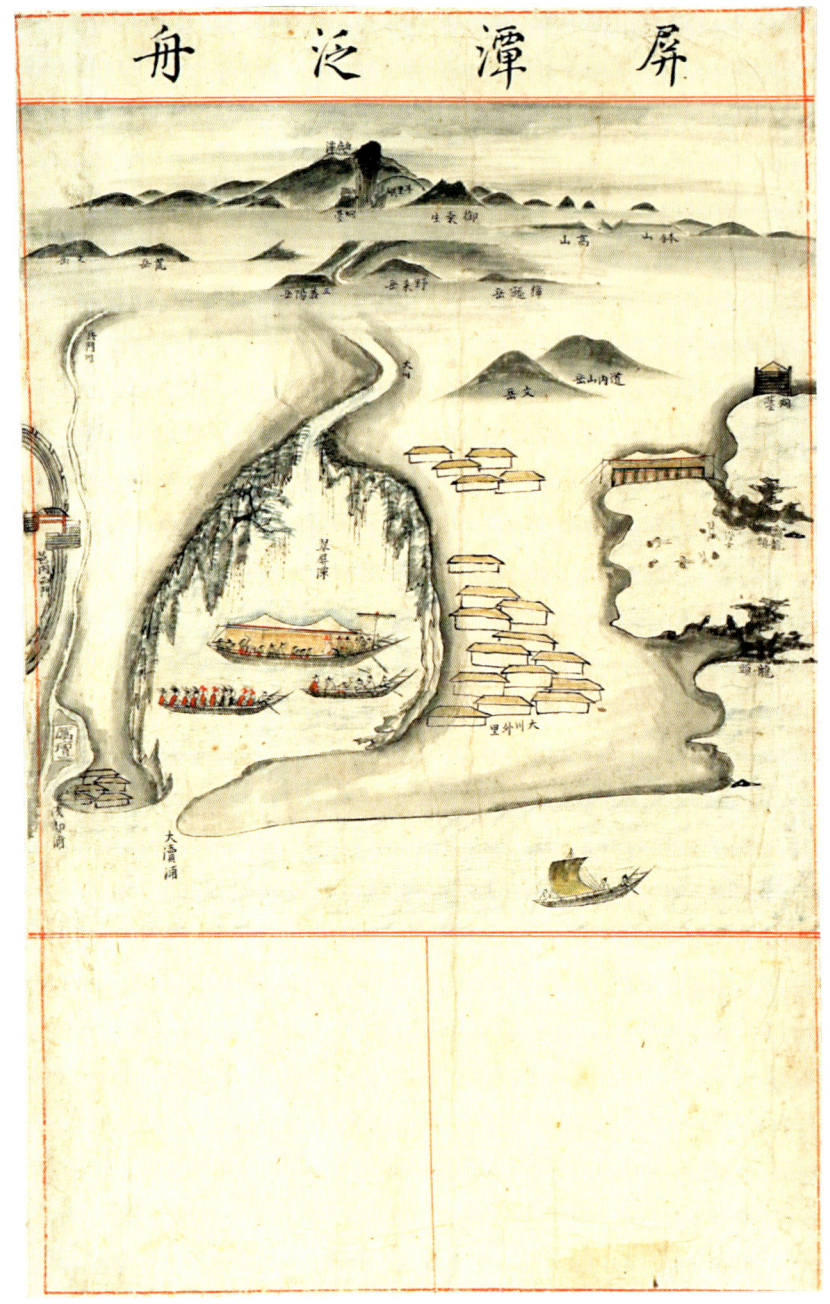

취병담翠屛潭에서의 뱃놀이 모습을 그린 그림이다. 이곳은 「영주십이경瀛州十二景」의 하나인 「용연야범龍淵夜泛」의 장소로 달 밝은 밤에 용연에서 뱃놀이를 즐겼던 곳이다. 조선시대 목사, 판관, 유배인 등은 이곳을 찾아 풍류를 즐겼으며 그 흔적으로 바위 절벽에 마애석각을 남겼다. 저 멀리 한라산과 오름이 그려져 있으며, 한라산을 굽이굽이 돌아 용연으로 이어지는 대천大川이 바다로 이어지고 있다. 그림 오른쪽에 해녀의 물질 모습과 용두암龍頭, 연대烟臺 모습이 이채롭다. 조선 후기에 그려진 제주십경도의 구도와 유사한 것으로 보아 조선 후기 십경도에 많은 영향을 미친 것으로 보인다.

066 탐라순력도 제주조점

濟州操點 | Tamna sullyeokdo, Observing the Jeju Fortress
조선 | 1702년 | 이형상(李衡祥, 1653~1733) | 제주시청 | 보물 제652-6호

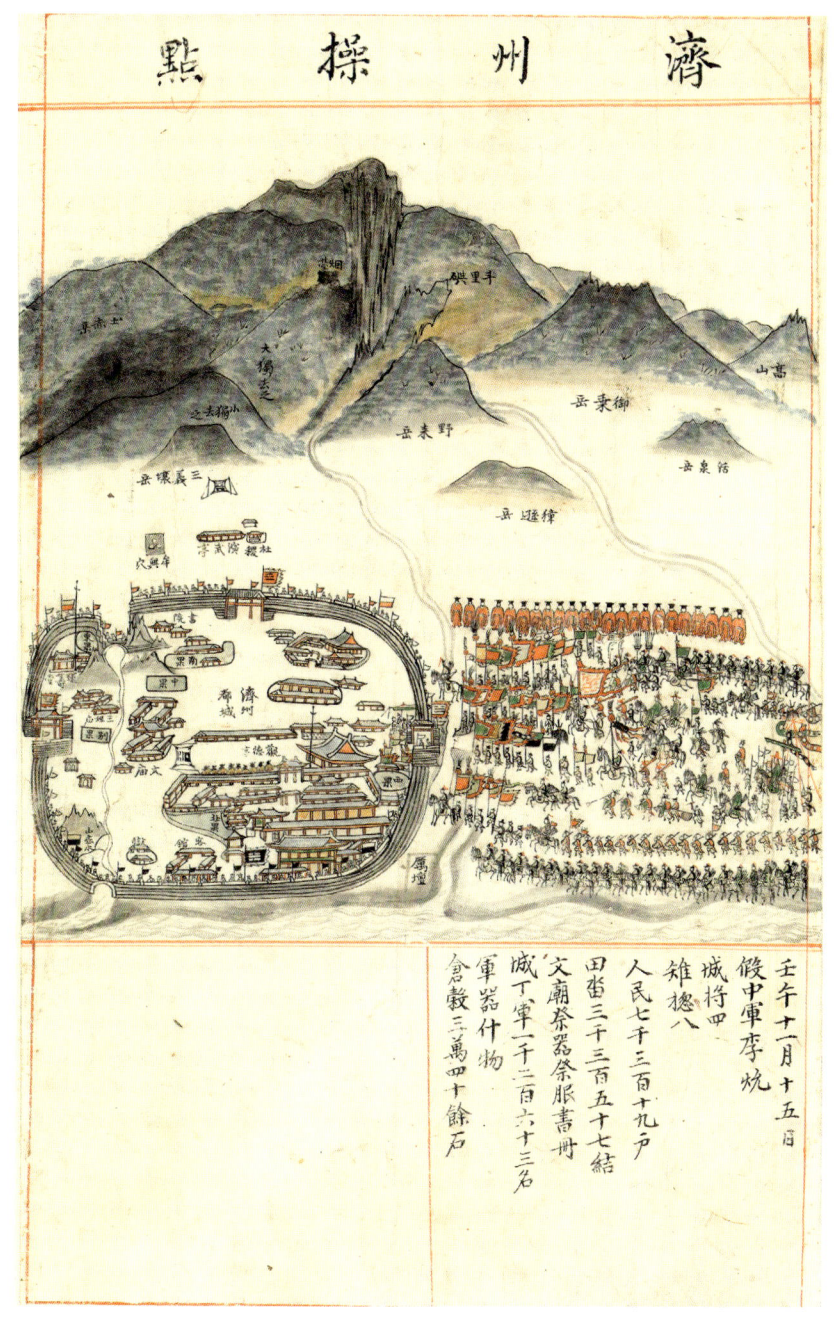

1702년(숙종 28) 11월 15일에 제주읍성에서의 성정군城丁軍의 군사훈련과 제반사항을 점검하는 그림이다. 제주읍성 밖으로 웅장한 한라산과 오름들, 모흥혈毛興穴, 연무정演武亭, 사직단社稷壇 등이 그려져 있다. 또한 제주읍성 오른쪽에 한라산에서 발원한 병문천屛門川이 읍성의 오른쪽으로 흐르고 있으며 하류에는 여단厲壇이 표시되어 있다. 여단은 여귀厲鬼를 달래어 병을 예방하기 위해 만든 제단으로, 1400년(성종 2)에 서울과 지방에 설치했으며 관아의 수령이 맡아 제사를 지냈다.

지영록

知瀛錄 | *Jiyeongnok*, Town Chronicle of Jeju by Yi Ik-tae
조선 | 17세기 | 이익태(李益泰, 1633~1704) | 27.0×17.5

야계冶溪 이익태가 1694~1696년에 제주목사로 지내는 동안 쓴 읍지이다.「탐라십경」에 대한 기록은「탐라십경도서耽羅十景圖序」를 통해 알 수 있다. 서문에는 탐라십경도를 만들게 된 연유에 대하여 제주의 뛰어난 10경을 병풍으로 만들어 그 사적을 기술하고 보기에 편리하도록 하기 위함이라 쓰고 있다. 탐라십경은 조천관朝天館, 별방소別防所, 성산城山, 서귀포西歸浦, 백록담白鹿潭, 영곡瀛谷, 천지연天地淵, 산방산房, 명월소明月所, 취병담翠屛潭이며 각각의 특징과 아름다움을 소개하였다.

탐라십경도서 耽羅十景圖序

본도는 멀리 바다 밖 천리에 있어 주위가 5백리이다. 한라산은 그 가운데 있는데 동서가 2백리이고 남북이 70리이다. 사람과 물산이 번성하며, 산과 바다가 험하게 가로 막혔고 진상하는 과실이 풍요롭게 열매 맺혀, 나라의 요새지로서 국경방비가 훌륭히 되어 있다. 기묘한 바위 폭포는 곳곳에서 볼 수 있다. 그러나 사람들은 모두가 등한히 보고 넘겨버려서 사실을 기록한 저술이라고 칭할게 하나도 없다. 그러므로 육지에 있는 사람들은 들어 아는 게 별로 없어 이것이 애석하였다. 내가 몇 년 동안 두번을 순력巡歷하면서 풍속을 물어 보는 겨를에 소위 볼만한 곳으로 앞 사람들의 족적이 닿지 않았던 곳을 자세하게 조사하고 제주를 두루 밟으며 그 중에서 뛰어난 10경十景을 재빨리 잠자는 사이에 모양을 그리듯 그려 한 개의 자그만 병풍을 만들어내고 그 윗면에 그 사적事跡을 서술하고 보기에 편리하도록 하였다.

068 이익태 초상

李益泰 肖像 | Portrait of Yi Ik-tae
조선 | 17세기 | 198.0×120.5

이익태는 목사로 재임하는 동안 제주목 관아에 관덕정, 운주당, 우연당, 향교 등을 다시 지었으며 제주목을 정비하였다. 탐라에 대한 기록이 부족한 것을 보고 『지영록知瀛錄』을 편찬하였으며 학문을 장려하였다. 『지영록』은 이익태가 부임하기 까지의 과정, 제주에서의 업무 내용, 제주관련 역사자료를 비롯하여 숙종 대의 외국인 표류기록 등을 적고 있다.

諸家吟咏 | Jega eumyeong, Anthology of Go Yeong-heun's Literary Works
대한제국 | 고영흔(高永昕) | 23.0×14.0 | 제주특별자치도민속자연사박물관

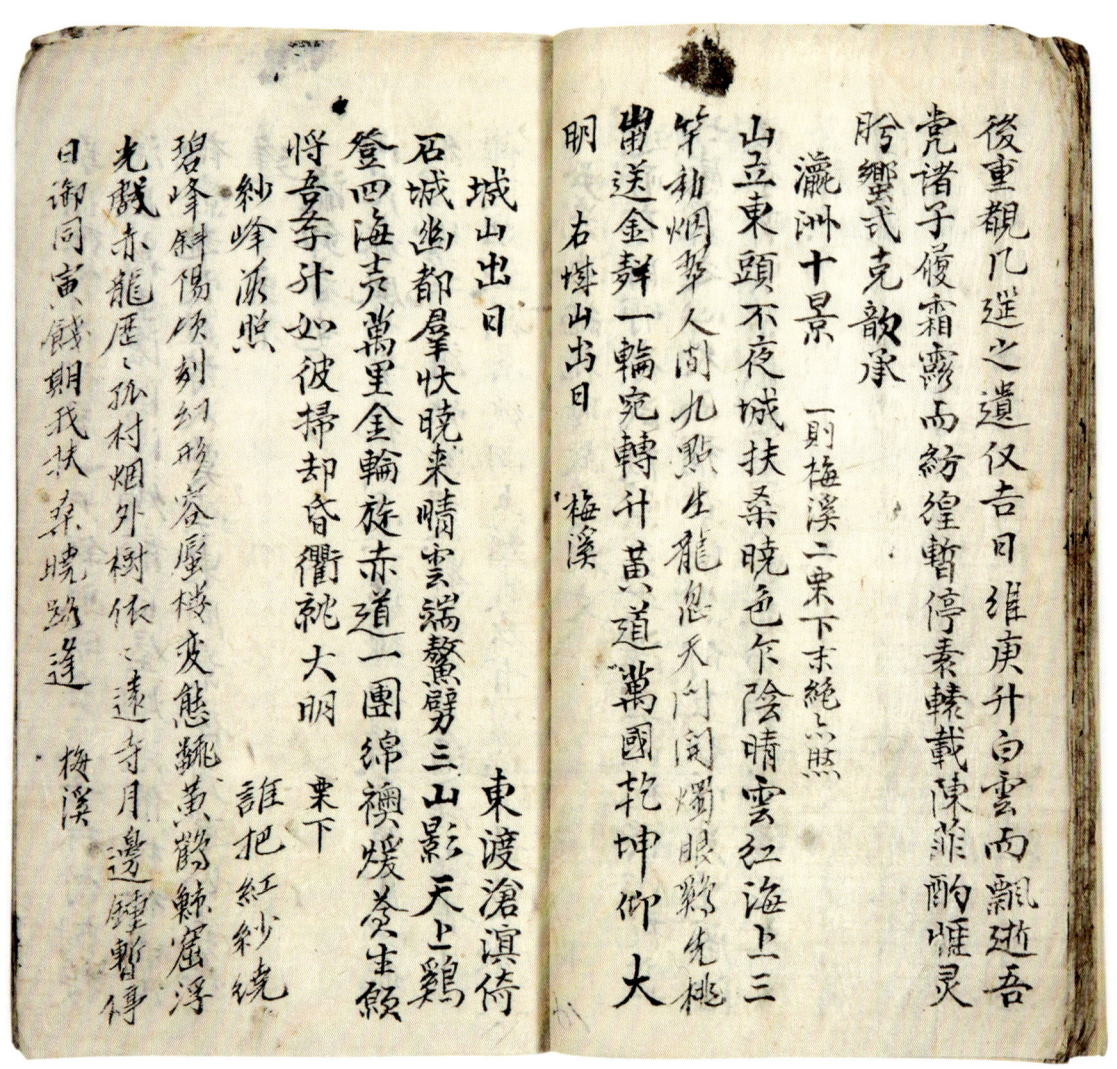

석호石湖 고영흔은 매계 이한우(梅溪 李漢雨, 1818~1881)의 제자로 그가 쓴 책에 스승이 품제한 「영주십경瀛洲十景」이 수록되어 있다. 이한우는 조선 후기 순조 대의 제주 문인으로 제주시의 매촌(지금의 도련2동)에서 살면서 글을 썼다고 한다. 그가 남긴 글은 『매계선생문집梅溪先生文集』에 수록되어 있으며 당시 제주 사회 지식인들의 활동 상황을 보여 주는 귀중한 자료로 평가되고 있다. 매계는 그간 제주의 아름다운 경치를 쓴 글을 정리하여 새롭게 「영주십경」으로 구성하였다.

매계 이한우의 「영주십경 瀛洲十景」

성산일출城山出日, 사봉낙조沙峰落照, 영구춘화瀛邱春花, 정방하폭正房夏瀑, 귤림추색橘林秋色, 녹담만설鹿潭晚雪, 영실기암靈室寄岩, 산방굴사山房窟寺, 산포조어山浦釣魚, 고수목마古藪牧馬

瀛邱春花 영구의 봄꽃

兩岸春風挾百花 花間一徑線如斜
양 언덕 봄바람, 온갖 꽃들이 꽃 사이 기울은 한 올 오솔길

天晴四月飛紅雪 地近三淸暎紫霞
붉은 눈 사월의 하늘을 날고 자줏빛 안개 낀 신선의 세상

影入溪聲通活畵 香生仙語隔煙紗
이 풍광, 물소리 그림 같은데 안개 너머 신선의 소리가 들려

請君須向上頭去 應有碧桃王母家
이곳에서 더 위로 올라 가보면 벽도 연 서왕모의 집 있으려니.

鹿潭晚雪 백록담의 만설

天藏晚雪護澄潭 白玉崢嶸碧玉涵
하늘이 만설 남겨 맑은 못 보호하니
백옥은 우뚝 솟고 벽옥은 물에 잠겨

出洞朝雲無影吐 穿林曉月有情含
골짜기는 아침구름 토해내고 숲 사이엔 새벽달 떠 있는데

寒呵鏡面微糊粉 春透屛間半畵藍
수면 위로는 가루 같은 싸늘한 기운 일고
봄이 스민 벼랑 절반 쪽빛의 그림인데

何處吹簫仙指冷 騎來雙鹿飮淸甘
그 어딘가, 신선이 피리를 불며 쌍 사슴 타고 와 물 마셨던 곳.

靈室寄岩 영실의 기이한 바위들

一室煙霞五百巖 奇形怪態總非凡
안개에 휩싸인 오백장군암 예사롭지 아니한 기묘한 모습

僧衣寶塔看雲杖 仙揖瑤臺舞月衫
스님은 탑에 기대 지팡이 보고 신선은 요대 향해 춤을 추나니

漢客窮河徒犯斗 秦童望海莫停帆
황하 근원 찾다가 북두 범하고 동해를 향하여도 내버려 둔건

將軍或恐神機漏 黙守靈區自緘
장군들이 하늘의 비밀이 샐까 신령한 곳 지키려 입 다문 때문.

古藪牧馬 곶자왈에 기르는 말

雲錦裁來各色駒 靑虯紫燕又晨鳧
비단구름 잘라낸 각색의 말들 청규마, 자연마 또 신부마인데

桃花細雨行行蝶 芳草斜陽渴渴烏
복숭아 꽃나무에 나비 모이듯 저녁놀에 서두르는 까마귀같이

霧濕斑毛皆變虎 風飛黃鬣各疑狐
안개 젖은 무늬는 호랑이 같고 날리는 갈기는 여우 같은데

投鞭欲掃東西穢 誰有徑輪滿腹蛛
채찍으로 더러움 쓸어낼 때에 그 누가 이 경륜을 갖고 있을까.

매계선생유적비

매계선생유적비梅溪先生遺蹟碑는 제주특별자치도 제주시 조천읍 신촌리 신촌초등학교 정문 입구에 세워져 있다. 1939년에 신촌리 선비들이 매계의 공적을 기리기 위해 세운 것이다. 추사 김정희가 제주에서 유배생활을 할 때 추사의 가르침을 받았으며 이어 안달삼安達三, 김희정金羲正, 이계징李啓徵, 고영흔高永昕 등 제주의 석학들을 문하에 두었다.

070 학산구구옹첩

鶴山九九翁帖 | *Haksan guguongcheop*, Landscape Painting by Yun Je-hong
조선 | 1844년 | 윤제홍(尹濟弘, 1764~1840) | 58.5×31.0 | 개인 소장

윤제홍의 자는 경도景道, 호는 학산鶴山이며 1825년(63세)에 제주도 경차관敬差官으로 임명되어 내려왔다. 그는 인물, 사군자, 괴석 등 다양한 소재의 그림에 뛰어났으며 시문에 능하였다. 윤제홍은 1823년에 한라산을 올랐으며 20년이 지난 1845년에 「한라산도漢拏山圖」를 그렸다. 이 그림은 백록담과 그 전설을 그린 것으로 그림 주위에 한라산에 대한 느낌과 주변을 관찰한 내용을 기록하였다. 손끝으로 그린 투박한 그림 속에는 백록담 주변 봉우리의 이름인 월관봉月觀峰, 한관봉漢觀峰 등이 적혀 있다. 그림 오른쪽에 '조씨제명趙氏題名'이라 적힌 바위가 있다. 이 바위는 백록담 동벽에 있는 조씨 일가의 마애석각으로 보인다.

한라산은 탐라국에 있다. 산 둘레는 400여 리이고 높이는 거의 200리 이다. 분화구 둘레의 봉우리는 몇 천만인지 모르고, 산 밖의 사면은 모두 바다로 하늘과 함께 끝이 없다. 산에 들어간 사람은 대개 천둥, 비, 바람, 우박 등 기이한 것을 만나게 된다. 내가 산에 간 것은 음력 9월 16일이다. 날이 개어 상쾌하며 달은 눈처럼 희었는데, 갑자기 한밤중같이 어두워져 산 입구에 이르자 구름과 안개가 사방을 막아 지척을 분간하기 어려워지더니 다시 온 산을 감싸서 한 개의 봉우리도 볼 수 없게 되었다. 같이 가던 사람들이 모두 말하기를 '가는 비 촉촉해지니 곧 큰 천둥이 칠 것입니다.' 라 하였다. 나만 홀로 걱정 없이 말하였다. '한문공 한유가 형산의 구름을 흩게 하였는데 내가 어찌 한라의 구름을 풀어내지 못하겠소?' 정오가 되어 산중턱에 이르렀다. 과연 바람이 서쪽 바다에서 일어나 구름을 몰아 동쪽으로 가는데 바다의 구름에서 소리가 휘익휘익 나는 것이 마치 깃발이 펄럭펄럭 거리듯 하며, 모두 동쪽 바다 위에 모여서 천여 리에 진을 친 듯하니, 소동파가 봉래 방장이 나를 위해 떠 온다고 한 것과 같았다. 무릇 산이란 꼭대기가 있기 마련인데 이 산은 사면이 빙 둘러 서 있을 뿐이고 그 가운데 큰 호수가 있어 둘레가 40리나 된다고 한다. 그래서 본래는 두무악(머리없는 산)이라 하였고 우리말로 전하기는 '솥'이라 하며 이는 머리가 없음을 이른 것이다. 가운데 있는 물은 매우 맑아 색이 복숭아꽃 같고 큰 가뭄에도 마르지 않는다. 크고 작은 돌들은 색이 검고 매우 가벼워 둥둥 물에 뜬다. 청음선생 김상헌이 말한 '부석(뜨는 돌)'이 이것이다. 예부터 올챙이조차 생산되지 않는데 물가에 소라조개의 껍질이 많으니, 사람들은 이를 선천물이라 하였고, 점필재선생 김종직은 섬의 이름 난 공물이라 하였다. 이것의 입이 닫힌 채 올라오면 갈라서 먹었는데 어디서 나오는지 아직 모른다.

날이 저물려 하여 산을 내려오고자 하는데 동해에 있던 구름이 또 저절로 흩어져 산 위로 올라간다. 내가 산 입구를 나와 돌아보니 곧 처음 산을 들어설 때와 같이 구름이 산 전체를 막았다. 사람들이 모두 기이하다고 하였다. 옛날에 어떤 사람이 날이 어두워져 바위 사이에서 잠을 자게 되었다. 달 아래에 신선한 분이 백록을 타고 와서 이곳에서 물을 마시는데 등 위에 가을 연꽃이 있어 여동빈 신선임을 알았다고 한다. 이로 말미암아 '백록담'이란 이름이 붙었다고 한다. 남극노인성이 대정읍에 병방에 나타나더니 정방으로 사라졌다. 크기는 사람의 얼굴만 하다. 그러므로 수관봉壽觀峰이라 하였다.

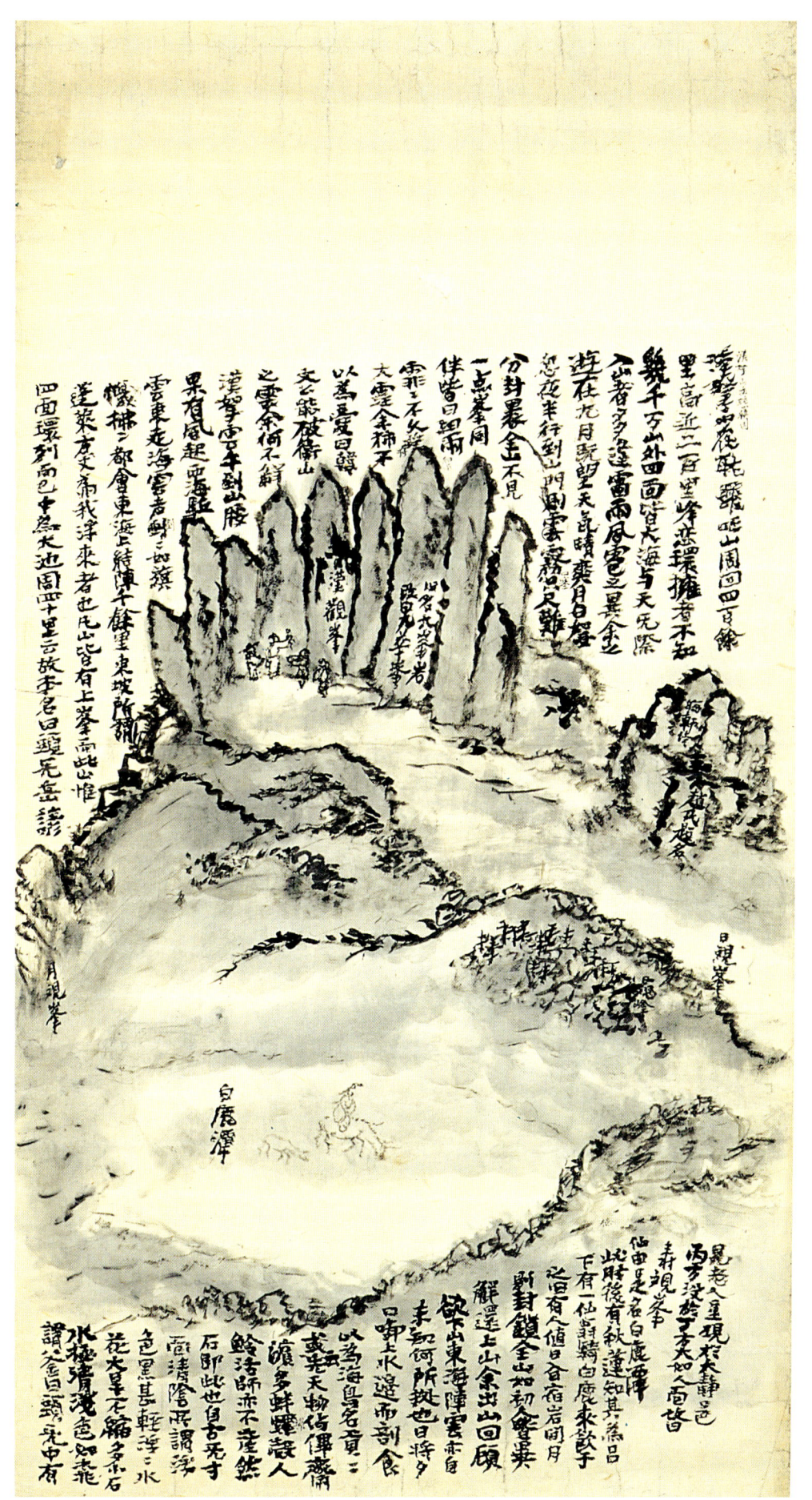

한라산을 노래한 시와 글

Poems and Writings about Hallasan-Mountain

조선시대에 한라산은 제주를 상징하는 대명사였다. 어떤 이는 가보지 못한 한라산에 대하여 들은 바를 노래하였고, 어떤 이는 한라산을 등반한 후 그 경관에 감탄하는 글을 남겼다.

반면, 유배인들은 절망적인 심정으로 한라산을 마주하기도 하였는데 자신의 신세를 한탄하고 고향에 가고 싶은 그리움을 토로하기도 하였다.

옛 글 속에 등장하는 한라산은 경탄, 그리움, 염원, 원망과 같은 수많은 감정을 담고 있는 감성의 보고이다.

071 이형상의 거문고

瓶窩琴 | *Geomungo*, Yi Hyeong-sang's Korean Zither
조선 | 18세기 | 157×21.5 | 완산이씨병와공파종회 | 중요민속문화재 제119-3호

이형상이 제주목사로 있다가 사임하고 돌아갈 때 선물을 받은 것이라 전해지는 거문고이다. 거문고는 한라산 백록담에서 저절로 말라죽은 단향목으로 만든 것이며 거문고에 관한 서문 등이 새겨져 있다. 거문고는 당시 선비들이 자신의 수양을 위해 연주하던 악기 중 하나였으며 거문고 앞판과 뒤판에 평소 좋아하는 글귀 등을 적어 바른 마음을 기르고자 하였다.

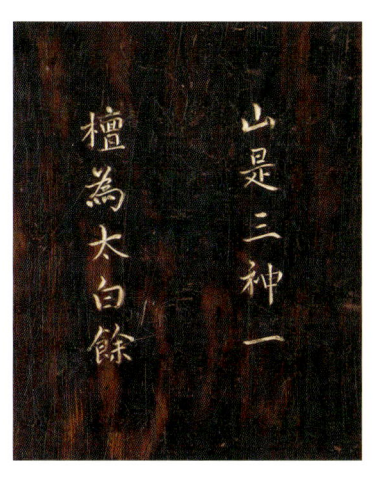

山是三神一 산은 삼신산의 하나요.
檀爲太白餘 단향목은 태백산의 것을 넘네.
吾將千古意 나는 장차 천고의 뜻을 품고
晨夕六絃於 아침 저녁으로 육현을 타네.

白鹿潭友仙 淡如也 瀛州海伴 書 浩如也 瓶窩之鼓 繹如也
백록담의 우선은 담담하고 영주해반의 글씨는 널찍하고 병와가 연주하는 소리는 끊임없이 이어지리라.

노촌선생실기

072 | 老村先生實紀 | *Nochon seonsaeng silgi*, Anthology of Yi Yak-dong's Literary Works
조선 | 이약동(李約東, 1416~1493) | 31.9×19.4 | 제주시청

이약동 목사의 문집이다. 호는 노촌老村이며 1470~1473년 동안 제주목사를 역임하였다. 문집에 실린 화답시 중, 탐라로 갈 때 전별시가 수록되어 있다. 서거정徐居正, 강희맹姜希孟, 이숙감李叔瑊, 조위曺偉 등 당대 문인들의 시가 수록되어 있는데 이를 통해 조선시대 문인들의 한라산에 대한 인식과 벗을 제주로 보내는 심정을 엿볼 수 있다.

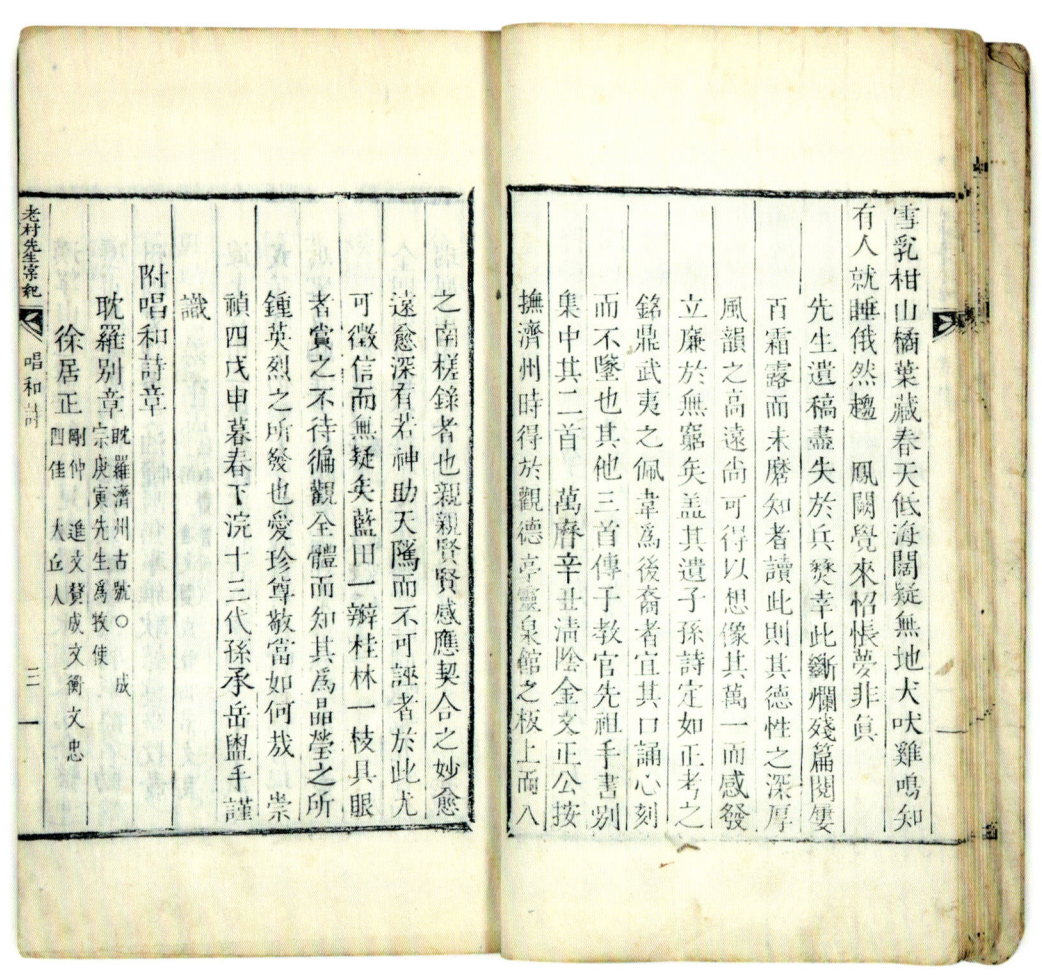

耽羅別章   탐라별장

조위 曺偉

芙蓉瓊島翠敷紆	푸른 빛 둘러 퍼진 연꽃 같이 고운 섬
鰲背雲開似畫圖	자라 등 구름 걷혀 그림과도 같은데
物華甚珍通海賈	산물은 진기하여 바다로 교역하고
郊原多衍産宛駒	늘어진 들판에선 대원국의 말 낳이
傖儜執戟迎前節	남녘사람 창을 잡고 앞 신표를 맞으니
士女當車望左符	남녀들 수레 맞아 부절을 우러르네.
堪詑爲州多雅賞	불거진 땅 다스림에 구경할 곳도 많아
毛羅山水勝瀛壺	탁라섬의 산수가 영호보다 낫구나.

073 영해창수록

嶺海唱酬錄 | Yeonghae changsurok, Anthology of Jo Sa-su and Park
조선 | 18세기 | 박영구(朴永龜) 필 | 22.4×14.1 | 제주시청

『영해창수록』은 조선 중종 때 제주목사로 온 계임 조사수季任 趙士秀와 영월군수로 부임한 중초 박충원仲初 朴忠元이 서로 주고받은 글을 기록한 시문집이다. 문집에는 16세기 제주도와 강원도 산골벽지의 사정이 시 속에 표현되어 있다. 시는 오언절구와 칠언율시로 이루어졌으며 창수시唱酬詩 형태로 구성되어 있다. 이 책은 18세기에 제주영濟州營에서 발간한 목판인쇄본으로 당시 제주지역에서는 『탐라순력도』, 『남환박물』, 권근의 「예기천견록禮記淺見錄」 등의 저술과 간행사업이 활발히 이루어졌다.

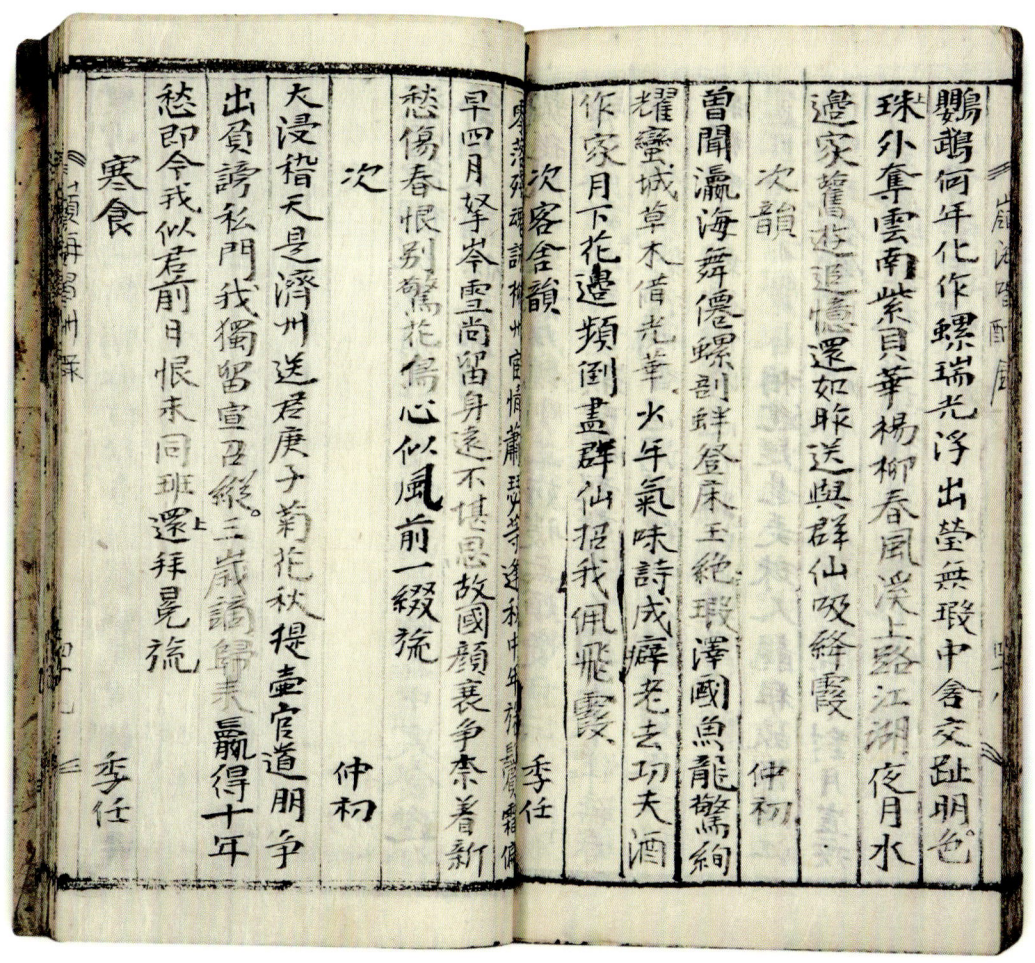

次客舍韻-季任   객사 시에 차운하여-계임

零落殘魂詠柳州   몸은 쇠락衰落하고 혼만 유주柳州의 시 읊조리는 듯하고
宦情蕭瑟等逢秋   벼슬살이 심정 쓸쓸하니 가을을 만난 듯하네.
中年旅鬢霜偏早   중년에 나그네 귀밑머리 서리만 일찍 맞았고
四月孥峯雪尚留   4월인데도 한라산 봉우리엔 아직도 눈이 남아 있다네.
身遠不堪思故國   이 몸 멀리 떨어져 있어 고향생각 감내키 어려워
顏衰爭奈着新愁   얼굴 노쇠하니 새로운 근심 어이할까나.
傷春恨別驚花鳥   봄에 상심하고 이별이 한스러워
心似風前一綴旒   마음은 흡사 바람에 나부끼는 한 묶음의 깃발이라.

규창집

074

葵窓集 | *Gyuchangjip*, Anthology of Yi Geon's Literary Works
조선 | 이건(李健, 1614~1662) | 29.2×17.8 | 국립중앙도서관

이건은 선조의 손자로서 인성군仁城君 이공李珙의 아들이다. 1628년 인성군이 역모 혐의로 대역 처분을 받았을 때 두 형과 함께 15세의 나이로 제주도에 유배되었다. 1628~1635년 동안의 제주 유배생활을 하면서 제주의 풍토와 생활을 기록한 한문 수필인 「제주풍토기濟州風土記」를 썼는데『규창집葵窓集』권5에 수록되어 있다. 제주도의 지리적 위치와 풍속, 기후, 동·식물, 신화, 자기의 소감 등을 기록하였다.

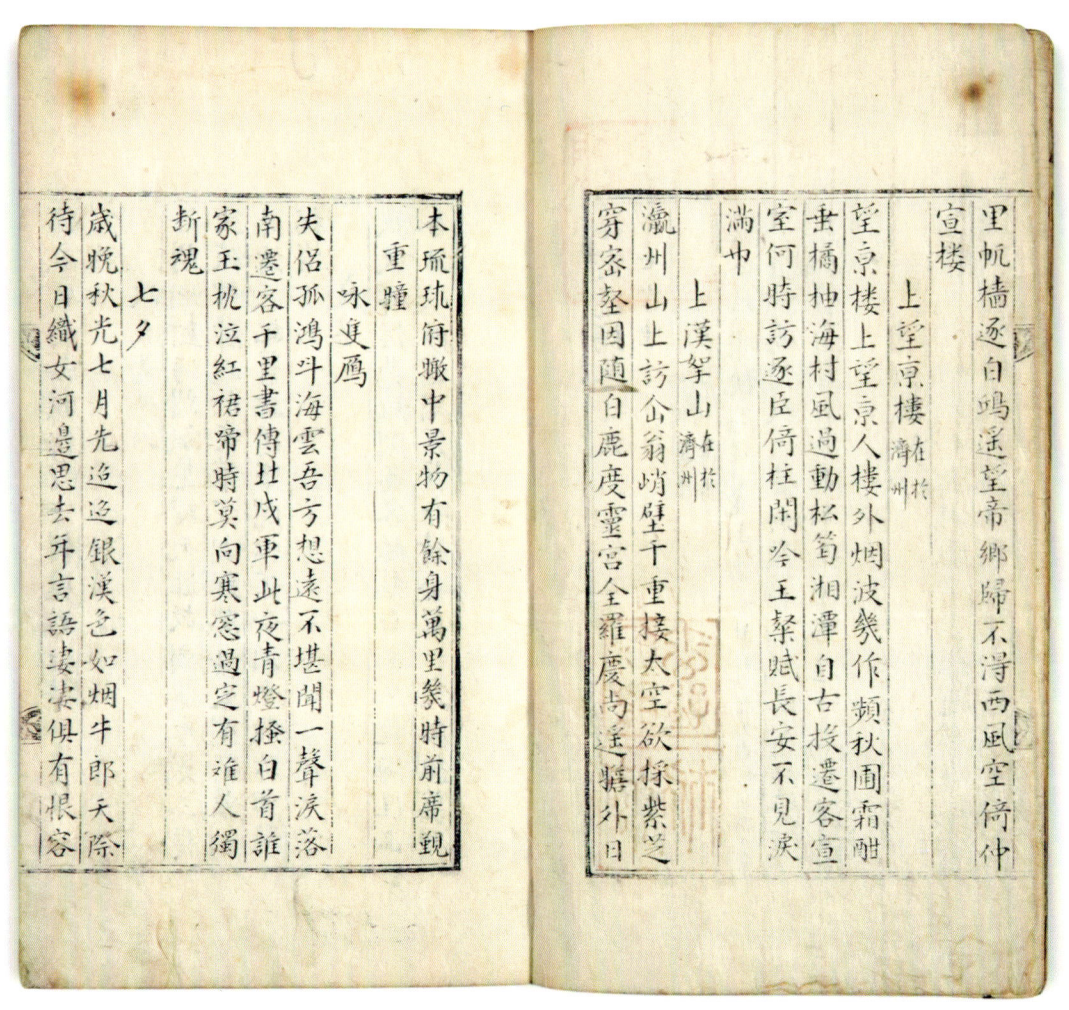

上漢拏山 　 한라산에 올라

瀛州山上訪仚翁 　 영주산 위에서 신선을 찾으니
峭壁千重接大空 　 높은 절벽 천 겹이 하늘에 닿았네.
欲採紫芝穿密壑 　 은밀한 골짜기로 자색 향초 캐러
因隨白鹿度靈宮 　 흰 사슴 쫓아 영실을 건너갔네.
全羅慶尙遙瞻外 　 전라, 경상은 멀리 시야 밖이고
日本琉球俯瞰中 　 일본, 유구가 굽어보이네.
景物有餘身萬里 　 경치를 보고 나니 몸은 만 리 밖에
幾時前席觀重瞳 　 어느 때면 앞자리에서 상감을 뵈올까.

075 석북집

石北集 | *Seokbukjip*, Anthology of Sin Gwang-su's Literary Works
조선 | 1906 | 신광수(申光洙) | 31.1×20.0 | 국립중앙도서관

「탐라록耽羅錄」은 1764년(영조 40)에 금오랑金吾郎으로 제주에 온 석북石北 신광수가 제주의 풍토, 산천, 조수鳥獸, 항해 상황 등을 시로 남긴 문집이다. 「한라산가漢拏山歌」, 「제주걸자가濟州乞者歌」, 「잠녀가潛女歌」 등이 수록되어 있으며 제주의 신화·전설·언어·풍속과 당시 제주사람들의 어려운 삶의 모습 등을 기록하고 있다. 그는 직접 한라산에 오르지는 못했지만 한라산에 대한 시를 짓고 가보지 못한 안타까움을 달래었다.

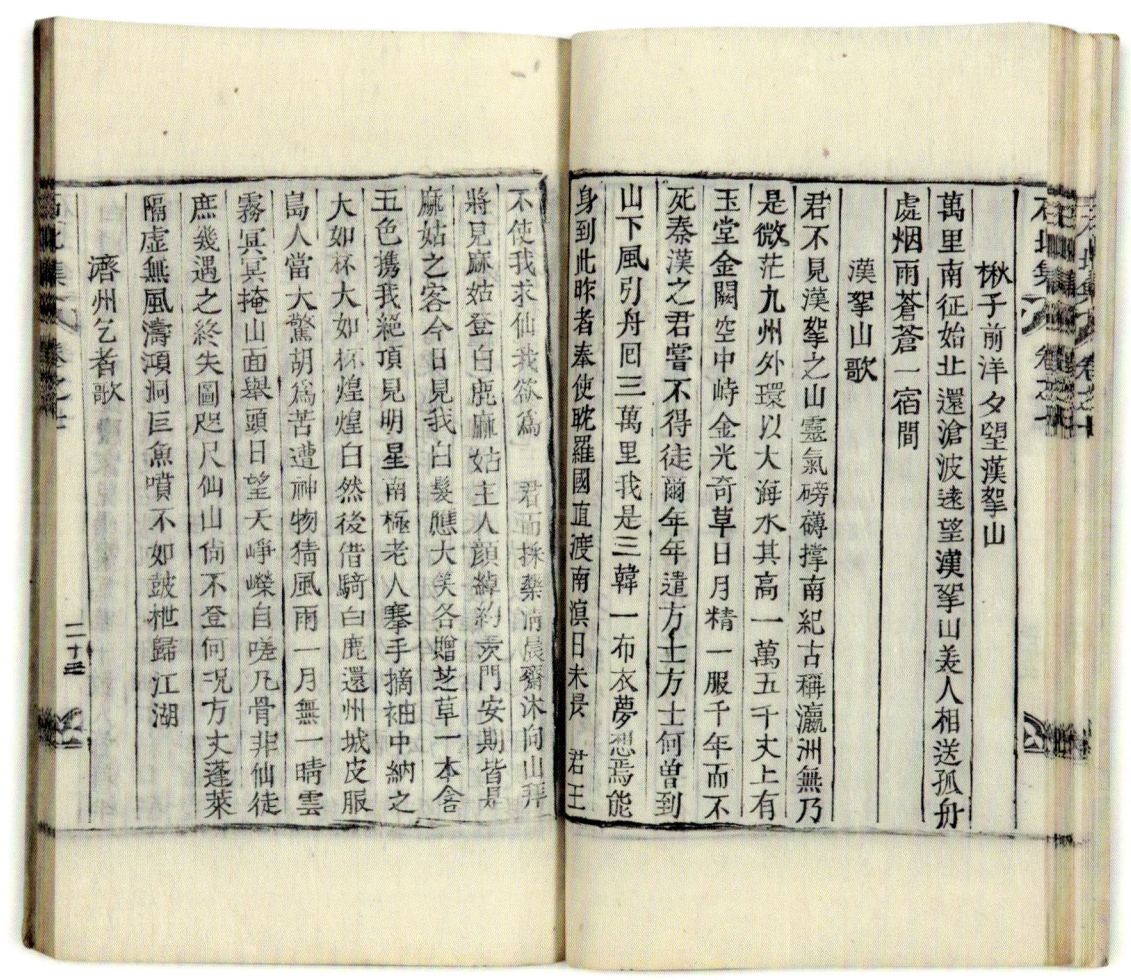

漢拏山歌   한라산가

君不見漢拏之山	그대는 보지 못 하였는가. 한라산을
靈氣磅礡撑南紀	영험한 기운 충만하게 남쪽 끝 버티고 있으니
古稱瀛洲無乃是	옛날에 영주瀛洲라던 곳 혹시 여기가 아닐까.
微茫九州外	흐릿한 구주九州 밖
環以大海水	큰 바닷물로 둘러싸여
其高一萬五千丈	그 높이는 일만 오천 장丈
上有玉堂金闕	위에는 옥당玉堂 금궐金闕이 있어
空中峙金光	공중에 금빛을 내며 치솟았네.
奇草日月精	기이한 풀들 해와 달 정기 품어
一服千年而不死	한번 복용하면 천년을 죽지 않아
秦漢之君嘗不得	진한秦漢의 임금들 일찍이 불사약 구하지 못해
徒爾年年遣方士	헛되이 대대로 방사方士를 파견하였네.
方士何曾到山下	방사는 어떻게 이전에 산 밑에 도착했다가
風引舟回三萬里	바람에 끌려 삼만 리 길 배로 돌아갔을까. (중략)

Ⅳ 한라산의 풍경과 시

076 동계집

東谿集 | *Donggyejip*, Anthology of Jo Gu-Myeong's Literary Works
조선 후기 | 조구명(趙龜命, 1693~1737) | 25.6×17.5 | 국립중앙도서관

조선 후기 문인인 조귀명의 문집이다. 권7 잡저雜著에 '탐라에 대하여 기이함을 들었노라'고 쓴 글이 있다.

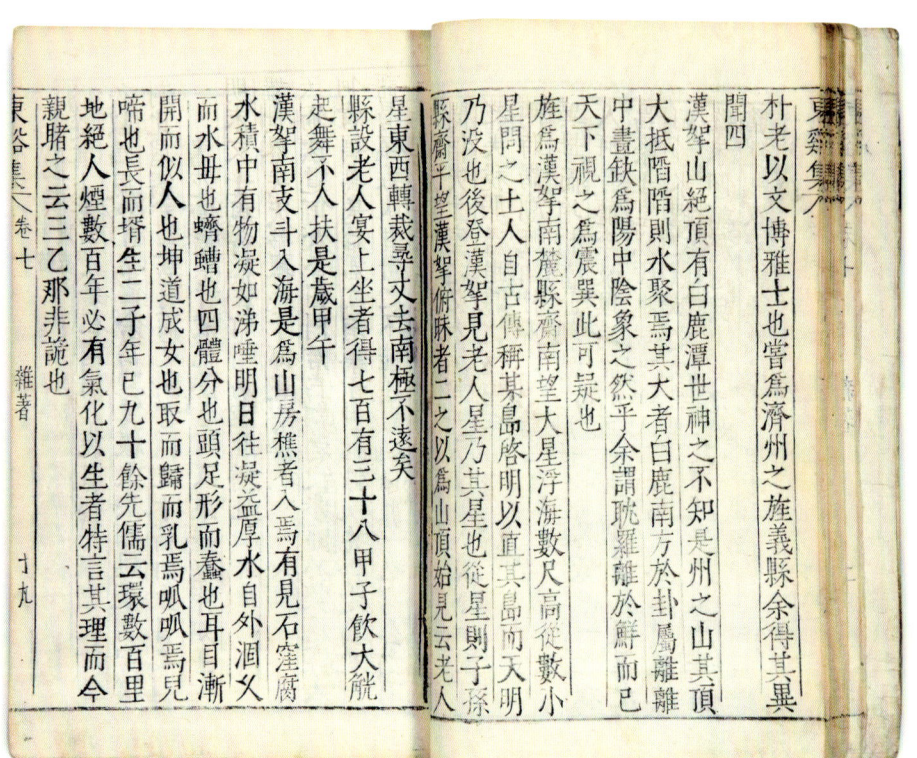
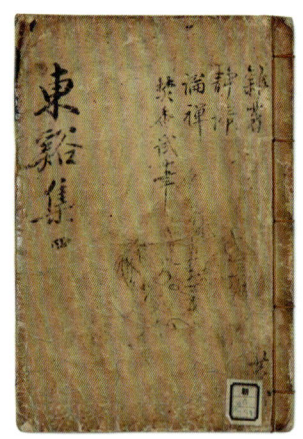

耽羅異問 탐라이문

朴老以文博雅士也 嘗爲濟州之旌義縣 余得其異聞四

漢挐山絕頂有白鹿潭 世神之 不知是州之山其頂大抵陷陷 陷則水聚焉 其大者白鹿 南方於卦屬離 離中畫缺 爲陽中陰象之然乎 余謂耽羅離於鮮而已 天下視之爲震異 此可疑也.

旌爲漢挐南麓 縣齋南望 大星浮海數尺高 從數小星 問之土人自古傳稱 某島啓明以直其島 而天明乃沒也 後登漢挐 見老人星乃其星也 從星則子孫 縣齋平望 漢挐俯昧者二之 以爲山頂始見云 老人星東西轉裁尋丈 去南極不遠矣.

박 아무개 어르신은 학문이 넓은 고아한 선비이다. 일찍이 제주의 정의현감이 되었었는데, 내가 그에게서 기이한 것 네 가지를 들었다.
(첫째) 한라산 정상에 백록담이 있는데 세상 사람들이 신성시한다. 하지만 이 고을의 산들 대개가 정상이 밑으로 푹 꺼져 있는지를 알지 못한다. 밑이 푹 꺼져있으면 그곳에 물이 고인다. 그 중에 큰 것이 백록담이다. 남방은 괘卦에서 이離에 속한다. 이괘離卦의 가운데 획畫에는 틈이 있다. 양 가운데 음이 있는 형상이어서 그런 것(산 정상에 못이 있는 것)인가? 내가 생각하기에 탐라는 조선에서 떨어져 있을 뿐이다. 세상 사람들이 진손震巽의 방위로 여기니 이것이 의문이다.
(둘째) 정의현은 한라산 남쪽 기슭이다. 현청에서 남쪽을 바라보면 큰 별이 바다에 몇 척의 높이로 뜨는데 이를 따라 몇 개의 작은 별들이 보인다. 이를 이 지방 사람에게 물으니, "예로부터 전하기를 어떤 섬이 샛별로 그 섬을 담당하게 했는데 새벽이 되면 사라져 버렸다. 뒤에 한라산에 올라 노인성을 보니 곧 그 별이고 따르는 별은 아들과 손자였다. 현청에서는 수평선에 보이지만 한라산이 가로막아 어두운 곳은 이와 달라서 한라산 꼭대기에 올라가서야 볼 수 있다."고 하였다. 노인성은 동서 8자에서 10자 정도의 길이로 운행하고, 남극과 멀지 않다.(중략)

077 삼연집

三淵集 | *Samyeonjip*, Anthology of Kim Chang-heup's Literary Works
조선 후기 | 김창흡(金昌翕, 1653~1722) | 29.5×19.5 | 국립중앙도서관

조선 후기 학자 김창흡의 시문집이다. 호는 삼연三淵이며 청음 김상헌金尙憲의 증손이자 영의정 김수항金壽恒의 셋째 아들이다. 그는 지리산 등 전국 명산을 두루 다니며 많은 시문을 남겼는데 백록담에 대하여 들은 바를 기록하였다. 조선시대의 제주는 기이한 곳으로 알려졌으며 많은 문인들은 제주에 가보지 않았으나 여러 경로를 통해 알고 있는 바를 기록하였다.

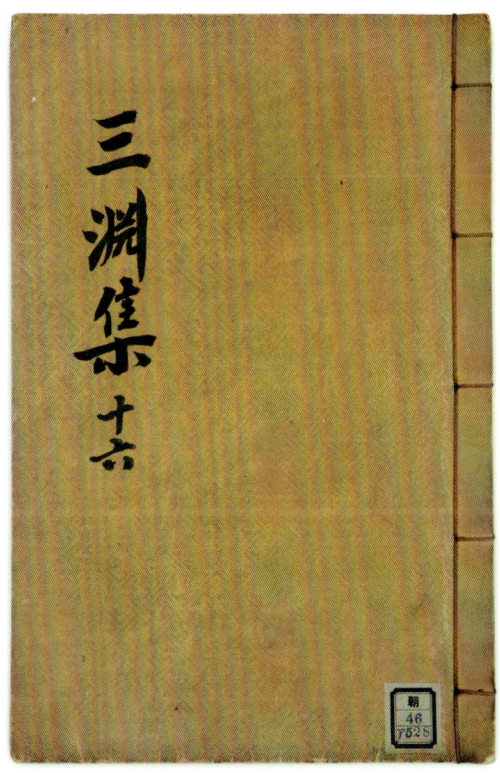

漢挐山絶頂 甚平平處爲潭 潭廣可百餘步 靑壁環之 略無缺處 從其中視天 雲色甚異 潭左右白沙 絡以香蔓餘 有綠茅細潤可愛 古稱金光草云 而其潭名白鹿潭 以白鹿飮水 故嘗有遊者言餘 其水甚寒 而淸如白蜜和冰 亦見白鹿飮水之蹤 皆在潭西南 倚壁又蕭聞可廬 寔茹芝之所云 余時悲惱度春 聞而神馳 忽不知大瀛之際大地也.

한라산 정상 아주 평평한 곳에 못이 만들어져 있다. 못의 넓이는 가히 100여 보이며 푸른 절벽이 이를 두르고 있는데 허물어져 무너진 곳이 거의 없다. 그 안에서 하늘을 보면 구름의 빛깔은 심히 기이하다. 못의 좌우 하얀 모래밭에는 향기로운 덩굴이 이어져 있고, 그 끝에는 초록색 띠가 있어 가늘고 윤기가 나는 것이 사랑스러운데 옛날에는 금광초金光草라 불렀다 한다.

그 못의 이름을 백록담이라 부르는 것은 하얀 사슴이 마시는 물이기 때문이다. 그런 까닭에 일찍이 (이곳을) 유람했던 자들의 말끝에, 그 물은 심이 차고 맑기가 하얀 꿀을 탄 얼음물과 같다. 또한 흰 사슴이 물을 마신 자취를 보면 모두 못의 서남쪽에 있다. 절벽에 의지하면 또한 고요하여 오두막을 지을 만하니 참으로 영지靈芝를 먹고 사는 이가 머무는 곳이라 한다. 내가 이때에 슬픔에 괴로워하며 봄을 보내고 있었는데 듣고는 (가보고 싶은) 생각이 간절하였으니 홀연 알지 못했던 큰 바다 끝의 세상이다.

바위에 새긴 글씨 門仙訪

Letters Carved on Rocks

이름난 산과 강을 유람하는 산수유람은 조선시대에 벼슬아치들 사이에 널리 퍼진 심신수양心身修養의 한 방식이었다.

그들은 바위나 누정에 제명題名하는 경우가 많았다. 제주에 부임한 목사와 판관, 유배인들은 한라산을 올라가 보고 싶어 했으며 그들의 흔적을 바위에 새겼다.

마애석각은 주로 옛 한라산 등반로와 백록담에서 확인되는데 자신의 이름과 시, 사적私跡, 방문 장소 이름 등을 새겼다. 백록담의 마애석각은 주로 동쪽벽에 있는데 제주목사, 어사, 판관을 비롯하여 유배인, 군졸 등의 이름과 등반한 연유가 새겨져 있다.

078 등영구

登瀛丘拓本 | *Deungyeounggu*, Rubbing of Inscription
탁본 | 현대 | 108.5×123

이곳은 제주시 오등동의 한천 계곡에 위치하는 곳으로 기암절벽이 절경을 이루는 곳이다. 예로부터 '들렁귀'라고 부르며 제주목사를 비롯하여 수많은 풍류가객들이 방문하였다. 절벽 곳곳에 '방선문訪仙門'을 비롯하여 '등영구登瀛丘', '환선대喚仙臺', '우선대遇仙臺' 등 30여개의 마애석각이 있다. 「영주십경」 중 「영구춘화瀛邱春花」의 대표적인 명소이며, 신선을 만나러 왔지만 만나지 못하는 심회를 글로 표현한 석각들이 많다.

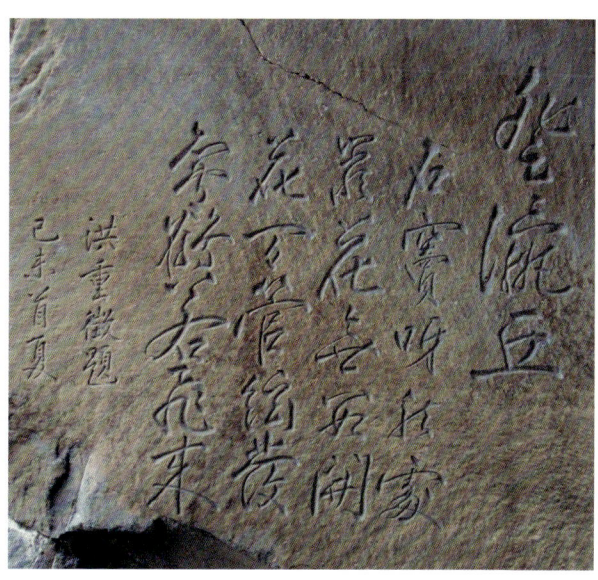 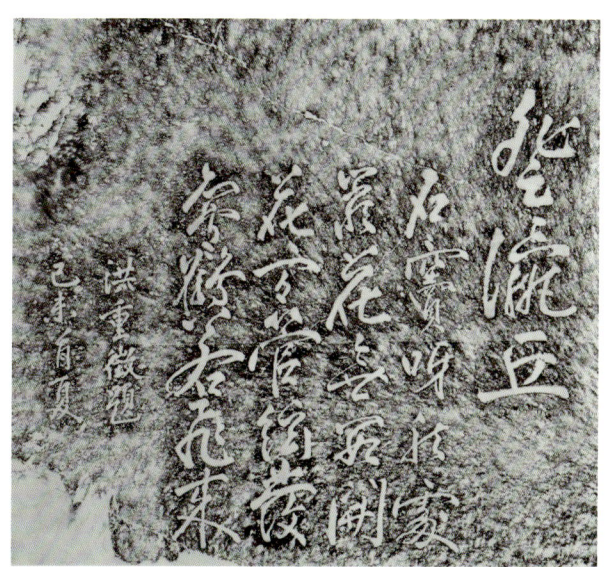

登瀛丘   등영구

石竇呀然處 돌구멍 입 쩍 벌렸고
巖花無數開 바위꽃 무수히 핀 곳
花間管絃發 꽃 사이 관현 퉁기면
鸞鶴若飛來 난학이 날아 이를 듯
洪重徵題 己未首夏 홍중징 짓다. 기미년 초여름

홍중징 洪重徵, 1693~1772

영조 때의 제주목사로 1738(영조 14) 10월~1739년 9월까지 제주목사로 재임하였다. 이 시는 1739년(영조 15) 초여름에 쓴 것으로 시와 글씨가 도내 마애명 중에서 일품으로 꼽힌다. 등영구는 속이 트여 들어갈 수 있는 굴(궤)라는 뜻의 제주지명 '들렁귀'를 '신선이 사는 언덕에 오르다'는 의미로 표현한 것이다.

079	訪仙門拓本	*Bangseonmun*, Rubbing of Inscription
방선문	탁본	72.3×134.5

080	遇仙臺拓本	*Useondae*, Rubbing of Inscription
우선대	탁본	현대	56.3×73

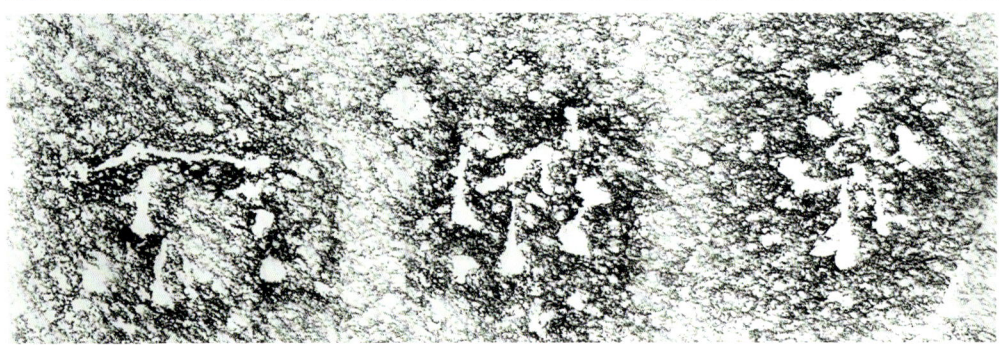

081
환선대

喚仙臺拓本 | *Hwanseondae*, Rubbing of Inscription
탁본 | 현대 | 137.5×72.3

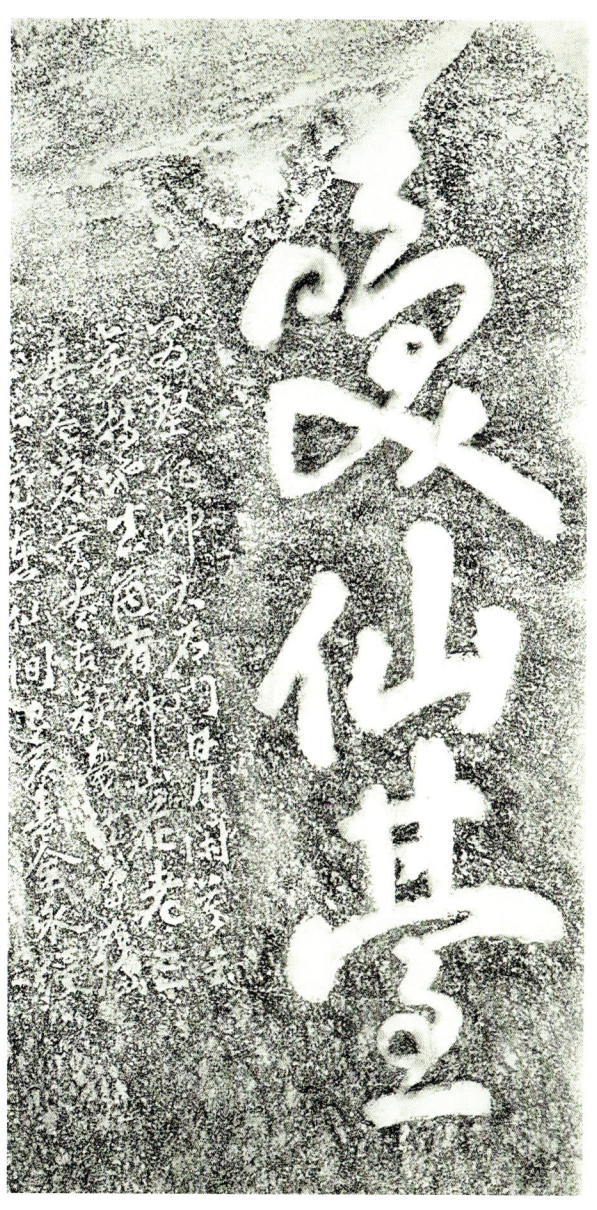

喚仙臺　환선대

別壑乾坤大	툭 트인 별난 골짝에
石門日月閑	세월 속 한가론 돌문
莫云無特地	특별한 곳 없다마오.
眞箇有神山	신선 사는 산이 있으니
花老三春色	꽃 지고 봄날은 가도
岩蒼太古顔	바위는 창연한 빛깔
戞然鳴鶴至	끼르륵 학 울음 우는
知是在仙間	이곳이 선계인 것을
己亥春金永綏 子樂圓	기해(1779) 봄 김영수, 아들 낙원

김영수 金永綏, 1716~1786

정조 때의 제주목사로 1778년 11월~1781년 3월까지 목사로 재임하였다. 이 제액(題額)과 시는 1779년 늦봄에 아들과 방선문을 찾아 새긴 것이다.

082 꽃 사이 실낱같은 오솔길 꼬불

線通花徑轉 | Meandering Path through a Field of Flowers, Rubbing of Inscription
탁본 | 현대 | 70.9×72

線通花徑轉 꽃 사이 실낱같은 오솔길 꼬불
斧鑿石門開 도끼로 깎아낸 듯 열려진 석문
已透參同秘 참동계 비결 이미 터득했으니
休嫌俗子來 속세에서 왔다고 꺼리지 마오

己巳四月吉日 牧使趙羲純　기사(1869) 4월 1일 목사 조희순

조희순 趙羲純, 생몰년 미상

고종 때의 제주목사로 1868년(고종 5) 10월에 도임하여 1872년(고종 9) 5월까지 재임하였다. 이 시는 1869년(고종 6) 4월 초하루에 지어 새겨진 것이다.

083 석문을 빙 돌아드니

洞穴螺旋入 | Around the Stone Gate, Rubbing of Inscription
탁본 | 현대 | 23.9×29.1

洞穴螺旋入 석문을 빙 돌아드니
溪流燕尾分 시내는 갈래졌는데
仙人難可見 신선은 볼 수가 없고
萬古鎖烟雲 태고적 안개 구름만

瀛樵 영초

양재하 梁在廈, 1881~?

영초(瀛樵)는 서귀포시 신효동 출신 양재하의 호이다.

084
배비장전

裵裨將傳 | *Baebijangjeon*, The Story of Attendant Bae
1962 | 박용구 | 18.5×12.8 | 을유문화사

『배비장전』은 조선 후기에 지어진 작자미상의 고전 소설로 후에 판소리로 불려졌다. 위선적인 지배층에 대한 풍자를 주제로 하고 있다. 제주목사는 제주에 내려온 배비장을 놀리기 위해 애랑과 계획하여 꽃놀이를 즐기게 되는데 꽃놀이 장소에 대한 묘사를 통해 방선문 계곡임을 알 수 있다. 이곳은 신선을 만나러 가는 곳이자 풍류의 장소라는 이중의 의미를 지니고 있다.

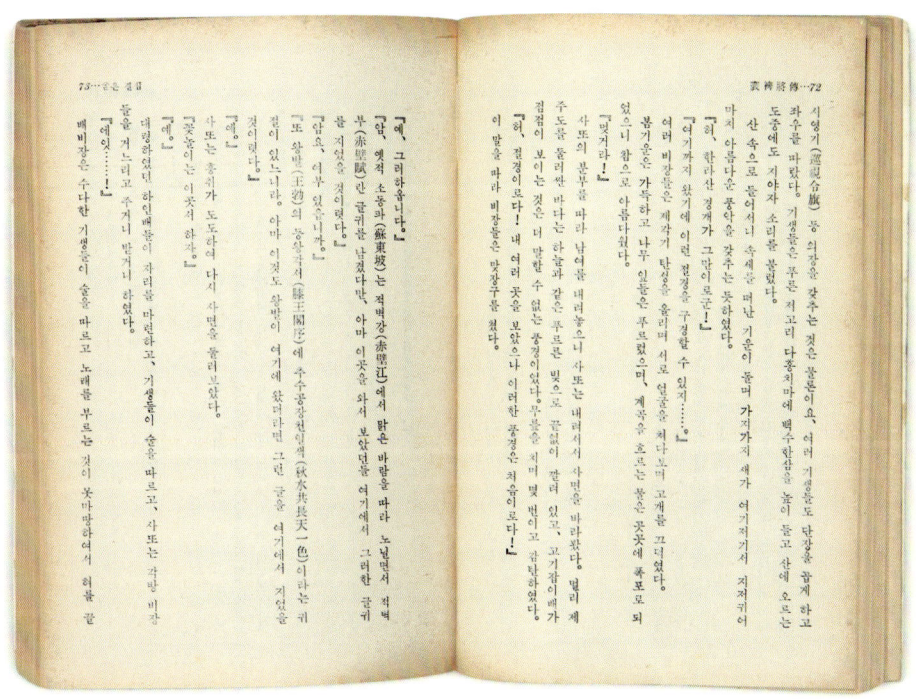

산 속으로 들어서니 속세를 떠난 기운이 돌며 가지가지 새가 여기저기서 지저귀어 마치 아름다운 풍악을 갖추는 듯 하였다.(중략)
멀리 제주도를 둘러싼 바다는 하늘과 같은 푸르른 빛으로 끝없이 깔려 있고 고기잡이배가 점점이 보이는 것은 더 말할 수 없는 풍경이었다.
'옛적에 소동파蘇東坡는 적벽강赤壁江에서 맑은 바람을 따라 노닐면서 적벽부赤壁賦란 글귀를 남겼다만.
아마 이곳을 와서 보았던들 여기에서 그러한 글귀를 지었을 것이렸다.(중략)
또 왕발王勃의 등왕각서滕王閣序에 추수공장천일색秋水共長天一色이라는 구절이 있느니라.
아마 이것도 왕발이 여기에 왔더라면 그런 글을 여기에서 지었을 것이나'.(중략)

한라산 등반 기록

Record Climbs on Hallasan Mountain

산을 오른 사람들은 등반 여정과 풍광 등을 글로 써서 남겼다. 임제林悌, 김상헌金尙憲 어사, 김치金緻 판관, 이증李增 어사, 이형상 목사, 이원조 목사, 최익현, 제주인 김희정金羲正 등이 쓴 등반 기록이 전해지고 있다.

주로 유람의 목적과 한라산신제를 올리기 위해 등반하였다. 등반 일정은 짧게는 하루, 길게는 3~4일이 소요되었는데 한라산의 변화무쌍한 날씨로 인해 한라산을 오르지 못하는 안타까운 심정, 정상에 올랐을 때 백록담의 전설과 신비로운 모습 등을 묘사하였다.

또한 탁 트인 바다와 주변지역의 섬들을 바라보며 호연지기와 제주가 처한 상황 등을 기록하였다.

085 유산기

遊山記 | *Yusangi, Record of Jeju Island by Yi Won-jo* | 조선 | 1841년
이원조(李源祚, 1792~1871) | 30.2×18.3 | 한국국학진흥원 이수학 기탁

『탐라지초본』에 수록된 김치金緻의 「유산기遊山記」이다. 김치는 1609년 3월~1610년 9월까지 제주판관으로 재임하였으며 제주의 행정구역 개편 등을 확립하였다. 문장에 뛰어나며 재임 중 「등절정登絶頂」, 「유산기遊山記」 등 많은 시와 글을 남겼다.

유산기 遊山記

이때에 햇볕이 거울에 비추듯 하고 해색海色이 옷 다려 놓은 듯, 위 아래로 맞닿아 기이없이 아득한데 맑은 바람은 솔솔 불고 기특한 향기는 코를 찔렀다. 바위에 기대어 길게 휘파람 불며 망건網巾을 걷어 멀리 살펴 바라보니 동쪽과 남쪽은 영파寧波, 유구琉球, 남만南蠻, 일본日本, 마라磨羅, 지귀地歸, 무협巫峽, 송악松嶽, 산방山房, 성산城山이요, 서쪽과 북쪽은 백량白梁, 청산靑山, 경두鯨頭, 추자楸子, 사서斜鼠, 비양飛揚, 화탈火脫 등 크고 작은 여러 섬과 멀고 가까운 여러 산이 모두 손닿을 곳에 들어온다.

삼읍의 보루堡壘가 솥발처럼 정립鼎立하고 바둑판같이 펼쳐져 또렷하게 내 눈 밑에 깔려 얽혀진 개미떼가 구릉에 기생하는 듯하다. 다만 하늘은 더욱 높고 바다는 더욱 트였으니 형체는 더욱 작아지고 시야는 더욱 멀어만 가서 내가 오른 봉우리는 바로 하늘 끝 편편히 빈 곳에 떠 있는 듯하다. 바람에 나부끼는 구나! 마치 세속을 잊어버리고 홀로 신선이 되어 훨훨 나니 말로나 문자로 가히 형용할 수 없다. 지난 번 맘속에 간직한 의혹은 통쾌히 풀릴 수 있어 비로소 그 실속과 명성을 믿게 되었다.

086	耽羅誌草本	Draft of *Tamnaji*	조선	1841년
탐라지초본	이원조(李源祚, 1792~1871)	30.2×18.3	한국국학진흥원 이수학 기탁	

1841년(헌종 7)에 이원조가 초고한 읍지이다. 『탐라지초본』은 제주목사로 있을 때 공가公家의 계본과 첩문, 관청 건물의 편액과 기문 등을 수집하여 만든 사찬 읍지이다. 제주목·정의현·대정현의 물산, 토속, 봉수, 호구, 고적, 씨족 등을 자세하게 기록하였다. 그는 탐라에서 한라산을 보지 못한 것은 스스로 보지 않으려는 의도라 하고 추분秋分 다음날 한라산을 올랐다. 그의 등정 일정은 이틀이 걸렸으며 노인성을 보지 못한 것에 대해 아쉬워했다. 또한 방선문에 아들과 함께 방문하여 석각을 새기기도 하였다.

 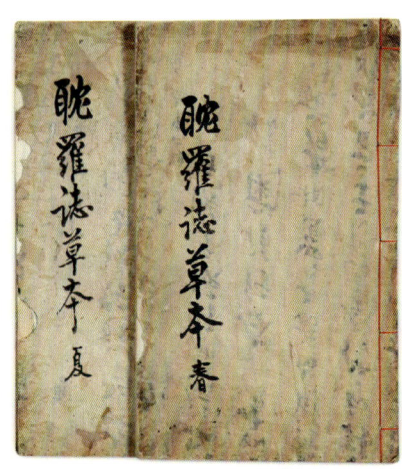

087	耽羅錄	*Tamnarok*, Records of Jeju Island	조선	이원조(李源祚, 1792~1871)
탐라록	31.0×20.5	한국국학진흥원 이수학 기탁		

이원조 목사가 1841년 1월부터 1843년 7월까지 자신의 치적과 생활을 일기체 형식으로 적은 기록이다. 공마 진상進上과 귤 봉진封進, 진휼, 한라산제와 풍우뇌우제風雨雷雨祭 등 국가제사를 지낸 일, 순력할 때의 상황 등을 적었다.

088 이원조 초상

李源祚肖像 | Portrait of Yi Won-jo | 조선
74.8×48.2 | 한국국학진흥원 이수학 기탁

조선 후기의 문신으로 자는 주현周賢, 호는 응와凝窩이다. 1841년에 제주목사로 부임하여 동계 정온桐溪 鄭蘊의 사당을 짓고 가파도와 우도를 개간하여 사람이 살 수 있도록 하였다. 또한 향현사를 두어 고득종高得宗, 김진용金晉鎔을 배향하였다. 제주와 관련된 많은 기록을 남겼는데, 목사 재임당시의 기록을 모아 만든 『탐라지耽羅誌』를 비롯하여 『탐라록耽羅錄』, 『탐라계록耽羅啓錄』, 『탐영관보록耽營關報錄』, 『탐라지초본耽羅誌草本』, 『영주만록瀛州漫錄』 등이 있다.

089 해은유고

海隱遺稿 | *Haeeun yugo*, Anthology of Kim Hwei-jeoung's Literary Works
대한제국 | 김희정(金羲正, 1844~1916) | 28.5×19.0 | 김기홍

김희정의 호는 해은海隱이며 조천읍 조천리에서 태어난 학자로 평생 훈학에 힘써 많은 인재를 양성하였다. 소백 안달삼小柏 安達三과 함께 동시기에 활동하였으며 시학詩學으로 명성이 높았다. 그는 1895년 봄에 한라산을 등반하였는데 면암 최익현이 귀양이 풀려 산에 오를 때 함께하지 못하였음을 한탄하며 산을 올랐고 그 내용이 유고집에 「한라산기漢拏山記」로 수록되어 있다. 지금까지 한라산 기행문은 목사, 판관, 유배인 등이 주로 기록하였는데 비해 이 기행문은 제주사람으로서는 처음으로 쓴 한라산 기행문이다. 등반로는 한라산 동쪽 산천단 코스를 이용하였으며 괴평촌怪坪村, 단애봉(丹崖峯, 절물오름), 도리석실道理石室을 거쳐 백록담을 올랐다. 백록담에 오른 후 근래 제주의 상황에 대하여 우려하는 심정을 쓰고 있다.

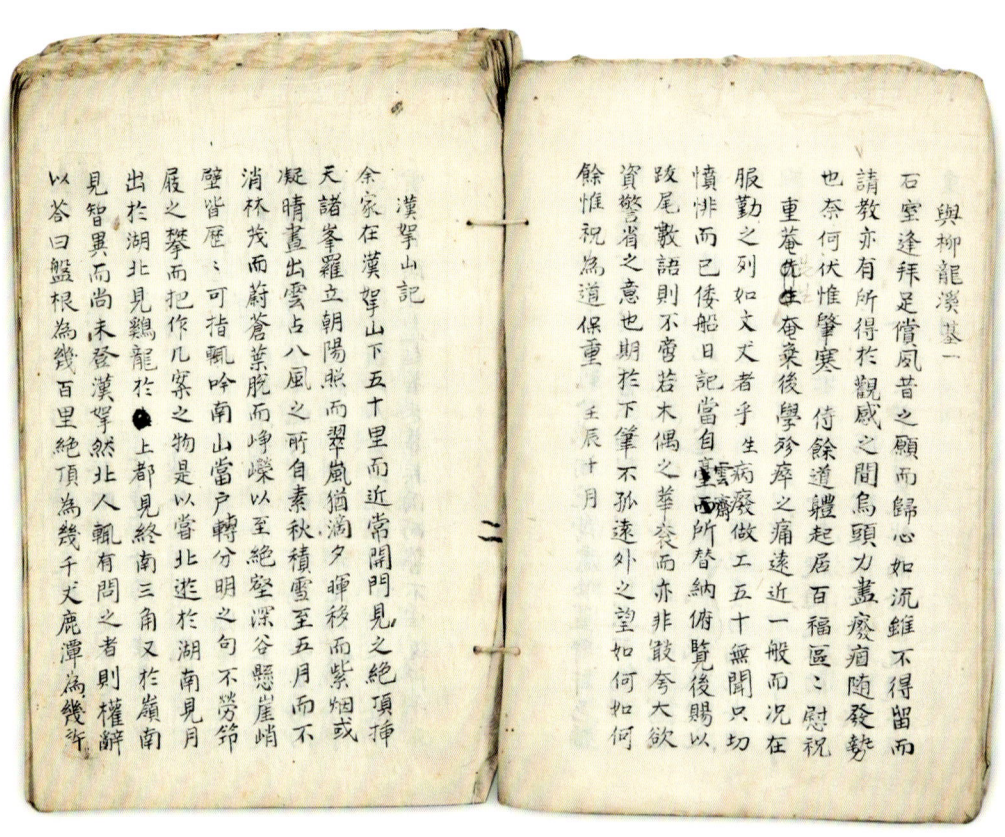

한라산기 漢拏山記

잠시 마음 놓고 이리저리 거닐다가 바로 내려와 백록담 북쪽 조금 낮은 곳을 따라 나와서는 한 가닥 길을 찾아서 돌아가려 하는데 근래 일어나고 있는 일들을 더듬어 생각하니 흥은 다하고 서글픔이 찾아왔다. 가슴을 어루만지며 길게 탄식함은 길이 험한 데에 있지 않았기 때문에 산신령에게 마음속으로, '불행하게도 멀리 궁벽하고 누추한 지방에 있어 현인 군자의 유람이 없었지만, 또한 다행하게도 번화한 곳에 있지 않아서 세상 사람인 풍류를 모르는 속객의 왕래를 면할 바 있는 것인데. 그 다행과 불행이 산의 빼어난 경치를 덜거나 보탤 수는 없는 것입니다. 일찍이 나이든 어르신에게 들으니 한번은 이양선異樣船이 바다를 지나가니 산에서 바람이 크게 일어 파도가 솟구쳐 감히 해변에 이르지 않게 하였다고 합니다. 지금은 그렇지 않으니 어찌 신령님의 영험이 예와 오늘에 차이가 있겠습니까? 그렇지 않다면 운수에 구애 받는 것입니까? 이를 아직 알 수 없습니다. 바위 사이에 머물고 싶지만 화전火田이 척박하여 어버이를 섬길 방법이 없고, 돌아가고 싶지만 비릿한 먼지가 덮고 가리어 멍에를 풀어 쉴 곳이 없으니 한 걸음을 띄고는 머뭇거리고 세 걸음을 띄고는 배회하며 차마 떠날 수가 없을 뿐입니다'고 고하였다(후략)

090 정헌영해처감록

靜軒瀛海處坎錄 | *Jeongheon yeonghae cheogamnok*, Anthology of Jo Jeong-cheol's Literary Works | 조선 | 18세기 | 조정철(趙貞喆, 1751~1831) | 28.1×18.9 | 국립중앙도서관

정헌靜軒 조정철이 제주 정의현에서 적거할 동안에 지은 시문집이다. 유배인의 슬픔과 억울함, 그리고 「탐라잡영耽羅雜詠」, 「귤유품제橘柚品題」 등 당시 제주지역의 풍속과 인심, 정치상황을 수록하고 있다. 조정철은 정조 시해기도사건에 연루되어 1777~1803년까지 제주와 추자도에 적거하였다. 이후 해배되어 1811년에 제주목사로 부임하였는데, 제주 유배 당시 자신을 위해 순절한 홍윤애弘允愛의 비를 세우고 한라산 정상에 올라 마애각을 남겨 놓았다. 이 책에 「망한라산望漢拏山」과 「우후망한라산雨後望漢拏山」 시 등이 있다.

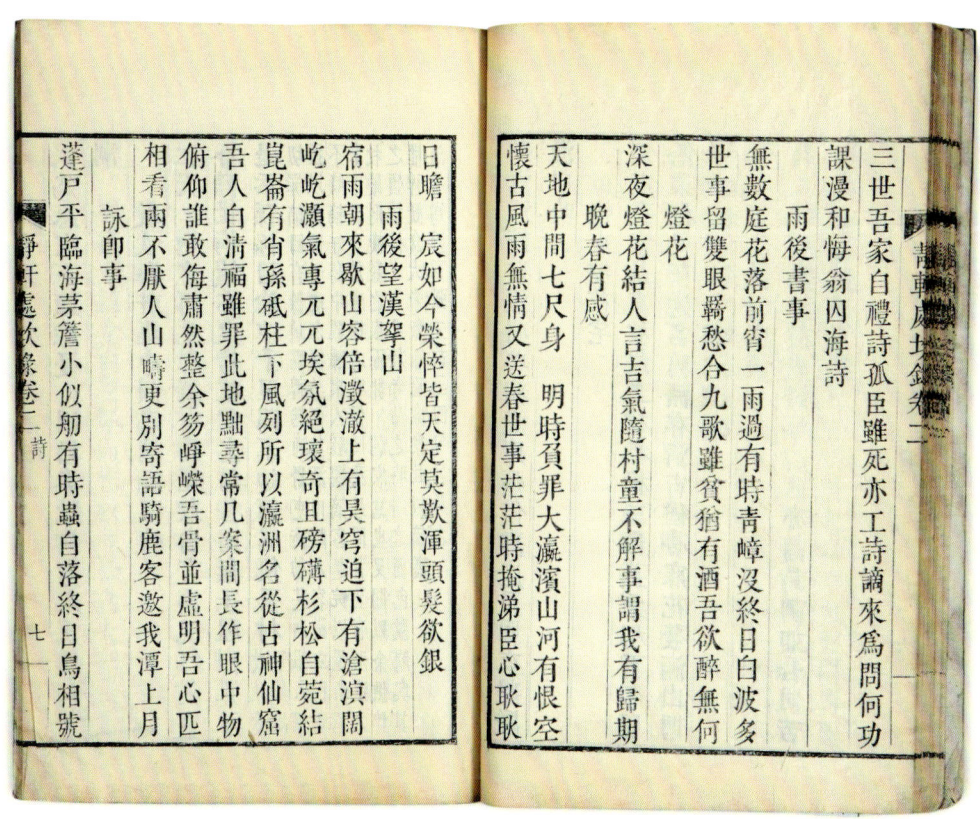

雨後望漢拏山 비온 뒤 한라산을 바라보며

宿雨朝來歇 山容倍澄澈	밤새 내린 비 아침에 멎어 산 모습 더욱 맑아
上有昊穹迫 下有滄溟闊	위로 하늘이 다가서고 밑으로 넓은 바다 광활해라.
屹屹灝氣專 兀兀埃氛絕	드높은 넓은 기세 오로지 우뚝 솟아 혼탁한 속세를 벗어나
瓌奇且磅礴 杉松自菀結	진기하게 빼어나 성대한 기세 삼나무, 소나무 저절로 울창하게 얽혀
崑崙有肖孫 砥柱下風列	곤륜과 거의 닮았고 지주에 버금가는 풍광 늘어섰네.
所以瀛洲名 從古神仙窟	영주라고 이름불린 곳 예부터 신선굴이라 하니
吾人自淸福 雖罪此地黜	우리는 저절로 맑은 복 받는 셈 비록 죄로 이곳에 쫓겨 와도
尋常几案間 長作眼中物	늘 책상에 앉아 오래 눈으로 사물을 그려 보네.
俯仰誰敢侮 肅然整余笏	위아래 둘러보며 누가 조롱하랴만 엄숙히 내 몸가짐 정돈하며
崢嶸吾骨並 虛明吾心匹	우뚝 솟음은 내 몸과 같고 텅 비어 깨끗함은 내 마음과 같네.
相看兩不厭 人山晴更別	둘이 서로 마주보아 싫증 안나 사람과 산이 이전대로 다시 이별할 적
寄語騎鹿客 邀我潭上月	사슴 탄 신선에게 기별하여 백록담 위에 뜨는 달 맞아볼까.

한라산 정상에서 읊은 옛 시

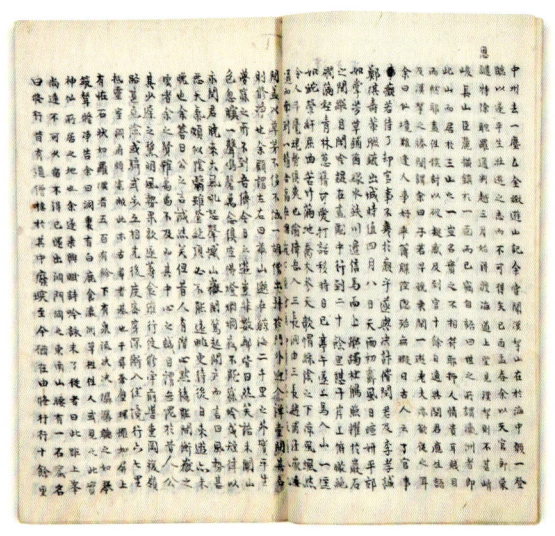

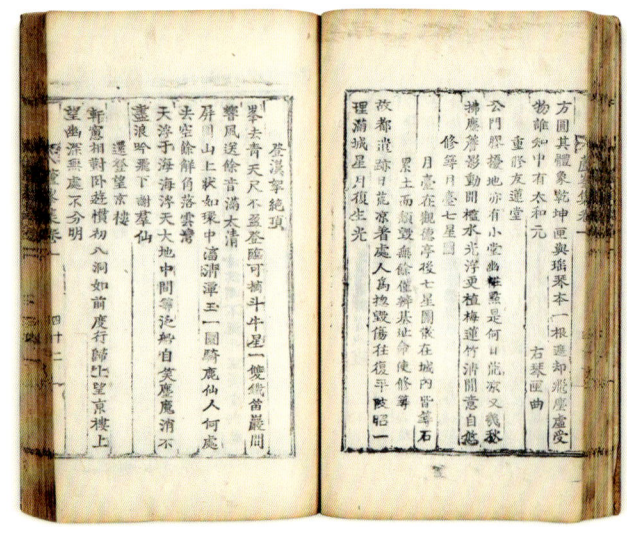

登絶頂　　　정상에 올라

石磴穿雲步步危　구름사이 돌길 비틀비틀 걷는데
雨餘天氣快晴時　비 온 뒤라 날씨는 쾌청하네.
山高積雪徑春在　산 높아 쌓인 눈 봄까지 남고
海濶長風盡日吹　바닷바람 종일 불어댄다.
鶴駕不迷玄圃路　학 타고 가는 길 잃지도 않아
鳳簫留待赤松期　봉소불며 적송자를 기다린다네.
從今欲試湌霞術　지금 찬하술을 배우고자 하니
歸去人間莫恨遲　인간으로 돌아감을 늦었다고 한탄 마오.

『탐라지초본』, 「김치의 시」, 이원조

登漢拏絶頂　　　한라산 정상에 올라

峯去靑天尺不盈　묏부리 푸른 하늘에 솟아 자로 잴 수 없네
登臨可摘斗牛星　올라보니 북두칠성, 견우성이 지척이네.
一雙鐵笛巖間響　한 쌍의 쇠피리소리 바위틈에서 울려
風送餘音滿太淸　바람이 메아리를 밀어 하늘에 가득하네.

屛圍山上狀如環　산꼭대기에 병풍 둘러 둥그런 고리처럼
中潴淸潭玉一圜　가운데 물 고인 맑은 못 한 개 옥으로 된 제단
騎鹿仙人何處去　사슴 탄 신선은 어디로 갔는가
空餘解角洛雲灣　하늘에다 각角을 부니 물가에 구름이 내려 깔리네.

天浮于海海浮天　하늘은 바다에 떠 있고 바다는 하늘에 떠
大地中間等泛船　대지 가운데 배 떠다니듯
自笑塵魔消不盡　속세에 마가 낀 것 다 없애지 못해도 절로 웃음 나와
浪吟飛下謝羣仙　정신없이 읊다가 나는 듯 내려오며 뭇 신선에 하직하네

『노봉문집』, 김정

옛 지도로 보는 한라산 등반로

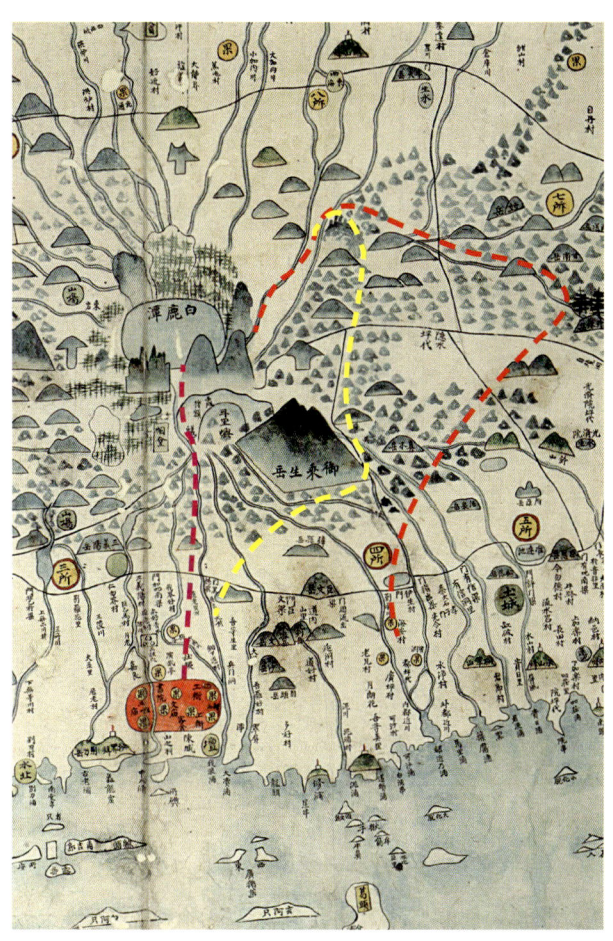 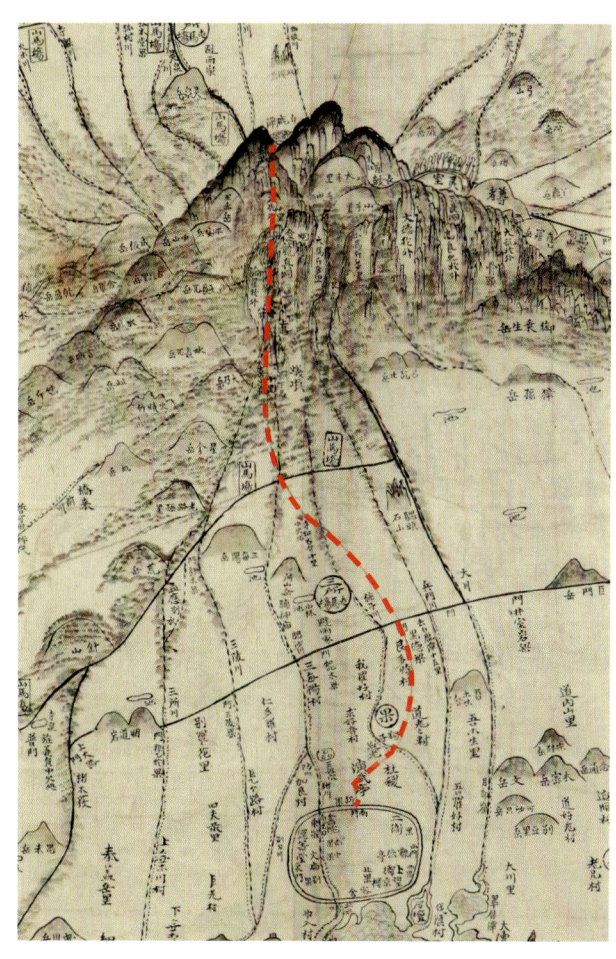

김치의 「遊山記」

김치는 무수내(무수천, 鐵川)를 지나 지금의 애월읍 일대의 장악(獐嶽, 노루오름)과 삼장골三長洞을 거쳐 포애악(浦涯岳, 볼레오름)을 거쳐 존자암에서 1박하였다. 다음 날 영실의 옛 존자암 터와 수행굴修行窟과 칠성대七星臺를 지나 혈망봉穴望峰에 도달하였다.

이증의 『南槎日錄』

이증은 병문천, 대천(한천), 무수천을 지나 용생굴(지금의 아흔아홉골)에서 조반을 하고, 존자암에 도착하여 점심을 먹었다. 이어 칠성대와 좌선암座禪岩을 지나 백록담에서 1박을 하였으며 다음날 새벽에 산신제를 지내고 하산하였다.

제주삼읍도총지도 濟州三邑都摠地圖

이 지도에는 유일하게 한라산 등반로가 그려져 있다. 제주읍성 남문을 출발하여 간다시촌艮多時村, 문흑덕량門黑德梁, 사지고개寺旨古介, 용진동龍眞洞, 입선석入先石을 지나 서북벽을 올라 백록담에 이른다. 점심 먹는 곳과 거리를 표시하고 있어 전체 산행길의 거리를 표시하고 있다.

— 김치
— 이증
— 이원조, 최익현

V

이방인의 눈에 비친 한라산

HALLASAN MOUNTAIN IN
EYES OF FOREIGNERS

서양인이 바라 본 한라산

서양인이 바라 본 한라산

Western View on Hallasan Mountain

서양지도와 각종 여행기에는 제주를 켈파트(Quelpart), 한라산을 오클랜드산(Mt. Auckland) 등으로 소개하고 있다. 제주가 본격적으로 서양에 알려지기 시작한 것은 1653년에 헨드릭 하멜(Hendric Hamel)이 제주에 표착하고 난 후 네덜란드로 돌아가 보고서를 쓴 후부터 이다.

18세기에는 서양제국의 새로운 항로를 개척함에 있어 동아시아를 항해하는 과정에서 하나의 이정표가 되었다. 이러한 탐사과정에서 한라산에 대한 과학적인 측량이 이루어졌고 제주의 정밀한 지도가 제작되었다.

20세기 초에는 조선에 와 있던 지그프리드 겐테(Siegfroied Genthe)가 직접 한라산에 올라 한라산의 높이를 쟀으며 한라산을 등반했던 내용을 독일 신문에 연재하면서 더욱 알려지게 되었다.

091 하멜표류기

The Journal of Hendrick Hamel
1920년 | B.Hoetink | 25.3×17.0

헨드릭 하멜은 1653년 8월 16일 스페르웨르(Sperwer)호를 타고 나가사키로 가던 중에 풍랑을 만나 제주도에 표착한 네덜란드 사람이다. 그는 그의 동료들과 함께 조선에 13년 28일간 억류되었으며 1669년에 나가사키를 통해 네덜란드로 귀국하였다. 네덜란드로 돌아 간 후 억류 기간의 임금을 청구하기 위해 『하멜보고서』를 썼다. 이를 토대로 출판된 소설이 『하멜표류기』 이며 이는 조선과 제주가 서양에 본격적으로 알려지는 계기가 되었다.

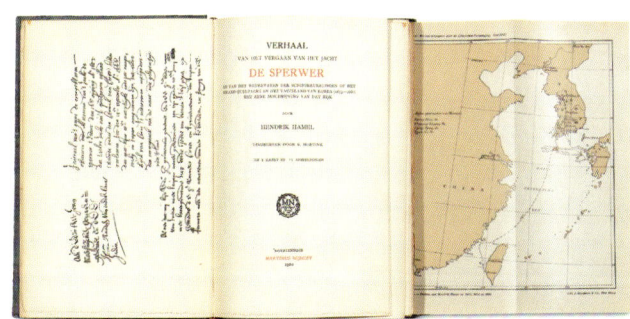

하멜표류기

이 섬에는 사람도 많이 살고 있고 식량도 많이 생산해 낸다. 말과 소도 많은데 이것들을 매년 왕에게 공납하고 있다. 주민들은 평범한 사람들이고 가난하며 본토인들에게 천대받고 있었다. 나무들이 우거져 있는 높은 산이 하나 있고, 나머지 산들은 민둥산인 경우가 대부분이었지만 계곡들이 많이 있어서 그곳에서 쌀이 재배되고 있었다.

1668년 스티히터판의 「스페르웨르호 난파 삽도」 (위), Drawing of the drifting scene of the Sperwer by Stichter in 1668

| 092
| 라 페르즈 항해기

Voyage de la Perouse Autour de Monde
1797년 | 30.0×23.0 | 서울대학교 중앙도서관

라 페르즈(La Perous, 1741~1788)는 프랑스의 해군 대령으로 18세기에 대두되었던 새로운 항로 개척을 위해 탐사선을 이끌고 아메리카 북부, 아시아, 조선의 동해안, 타타르, 일본의 홋카이도, 쿠릴열도, 캄차카반도 등을 조사하였다. 이중 조선반도에 대한 조사는 1787년 5월 21일, 제주 근해를 중심으로 남해, 부산 근해를 항해하였으며, 5월 29일에는 동해안을 탐사하고 울릉도를 동승했던 천문학자 다즐레의 이름을 따 'Isle Dagelet'라 명명하기도 하였다. 라 페르즈 일행은 조선 해역에 대한 과학적인 방법으로 해역의 수심과 경도, 위도 등을 측정하여 기록으로 남겼다.

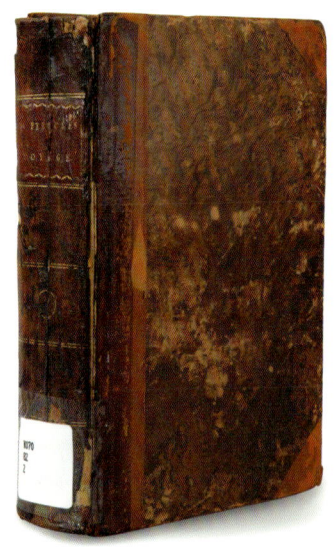

| 093
| 라 페르즈 조선해역도

Part of the Island of Quelpaert | 1798년
De Galoup, J.-F., Comte de La Perouse | 36.0×34.0 | 경희대학교 혜정박물관

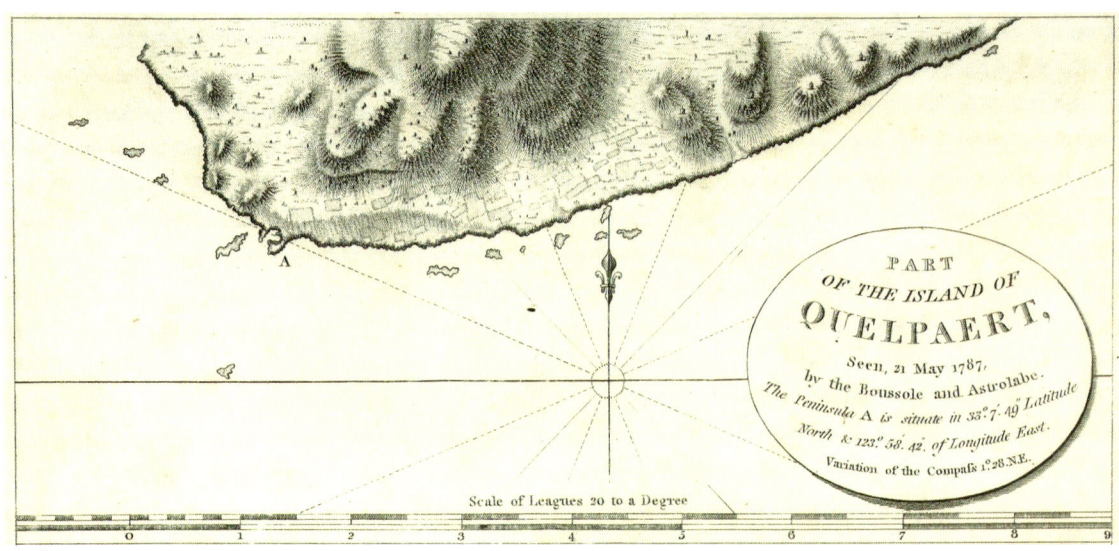

라 페르즈가 작성한 항해일지에 속해 있는 제주지도는 과학적 측량도구를 사용하여 제주도를 실측한 최초의 서양지도이다. 라 페르즈는 일본으로 가기 위해 제주도 즉 켈파트(Quelpart)로 항로를 지정했으며 제주도의 위치는 북위 33°15', 동경 124°15' 로 측정하였다. 그는 제주도의 인상을 가장 아름다운 섬으로 표현하였으며 제주의 해안선 길이를 측정하고 한라산의 높이를 1,950m로 계산하였다. 그리고 망원경으로 바라본 한라산과 토지, 경사면에 있는 집, 층계로 된 밭과 밭 사이의 둑, 경작물 등을 관측하여 지도에 표시하였다. 제주도 최남단의 위치를 북위 33°7'49", 동경 128°58'42"로 기록하고 있는데 현재 본 섬의 최남단은 남제주군 대정읍 하모리로, 북위 33°11'27", 동경 126°16'29"이다.

| 094
| 조선남해안도

朝鮮南海岸島 | Map of Korean Archipelago | 19세기
에드워드 벨처(E.bELCHER) | 68.7×100.0 | 유홍준 기증

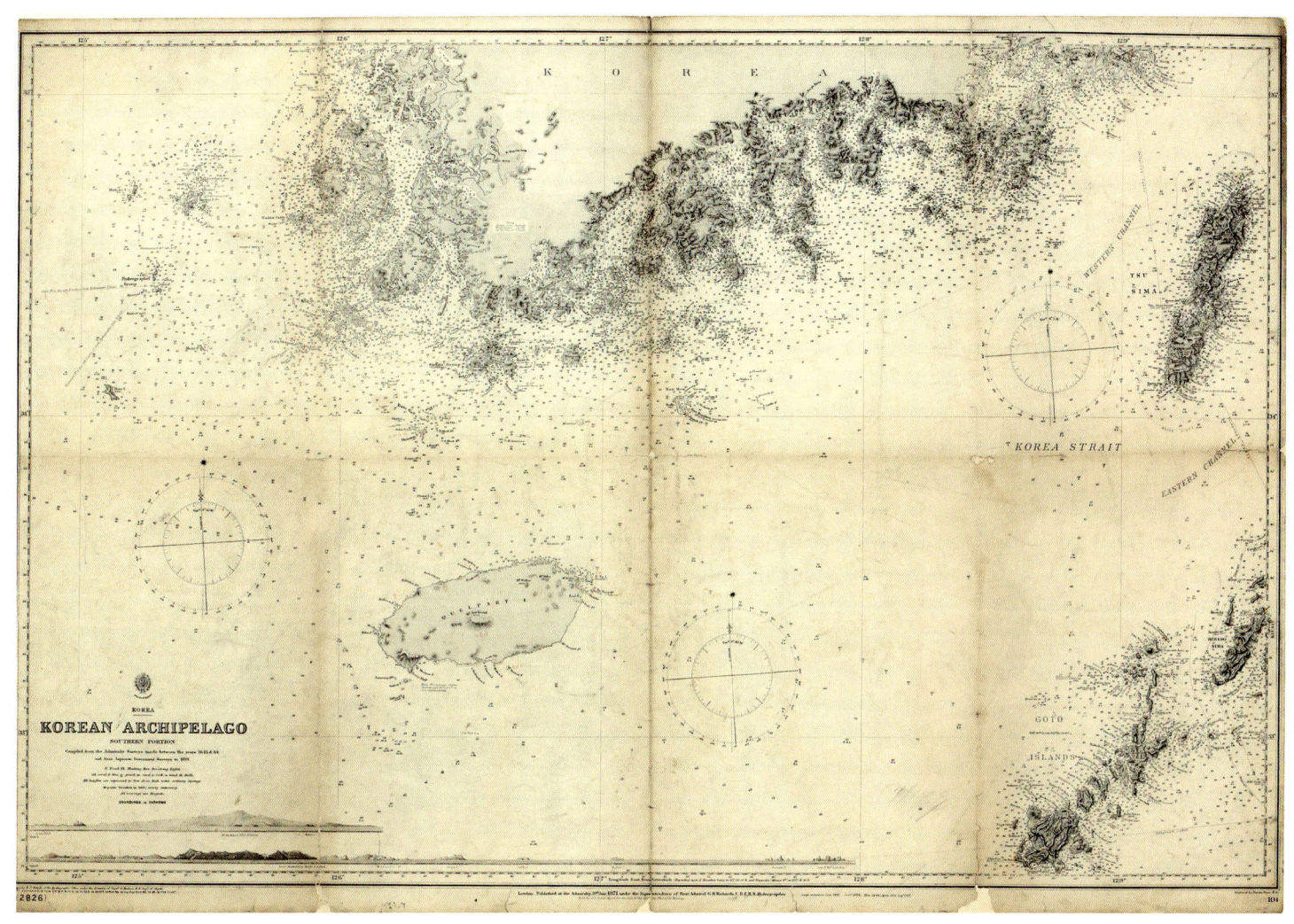

에드워드 벨처가 조선해역을 조사하고 그린 지도 중 하나이다. 이 지도는 별도로 제작된 제주전도 6장의 축소판으로 추정된다. 남해안지역과 제주도의 해안선, 주변 섬, 수심이 정밀하게 적혀 있다. 제주를 켈파트라 하였고 한라산은 화산섬을 뜻하는 오클랜드 산(Mt. Auckland)으로 표기되어 있다. 한라산 동서사면과 해안을 돌아가면서 주요 오름을 그렸다.

095 사마랑호 항해기

Narrative of Voyage H.M.S.Samarang; during the years 1843-46
1846년 | 에드워드 벨처(E. Belcher) | 24.5×15.5 | 서울대학교 중앙도서관

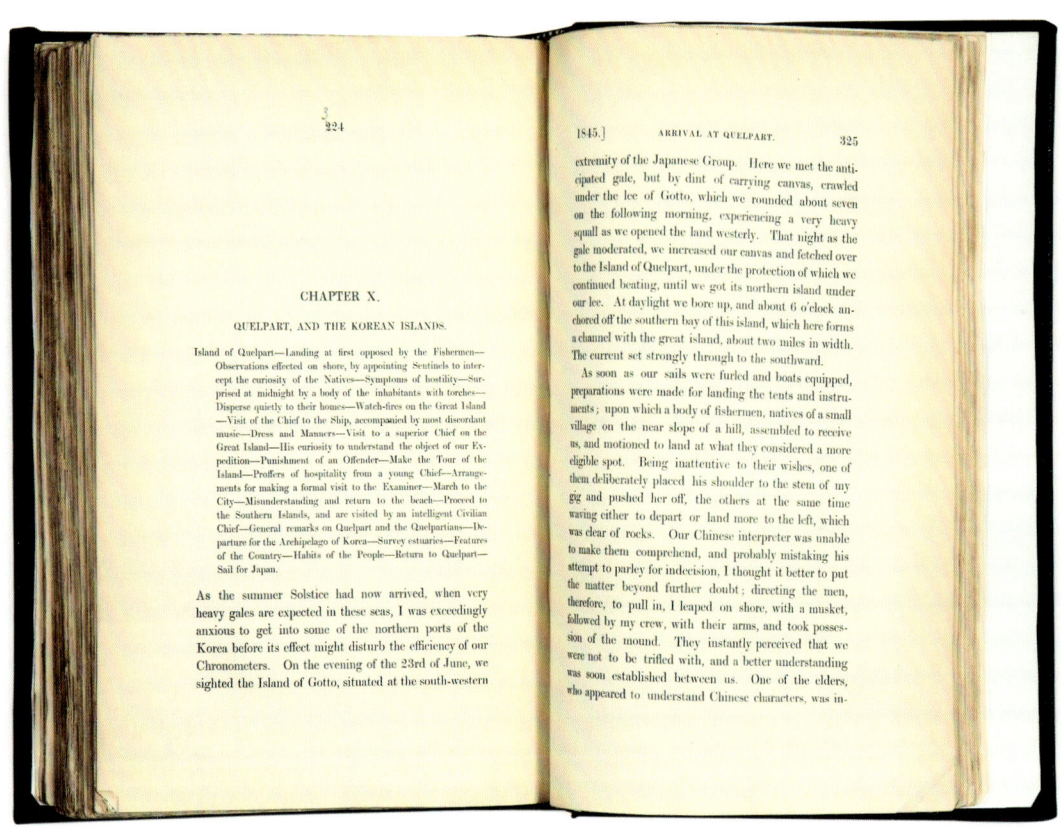

에드워드 벨처는 영국 해군으로 1843년에 사마랑호를 이끌고 중국을 시작으로 홍콩, 유구, 제주, 일본, 필리핀 등을 조사하여 1846년에 영국에서 『사마랑호 항해기』를 출간하였다. 제주도에는 1845년 6월 25일에 도착하여 우도를 기지삼아 37일 동안 제주, 거문도, 거금도 일대를 정밀 측량하였고 제주도의 해안선 길이와 한라산의 높이를 1,995m로 계산하였다. 그는 중국인 통역을 대동하여 정의현감 임수룡任秀龍과 의사 소통을 하였으며 군의軍醫인 애덤스(A. Adams)는 조선 사람의 모습, 복장, 예절, 무기와 선박, 제주도의 풍경, 46종의 식물, 12개 나라의 언어 등을 수록하기도 하였다.

정의현감 임수룡 旌義縣監 任秀龍

제주도 정의현 관리 濟州島 旌義縣 官吏

096	*Quelpaert*, Map of Jeju Island	1904년	Service geographique de l'Armee
켈파트 지도	50.5×59.0	경희대학교 혜정박물관	

1904년에 프랑스에서 제작된 제주지도로 남해안지역 일부와 제주도가 표시되어 있다. 이 지도에는 제주도 해안을 따라 제주(TJIEI-TJIOU)를 비롯한 많은 지명이 표기되어 있으며 한라산을 오클랜드산(Mt. Auckland)으로 표기하고 있다. 제주도 인근과 남해안에는 서양인의 이름을 딴 여러 섬들이 그려져 있는데 우도는 뷰포트 섬(Beaufort Island), 마라도는 기포드섬(Gifford Island)으로 표기되어 있다.

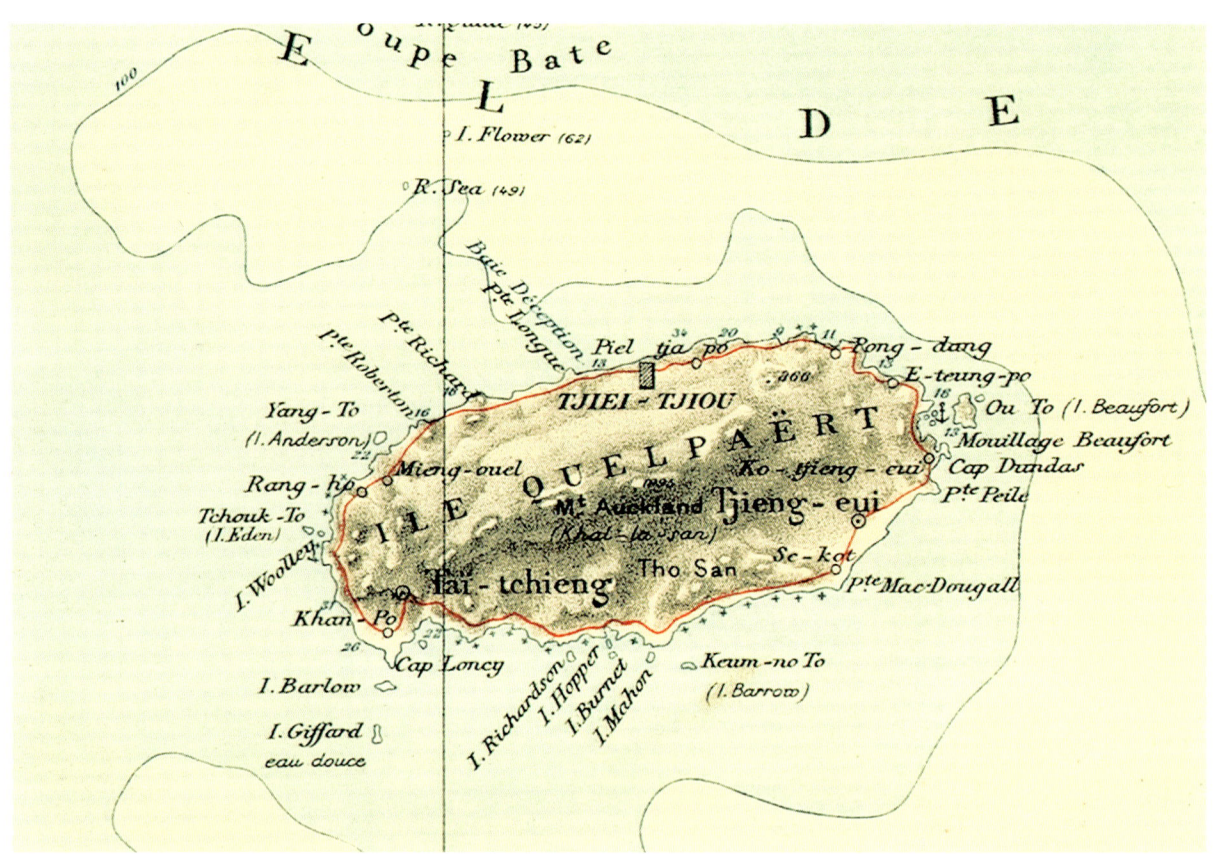

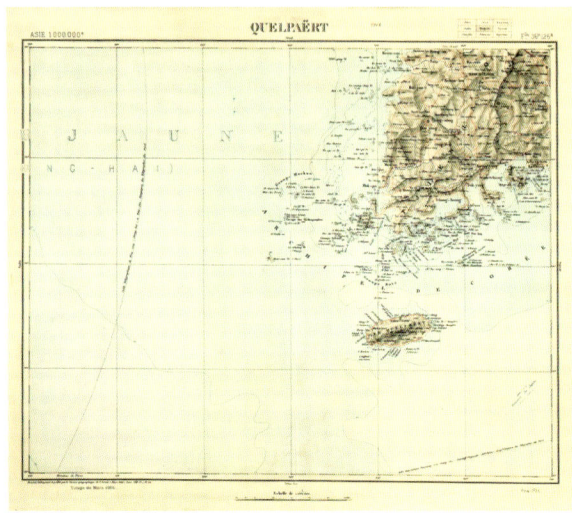

097 겐테관련 신문

Newspaper Articles about Dr. Genthe
근대 | 복사본

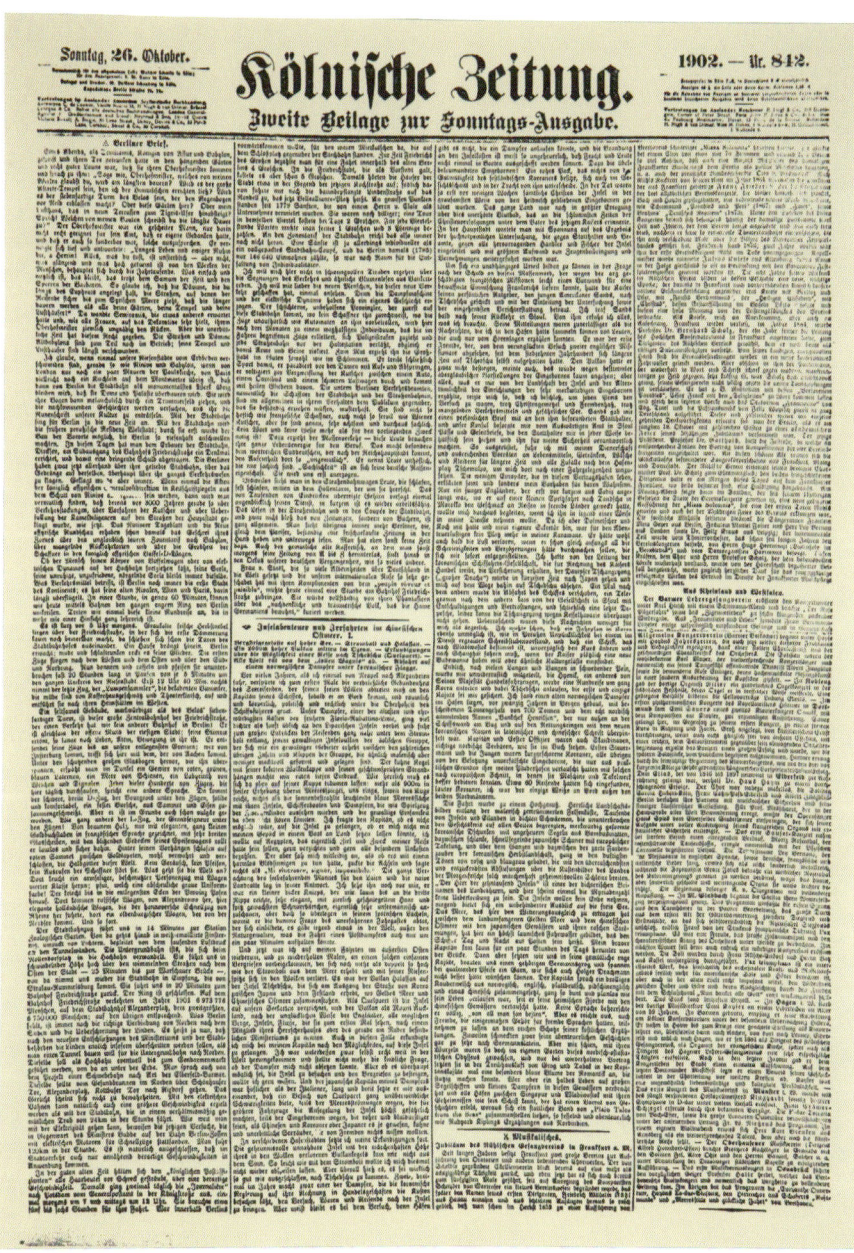

서양인으로서는 물론, 외국인으로서 한라산을 첫 등정한 이는 지그프리드 겐테(Siegfroied Genthe, 1870~1904) 이다. 그는 독일 출신으로 1901년 이재수李在守의 난이 발생한 지 수 주일 뒤 한라산을 등정하기 위해 제주도에 왔던 독일 신문의 아시아 특파원이자 지리학 박사였다. 그는 영실 옛 등반 코스를 이용해 한라산을 올랐으며 한라산을 등정한 뒤 2개의 무수은 기압계를 이용해 한라산 높이가 1,950m임을 측정하였다. 그는 이를 독일의 『쾰른신문』(1901.10.13~1902.11.30)에 연재함으로써 한라산을 서양에 처음으로 소개한 인물이 되었다. 당시 제주목사는 외국인이 한라산을 오르는 것에 대하여 반대하였는데 한라산을 오르면 반드시 댓가를 치를 것이라 경고하였다.

지그프리드 겐테 초상

논고 論考

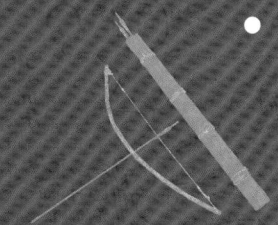

ARTICLES

고지도 속의 한라산

한라산과 신선사상

문학작품 속에 표현된 한라산

고지도 속의 한라산

오상학 제주대학교 사범대학 교수

I. 머리말

한라산은 한국의 대표적인 명산으로 예로부터 금강산, 지리산과 더불어 삼신산으로 불려왔다. 신선사상과 관련하여 금강산은 봉래산, 지리산은 방장산, 한라산은 영주산으로 인식되었던 것이다. 또한 최근에는 민족의 영산인 북쪽의 백두산과 더불어 남한의 대표적인 산으로 인식되어 '백두에서 한라까지'라는 민족 통일의 상징으로까지 표상되었다.

한라산은 120만 년 전 바다 한가운데에서 솟아오르기 시작한 이후 수많은 화산 활동의 결과로 형성되었다. 이에 따라 제주도 전역이 화산 지형의 특색을 지니고 있다. 따라서 엄밀하게 한라산과 제주도를 구분하는 것은 불가능하다. 한라산이 제주도요, 제주도가 곧 한라산인 것이다.

한라산은 백록담을 정점으로 한 주봉과 그 주변에 360여 개의 측화산(오름)으로 구성되어 있다. 그 사이로 60여개의 하천이 이어져 있다. 측화산은 개개의 분화구를 갖고 있는 소화산체로 한라산의 사면 곳곳에 산재하고 있다. 단위 면적당 세계에서 가장 많은 측화산이 분포하고 있다. 측화산은 제주도민의 생활 터전으로 오랜 역사성을 지니고 있고, 육지부와는 다른 독특한 경관을 형성하고 있다.

이러한 역사, 문화, 생태적 특징을 지닌 한라산의 모습은 전통시대에 제작된 고지도에도 특성있게 표현된다. 제주도는 우리나라 최대의 목마장이자 군사적 요충지이기 때문에 일찍부터 지도 제작이 행해졌다. 현재에도 다양한 유형의 제주도 고지도가 여러 기관에 소장되어 전하고 있다. 이 글은 현존하는 제주 고지도에 표현된 한라산의 모습을 살펴보는 데 초점을 둔 것이다. 이러한 작업은 한라산의 현재적 의미를 탐색하고 한라산의 정체성을 확립하는 데 일조할 수 있을 것이다.

II. 17세기 제주도 지도 속의 한라산

제주도를 그린 17세기 지도는 매우 드물다. 『동여비고』와 이형상 목사 종가 소장의 『탐라도』를 들 수 있다. 『동여비고』는 17세기 후반경에 제작된 것으로 추정되는 전국지도로 경상도 양산의 대성암에 소장되어 있다. 역사부도적 성격을 띠기도 하지만 최소한 조선전기의 상황을 반영하고 있는 지도이기도 하다. 동일한 사본이 [조선강역총도]라는 이름으로 서울대학교 규장각에 소장되어 있다(사진1).

지도에 묘사된 한라산 지역에는 한라산과 더불어 일부 오름들이 소략하게 그려져 있다. 한라산은 제주목에서 20리 떨어져 있는 것으로 표시되어 있으며, 두무악頭無岳 또는 원산圓山이라 불린다고 쓰여 있다. 한라산 중에는 존자암이 대표적인 사찰로 표시되어 있다. 한라산 주변의 오름들은 갈악葛岳, 금물악今勿岳, 장올악長兀岳, 수악水岳 등이 그려져 있다. 수악의 봉우리에는 띠 모양으로 물이 있는 분화구를 표현하였는데, 용추龍湫라고 표기되어 있다. 이와 더불어 방암方嵒이 그려져 있는데, 그 옆에는 '한라산의 정상에 있는데 신선들이 노니는 곳'이라 쓰여 있다. 방암에 대해 이원진의 『탐라지』에는 "그 형상이 네모반듯하여 사람이 다듬어 만든 것과 같고, 바위 아래에는 향부자가 군락을 이루어 향기가 온 산에 가득하다"고 기술되어 있다.

이형상李衡祥 목사 종가 소장의 『탐라도』는 1682년에서 1702년 사이인 17세기 말에 제작된 지도로 현존하는 제주도의 단독 지도로는 가장 오래된 지도이고 인쇄본 지도로도 가장 오래된 것이 된다(사진2).

한라산은 정상부를 중심으로 여러 봉우리와 오름들을 연이어서 커다란 산의 형태로 표현하였다. 산의 꼭대기에는 백록담이 그려져 있고, 어승생악이 크게 강조되어 표현되었다. 한라산 정상부의 남동쪽에는 장올추長兀湫라는 못이 표시되어 있다. 이는 지금의 봉개동 명도암 마을 남쪽 한라산 기슭에 있는 물장오리 오름 분화구에 형성된 못을 말한다.

한라산에서 발원한 하천도 표현되어 있는데 한라산이 동서로 길게 늘어져 있기 때문에 하천도 동서 사면보다는 남북 사면에 발달해 있다. 한라산 주변에 분포되어 있는 오름이 상세히 그려져 있는데, 봉우리의 방향은 산남과 산북이 반대로 되어 있다. 또한 당시 곶자왈 지대를 중심으로 형성된 숲들도 표시되어 있는데, 북제주군 애월읍 감은악으로 이어지는 숲과 조천읍 반응악으로 이어지는 숲, 한림읍 정수악으로 이어지는 숲이 대표적이다.

이와 더불어 인문경관으로서 중산간 지대에 설치된 목마장이 자세하게 그려져 있다. 목마장과 민간의 취락지대를 구분하는 잣성이 선명하게 그려져 있고, 한라산 주위의 자목장字牧場이 표시되어 있다. 이들 자목장은 말을 키우던 장소인 둔屯에 천자문의 글자를 따서 이름을 붙인 것이다. 당시 제주도에는 이러한 자목장이 59개 있었다. 지도에도 59개 자목장이 대부분 표시되어 있다. 한라산의 동부지역에는 산마장의 모습도 보이는데, 이 지역 목축의 중심취락으로서 산마 감목관이 주재하던 교래촌이 표시되어 있다.

Ⅲ. 18세기 제주도 지도 속의 한라산

1. 『탐라순력도耽羅巡歷圖』의 「한라장촉漢拏壯矚」

『탐라순력도』에 수록된 『한라장촉』은 1702년 이형상 목사에 의해 제작되었다. 이 지도는 그림첩에 수록된 필사본 지도로 집에 보관되어 전해져 왔기 때문에 목판본의 제주도 지도처럼 널리 유포될 수 없었다. 당시 제주도 지도로는 풍부한 정보가 수록되어 사실적인 측면이 돋보이는 훌륭한 지도로 평가된다.

한라산 부분에는 여러 오름들의 봉우리를 연속으로 그려 표현하였다. 한라산 북사면에 있는 두리오름인 두리여가 중앙에 그려져 있고 서쪽으로는 어승생, 고산, 발산, 병악, 정수악 등이 보이고 동쪽으로는 황악(거천오름), 녹산, 성불악, 다라비, 사모, 반응악(바농오름) 등의 오름이 그려져 있다.

무엇보다 이 지도의 특징적인 점은 중산간 지대에 설치되어 있었던 목마장이다. 목마장의 경계이기도 했던 돌담(일명 「하잣」)을 점선으로 그려 넣었으며 각 소장의 명칭도 기입하였다. 여기에는 이형상 목사 종가 소장의 제주지도와는 약간 다른 형식으로 기재되어 있다. 즉, 이형상 목사 종가 소장의 제주지도에는 자목장으로만 표기되어 있는 반면, 「한라장촉」에는 소목장所牧場과 자목장字牧場으로 목장 이름이 기입되어 있다. 당시 제주도에는 상위 단위의 대목장大牧場으로서 소목장所牧場이 설치되어 있고 그 아래

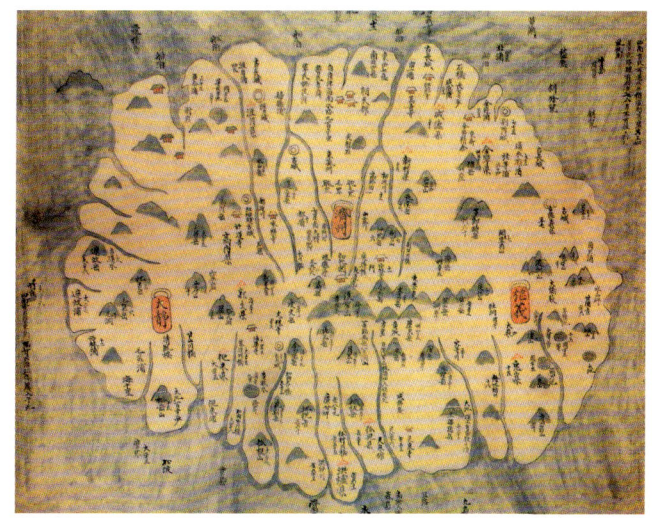

사진 1. 『조선강역총도』의 제주도 지도, 서울대학교 규장각 소장

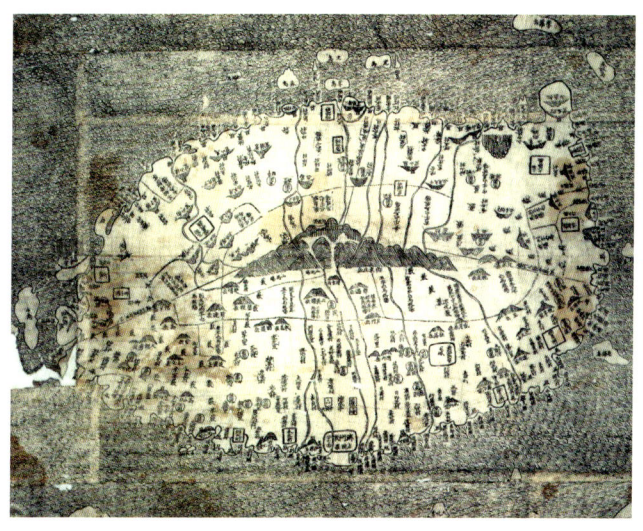

사진 2. 이형상 목사 종가 소장의 『탐라도』 (현재 제주시청 소장)

에 소목장小牧場으로서 천자문의 글자를 딴 자목장字牧場이 설치되어 있었던 상황을 반영하고 있는 것이다. 이외에도 한라산의 남북 사면에 발달해 있는 하천들이 그려져 있고, 한라산의 동북쪽 선흘리 방면으로 이어져 있는 곶자왈 지대의 숲과 대정 방면의 숲도 나타나 있다.

2. 『탐라지도병서耽羅地圖幷序』

『탐라지도병서』(사진4)는 1709년에 제작된 목판본 지도로 지도의 제작자는 1707년 부임하여 1709년 5월에 이임한 이규성李奎成으로 추정된다. 한라산의 중앙부에는 백록담이 크게 강조되어 그려져 있고, 백록담 화구의 암석들도 그려져 있다. 특히 동암과 서암이 표현되어 있는데, 이는 바로 화구에 형성된 암석들을 가리키는 것으로 보인다. 오름으로는 어승생악이 강조되어 그려져 있고 그 위쪽에는 두리여斗里礖가 보이는데 이는 연동 남쪽에 있는 두리오름을 말한다. 그 근처에는 개미목이 의항蟻項으로 표시되어 있고 지금의 왕관릉에 있던 것으로 추정되는 연대煙臺도 사각형에 표시되어 있다. 『남환박물』에 의하면, "여기에 하나의 봉수대가 있어서 해남의 백량白梁으로 완급을 전달했으나 해무가 항상 자욱하므로 지금은 혁파되었다."고 한다. 연대로 사용되던 때가 정확하게 언제인지는 모르겠으나 제주도가 지방행정체제에 의해 중앙에 포섭되는 고려 중기 이후로 판단된다.

평평한 들판을 의미하는 평대도 표시되어 있는데, 교래리 근처에는 오늘날 정강이무르에 해당하는 잠가전평대暫可田坪代가 있고 한라산 서부지역에는 은수평대隱水坪代, 광제원평대 등이 있다. 용천수나 물이 고여 있는 못도 그려져 있는데, 지금의 구좌읍 송당리 근처에는 말자지末子池가 있고, 현재의 절물휴양지에 있는 사천㴐泉, 서쪽 광제원에는 생수生水, 그 아래에는 거해지巨害池가 그려져 있다. 지금의 구좌읍 송당리에는 슬수瑟水(비화물)가 보이고 남쪽 우부악 근처에도 생수가 표시되어 있다.

특히 한라산 중산간에 설치된 목장의 표시가 자세하게 그려져 있다. 10소장을 비롯하여 산마장, 모동장, 천미장, 장장獐場, 북쪽 해안의 좌가장左可場과 서산장西山場까지 상세히 그려져 있다. 또한 목장의 경계가 되는 돌담(잣성)과 함께 목장을 출입하는 문門의 명칭까지 상세하게 표기되어 있다. 이러한 문은 '양梁'이라 표기되어 있는데 민간에서는 '도'라 부른다. 원래 '양'은 하천의 양안에서 돌이 무너져 쌓여 인마가 건너다닐 수 있는 곳을 지칭하였는데, 마장에 설치한 문도 '양'이라 했다. 문거문량門巨文梁, 문저출량門猪出梁, 문저목량門楮木梁 등이 '하잣'에 설치되어 있음을 볼 수 있다.

3. 『제주삼읍도총지도濟州三邑都摠地圖』

18세기 전반에 제작된 것으로 추정되는 지도이다(사진5). 전체적인 지도의 윤곽은 제주목 관아가 있는 해안이 만의 형태로 움푹 들어가 있어서 왜곡된 형태를 띠고 있다. 그러나 지도에 수록된 내용은 한라산과 여기에서 뻗어내린 임수林藪, 주변의 오름들이 상세하게 그려져 있다. 한라산의 모습이 다른 지도에 비해

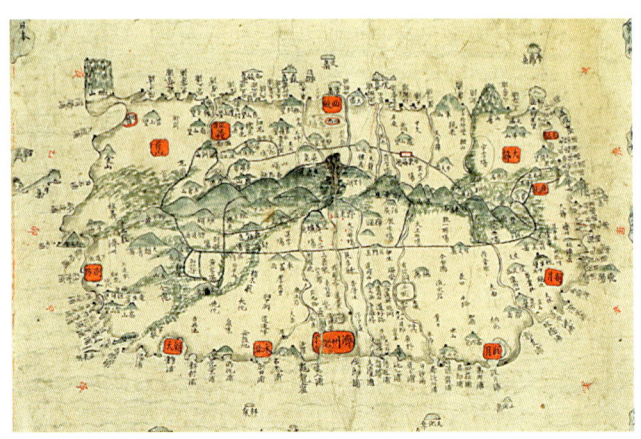

사진 3. 『탐라순력도耽羅巡歷圖』의 「한라장촉漢拏壯矚」, 제주시청 소장

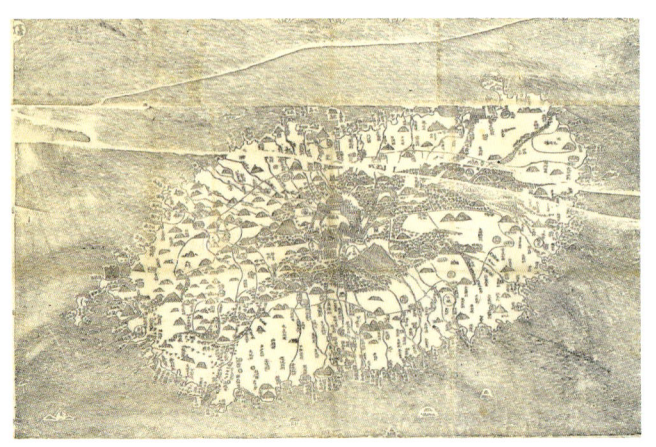

사진 4. 『탐라지도병서耽羅地圖幷序』, 제주민속자연사박물관 소장

강렬하게 표현된 점이 특징적인데, 백록담뿐만 아니라 영실의 기암절벽까지도 묘사되어 있다. 무엇보다 다른 지도에 비해 한라산 중심부의 지명이 상세하게 수록된 점이 특징적이다.

한라산 정상에는 백록담이 물결무늬의 형태로 그려져 있다. 그 아래로 지금의 큰두레왓에 해당하는 대두리大斗里, 작은두레왓에 해당하는 소두리小斗里가 그려져 있다. 그 서쪽으로는 지금의 장구목에 해당하는 장고항長鼓項이 그려져 있다. 전체적인 형상이 장구의 모습을 닮았다고 해서 붙여진 이름이다. 그 위쪽에는 주홍굴朱紅窟이 표시되어 있는데, 구상나무 숲속에 있는 지금의 웃상궤로 추정된다.

백록담 바로 아래로는 입선석入先石이 있는데, 현재 어디에 해당하는지는 명확하지 않다. 그 아래에는 연대가 표시되어 있는데, 지금의 왕관릉에 해당한다. 과거 연대가 있었던 곳이라 전해진다. 그 바로 밑은 용진동龍眞洞이 표시되어 있는데 지금의 용진굴이다. 김종철의 『오름나그네』에 의하면, 용진굴은 용이 떨어진 구렁이란 의미를 지닌다고 한다. 용진굴의 굴은 동굴이 아니고 골짜기, 구렁의 의미이다. 이 용진동을 지나 북쪽으로 내려가면 개미목에 해당하는 의항蟻項이 보인다. 개미의 목처럼 가늘게 생겨져 붙여진 이름이다.

개미목 남쪽에는 다른 지도에서는 보기 힘든 지명이 표기되어 있다. 상마上馬와 하마下馬, 대마근다리大馬斤多里와 소마근다리小馬斤多里가 그것이다. 이것은 웃막은다리와 아랫막은다리, 큰막은다리와 작은막은다리에 해당한다. 김종철의 『오름나그네』에 의

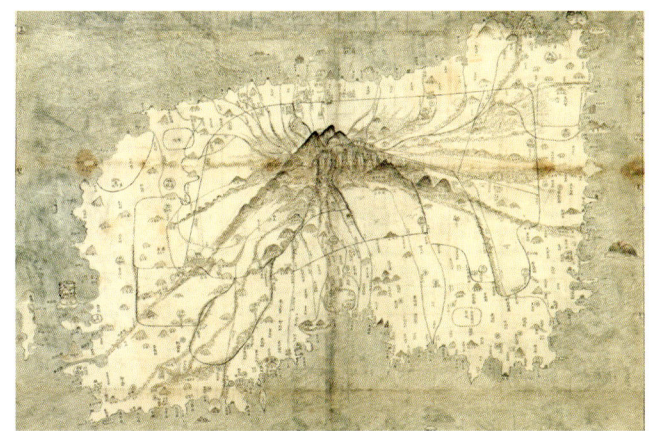

사진 5. 『제주삼읍도총지도濟州三邑都摠地圖』, 제주민속자연사박물관 소장

하면, 막은다리는 계곡의 머리가 되는 지대를 이르는 말이라 한다. 대마근다리의 계곡은 지금의 동탐라골, 소마근다리의 계곡은 지금의 서탐라골을 지칭한다고 볼 수 있다. 벼랑이나 낭떠러지를 나타내는 어외於外의 모습도 그려져 있다. 『전라남북도여지도』에 수록된 문덕어외, 고량지어외와 더불어 논성어외論星於外, 구란어외九亂於外 등이 보이는데 위치상 약간의 차이가 있다.

한라산의 서남쪽으로는 기암절벽으로 유명한 영실이 오백나한의 모습처럼 이채롭게 그려져 있다. 그 옆에는 이곳에 있었던 존사암이 '존자尊者'라 표기되어 있다. 영실 북쪽 편에는 삼장동三長洞이 있는데, 오창명의 『제주도 오름과 마을 이름』에 따르면, 지금의 삼형제악에 해당한다. 그 아래쪽에는 골두骨頭가 표시되어 있다. 이 오름은 천왕사가 있는 아흔아홉골의 제일 서쪽에 위치한 것으로 골머리오름이라 부른다.

한라산 주변에 그려진 주요 오름으로는 '오름의 맹주'라고 불리는 어승생악이 크게 강조되어 그려져 있다. 한라산 동쪽 사면에는 토적악土赤岳, 평안악平安岳, 사손장올악沙孫長兀岳, 수장올악水長兀岳, 대내악大乃岳 등이 그려져 있는데, 수장올악에는 분화구에 고여 있는 물의 모습을 독특하게 표현하였다. 서쪽 사면에는 진목악眞木岳, 천서악川西岳, 이사랑악伊士郞岳, 건송악乾松岳, 만수동산萬水同山, 볼라악乶羅岳, 저악猪岳 등이 그려져 있다. 오름과 더불어 중산간 지대에 위치한 평대坪代들도 여럿 보이고 있다. 지금의 애월읍 상가리 일원에 해당하는 곳에 광제원평대光濟院坪代, 조천읍 교래리 근처에 있는 잠가전평대暫可田坪代, 한라산 서쪽 사면의 은수평대隱水坪代 등이 표시되어 있다.

무엇보다 이 지도의 가장 특징적인 점은 목장과 관련된 내용이 매우 상세하다는 것이다. 중산간에 포진되어 있는 10소장과 더불어 천미장, 모동장 등의 우목장도 그려져 있다. 또한 각 소장에는 비를 피하던 곳인 피우가와 물을 먹이던 수처도 그려져 있고 잣성에 있는 출입문도 표시되어 있다. 특히 산마장의 모습이 상세하게 그려져 있는데 구마驅馬할 때 사용되었던 원미장尾圓場, 사장蛇場, 두원장頭圓場 등의 시설이 그려져 있다. 이것은 산마장에서 키운 말을 진공하기 위해 한쪽으로 몰아 점마하던 시설이다. 두원장으로 말을 몰아서 길게 이어진 사장으로 말을 한 마리씩 보내어 말의 등급을 매긴 후 미원장으로 집결시킨다. 이와 같은 시설은 1702년에 제작된 『탐라순력도』 「산장구마」에

서 잘 묘사되어 있다.

한라산과 관련하여 이 지도에만 유일하게 그려져 있는 것이 있는데, 한라산 등반로이다. 제주읍성의 남문을 출발하여 백록담까지 이르는 등산길이 붉은 선으로 그려져 있다. 남문을 출발하여 연무정을 지나 남쪽으로 간다시촌艮多時村을 거쳐 3소장의 출입문인 문흑덕량門黑德梁으로 목마장에 들어선다. 남쪽으로 더 가면 사지고개寺址古介가 나오는데 지금의 관음사 일대로 보인다. 여기는 점심을 먹는 곳이라 적혀 있다. 남쪽 방향으로 더 올라가면 산마장 지역이 나오고 이어서 아랫막은다리 근처의 희충괴喜忠怪에 도달하게 된다. 희충괴는 굴을 가리키는 궤의 명칭으로 보이는데 정확이 어디인지는 미상이다. 이어 웃막은다리, 용진동을 거쳐 입선석을 지나 서북벽을 오르면 백록담에 도착하게 된다. 이 같은 경로로 그려진 등산로에는 중요 지점까지의 거리도 옆에 표기하여 전체 산행길의 거리를 가늠해 볼 수 있도록 했다.

4. 판화로 제작된 『제주도濟州圖』

지도(사진6)의 제작시기는 1702년에 건립된 삼성묘가 동문 안쪽에 있고, 1755년 광양으로 이전되는 향교가 여전히 성안에 있는 것으로 보아 18세기 전반기로 추정된다. 민화 풍으로 그려진 지도로 제주목만을 그린 것이다. 제주읍성을 크게 부각시켜 그렸고, 성안에는 객사·아사 등의 관청 건물과 관덕정의 모습도 확연하다.

한라산은 여러 봉우리를 중첩하여 표현하였는데, 이전의 지도와는 다른 모습을 띠고 있다. 하늘에는 구름무늬까지 그려 넣어 회화적인 풍취를 한껏 느끼게 한다. 한라산 정상에는 백록담을 그려 넣었고 해안으로 이어지는 하천이 거기서 발원하는 모양으로 그려져 있다. 별도천과 산지천의 갈라지는 곳에 수분처水分處라 표기해 넣었다. 이는 다른 지도에서는 보기 힘든 지명이다. 한라산 북쪽 사면 백록담으로 이어지는 계곡에 있는 기암절벽들은 음각으로 표현하였다. 한라산 서쪽 사면에는 영실의 기암 절벽으로 보이는 곳에 존자석尊者石이라 표기되어 있고, 바위들을 흡사 나무 막대기와 같이 표현하였다. 지도의 상단에는 한라산에 대한 간단한 기록이 있는데, "한라산은 고을의 남쪽 20리에 있는 진산이다. 한라라 말하는 것은 은하수를 당길 수 있기 때문이다. 또는 두무악이라 하는데 봉우리가 평평하기 때문이다. 또는 원산이라 하는데 크게 솟아 둥글기 때문이다. 정상에는 큰 못이 있는데 사람들이 떠들면 운무가 일어 지적을 분간하지 못하고 오월에도 눈이 남아 있고 팔월에도 가죽옷을 입는다."라고 쓰어 있다. 이는 『신증동국여지승람』의 기록을 그대로 인용한 것이다.

Ⅳ. 19세기 제주도 지도 속의 한라산

1. 위백규魏伯珪 『환영지寰瀛誌』의 「탐라도」

현존하는 독립된 제주지도들이 대부분 관에 의해 제주도 현지에서 제작한 상세한 지도인데 반해, 이 지도(사진7)는 민간에서 개인이 제작한 것으로 당시 육지부에 거주하는 지식인들의 제주

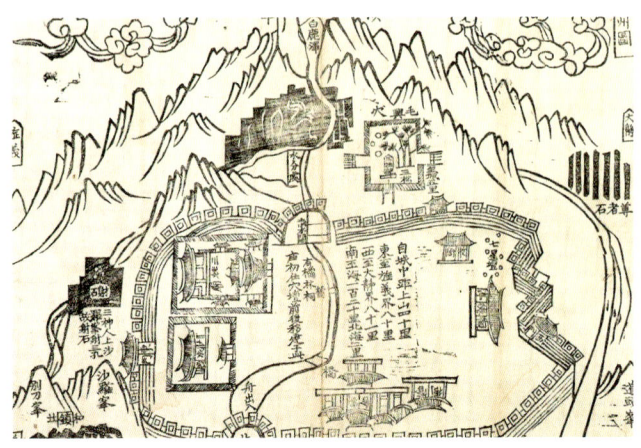

사진 6. 『제주도』, 토지박물관 소장

사진 7. 『환영지』에 수록된 「탐라도」, 국립중앙도서관 소장

인식을 엿볼 수 있다. 『환영지』는 18세기 호남의 삼대 실학자의 한 사람으로 불리는 존재存齋 위백규魏伯珪(1727~1798)의 대표적인 저서로, 조선 팔도 및 중국, 일본, 유구琉球의 지도와 지지地誌, 천문, 제도 등을 기록한 책이다. 위백규는 본래 1770년에 『환영지』를 간행했는데, 현존하는 목판본 『환영지』는 1822년에 종손 위영복魏榮馥이 편찬한 것이다. 필사본 『환영지』도 현존하는데, 필사본 『환영지』에 수록된 탐라지도는 매우 소략하다.

책에 실려있는 지도라서 수록된 내용은 다른 지도에 비해 적다. 이에 반해 한라산의 표현은 상대적으로 강렬한 느낌을 준다. 백록담과 주변의 지형, 서쪽과 동쪽으로 이어지는 곶자왈 지대의 우거진 숲은 『탐라지도병서』의 구도와 유사하다. 특히 백록담의 모습이 크게 그려졌으며, 동암과 서암의 모습도 부각되어 있다. 또한 영실의 기암절벽도 독특하게 표현되었는데, 지명은 '영곡靈谷'이라 표기되어 있다. 백록담 북쪽 사면에 있는 구상나무밭은 '향목香木'이라고 표기되어 있다. 하천은 쌍선으로 그려져 있는데, 성안을 통과하는 산지천이 백록담에서 발원하는 것으로 그려져 있는 것이 이채롭다. 『탐라지도병서』처럼 중산간 지대에 설치된 목마장이 각 소장의 표시와 함께 그려져 있다. 한라산 주변에 광범하게 분포되어 있는 오름은 일부만이 그려져 있고 명칭은 아예 표기되지 않았다. 그러나 전체적으로 보아 한라산에 대한 인식이 실재를 많이 반영하고 있음을 알 수 있다.

2. 김정호의 『대동여지도』 중의 제주지도

제주도가 단독으로 그려진 지도는 앞서 제작되었던 지도들을 모사하는 경향이 많은데, 1861년 김정호의 『대동여지도』와 같은 대축척 지도책에 수록된 제주 지도는 더욱 정제된 모습을 띠게 되었다(사진8). 특히 이 지도에서는 개별 제주지도에서는 보기 힘든 산지의 표현방식이 나타난다. 즉, 이전의 개별 제주지도에서는 기생화산인 오름들을 독립적으로 표현했는데 여기서는 전통적인 산줄기 인식체계에 따라 각 오름들도 연맥식의 형태로 표현하였다. 한라산의 산정부에 있는 암벽이 강하게 부각되어 표현되었고 그 가운데에는 백록담이 그려져 있다. 또한 산정에는 다른 지도에서는 보기 힘든 혈망봉穴望峰과 십성대十星坮가 표시되어 있다. 혈망봉은 백록담 분화구에서 남쪽에 있는 봉우리인데 가운데에 구멍이 있어서 붙여진 이름이라 한다. 십성대는 영실에 있는 칠성대七星臺의 오기로 보이는데, 필사본 『동여도』에도 십성대로 표기되어 있다. 그러나 『대동지지』에는 성안에 있는 칠성도七星圖를 칠성대로 기술하여 서로 차이가 있다.

한라산 서쪽 사면에는 삼수동滲水洞이 있는데, 이 또한 다른 지도에서는 보기 힘든 것이다. 이원진의 『탐라지』에는 한라산 서쪽에 있다고만 기록되어 있다. 오창명의 『제주도 오름과 마을 이름』에 의하면, 삼수동은 '숨물골'의 한자 차용표기로 보고 애월읍 한대오름 동쪽에 있는 '숭물팟'에 비정하였다. 또한 굴도 표시되어 있는데 한라산 동쪽 사면의 거은굴巨隱窟과 남쪽의 수행굴修行窟이 표시되어 있다. 거은굴은 정확히 어디인지 확실하지 않

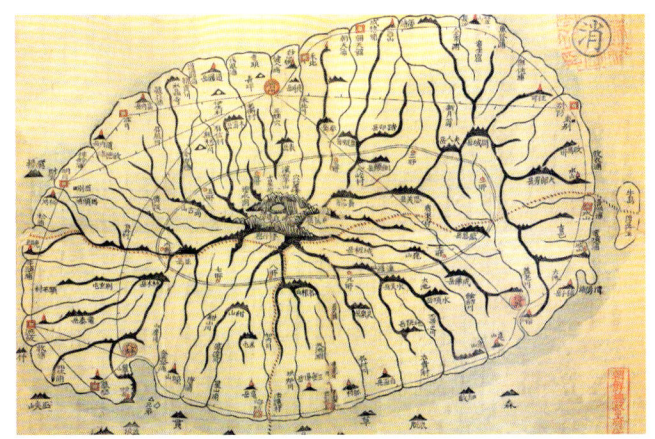

사진 8. 김정호의 『대동여지도』 중의 제주지도, 서울대학교 규장각 소장

사진 9. 『제주삼읍전도濟州三邑全圖』, 서울대학교 규장각 소장

만, 수행굴은 존자암 근처에 있던 굴로 스님들이 이곳에서 수행했다고 전해진다. 최근의 한라산 탐사에서 수행굴로 추정되는 굴이 발견되기도 했다.

한라산 정상부에서 사방의 오름들에 뻗어내린 맥이 육지부의 산줄기와 똑같이 연맥으로 표현되어 있는데 여기에 그려진 주요 오름들은 애월읍 유수암리에 있는 고고산(높고메오름), 안덕면 상창리의 병악(굴온오름), 한라산의 동쪽 등반코스에 위치한 성판악, 서귀포시에 있는 달라산(월라봉), 표선면 가시리에 있는 녹산과 감은악, 조천읍 대흘리에 있는 사미악(세미오름)과 도전악(꾀꼬리오름), 제주시 봉개동에 있는 장올악(장오리오름) 등이 대표적이다. 그 밖에 목마장이 10소장까지 표시되어 있고 하잣성도 그려져 있다.

3. 『제주삼읍전도濟州三邑全圖』

1872년에는 조선왕조에서 마지막으로 행해진 전국적 규모의 군현지도 제작사업이 추진되어 중앙으로 수합되게 된다. 『제주삼읍전도』는 이 때 작성된 지도첩에 수록된 지도이다(사진9). 한라산 지대에는 산정부에 백록담이 흰색으로 그려져 있고, 그 아래쪽으로는 오름들을 자세하게 그려 넣었다. 통상 다른 지도에서는 어승생악이 강조되어 표현되는데 이 지도에서는 다른 오름들과 비슷한 크기로 그려져 있다. 영실에는 오백장군의 모습을 독특하게 표현하였고 존자암도 표시해 넣었다.

두리어 아래쪽 과거 연대가 있었던 곳에는 고연대古烟坮라고 표시되어 있다. 신산악(신산오름, 돌오름) 위쪽에는 구향목전舊香木田이 표시되어 있다. 오창명의 『제주도 오름과 마을 이름』에서는 '구상남밧/구상낭밧'의 차자 표기로 보았다. 즉, 구舊는 '구'의 음가자 표기, 향香은 '향'의 제주도 방언 '상'의 음가자 표기, 목은 '나무'의 제주방언 '남·낭'의 훈독자 표기, 전은 '밭'의 제주방언 '밧'의 훈독자 표기로 본 것이다. 따라서 이곳은 구상나무가 우거진 지역이라 할 수 있다.

오름과 더불어 한라산 지대에 분포하는 용천수와 못들도 상세하게 표시되어 있다. 지금의 구좌읍 송당리의 황악(거친오름) 근처에는 마소은지馬小隱池, 한라산 서쪽 6소장 지역에는 거해지巨害池가 표시되어 있는데, 이들은 용천수가 아닌 고여있는 못으로 보이며 당시에는 말에게 물을 먹이던 곳이라 생각된다. 용천수에 해당하는 것으로는 지금의 구좌읍 덕천리에 있는 기악(체오름) 아래와 지금의 절물자연휴양림에 있는 사천(절물), 애월읍 유수암리에 있는 고구산(높고메) 아래의 가문악수(가문오름물), 그 서쪽 이생원 근처의 생수가 표시되어 있다.

4. 『제주군읍지』 중의 「제주지도」

1899년(광무3) 5월에 전국 읍지 편찬의 일환으로 작성된 『제주군읍지』에 수록된 제주도 지도이다(사진10). 중앙부의 한라산은 풍수지도인 산도山圖처럼 맥세를 강렬하게 표현하면서도 독립된 형태의 오름도 상세히 그려져 있다. 한라산의 중앙부에는 백록담을 별처럼 표현하였고, 분화구 상에 있는 동암과 서암도 그려 넣었다. 영실에는 오백장군 대신에 천불암이 그려져 있다. 한라산

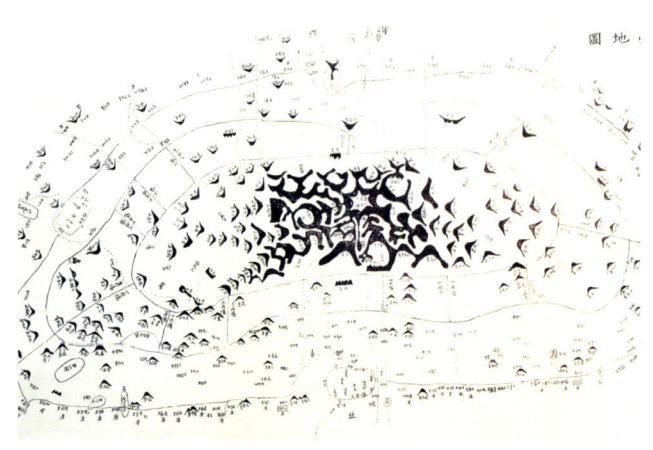

사진 10. 『제주군읍지』 중의 「제주지도」, 서울대학교 규장각 소장

사진 11. 『탐라십경도』의 「백록담」 그림, 개인소장

의 북사면에는 예전에 있었던 연대가 표시되어 있고, 그 아래의 의항(개미목)은 잘록하게 표현된 것이 이채롭다. 어승생악은 어승봉으로 표기되어 있는데 크게 부각되지는 않았다.

목장의 상잣성 위쪽으로도 촌락이 형성되어 있었음을 알 수 있는데 아홉 군데에 화전동火田洞이 표시되어 있다. 지도 뒤의 읍지 본문에 화전세를 수세하던 기록이 있어 산장이 있던 곳에 화전촌이 형성되어 이들을 상대로 별도의 세금을 거두었음을 알 수 있다. 10소장과 자목장 체제로 이어져 내려왔던 제주도의 마정은 1895년(고종32) 지나친 공마貢馬와 연이은 흉년으로 인해 공마제를 혁파하고 돈으로 바꾸어 상납하도록 하는 조치가 행해짐에 따라 국영목장으로의 기능을 상실하게 되었다. 지도에 표시된 화전동은 바로 이러한 사회적 상황을 반영하는 것으로 산마장에서부터 화전의 개척이 광범위하게 이뤄지고 있던 현실을 보여주고 있다.

V. 맺음말

이상에서 살펴본 바와 같이 한라산은 제주도의 고지도에 다양한 모습으로 표현되었다. 역사 속의 한라산의 모습은 지도뿐만 아니라 『탐라십경도』와 같은 그림에서도 볼 수 있다. 『탐라십경도』의 「백록담」 그림(사진11)에는 신선사상과 관련한 모습이 그려져 있는데, 역사적으로 한라산은 노인성을 볼 수 있는 대표적인 산으로 인식되어 왔다. 또한 풍수사상에 의해 한라산은 백두산에서 기맥이 이어진 것으로 인식되고 산의 형국을 해석하기도 하였는데, 『대동여지도』의 제주지도에서는 이러한 풍수적 인식을 읽어 볼 수 있다.

대부분의 지도에서 한라산의 상봉과 주변에 산재한 오름들이 유기적으로 인식되어 표현되고 있음을 볼 수 있다. 특히 한라산의 지형 중에서도 백록담과 영실 등은 비중있는 장소로 인식되어 『탐라십경도』와 같은 그림에서 형상화되어 있다. 곶자왈 지대에 형성된 숲이 중요한 식생 지대로 인식되어 표현되었는데, 오늘날 그 생태적 가치가 높이 평가되고 있다.

자연경관과 더불어 인문경관도 세밀하게 묘사되었는데, 그 대표적인 것이 중산간 지대에 광활하게 펼쳐져 있는 목마장을 들 수 있다. 고려말 원나라에 의해 처음 설치된 목마장은 조선시대에 체계를 갖추어 중산간 지대의 10소장과 산간지대의 산마장, 해안지역의 별목장, 우장으로 분화되었다. 이러한 목마장 경관은 제주도의 지도에 중요한 항목으로 상세하게 표현되었다. 일부 지도에서는 목장의 출입문, 말에 물을 먹이던 수처, 비를 피하던 피우가, 말을 몰아 점마하던 시설까지 그려지기도 했다. 목마장 이외의 인문 경관으로 존자암, 수행동과 같은 불교유적, 한라산 중턱의 연대와 같은 군사유적, 백록담에 있었던 기우단, 산천단 등의 제사유적이 표현되기도 했다.

참고문헌

김정호, 『대동지지』, 아세아문화사 영인본, 1976
김찬흡 외, 『역주 탐라지』, 도서출판 푸른역사, 2002
남도영, 『제주도목장사』, 한국마사회 마사박물관, 2001
민족문화추진회, 『국역신증동국여지승람』, 1970
오창명, 『제주도 오름과 마을 이름』, 제주대학교 출판부, 1998
이원조, 『탐라지초본』, 제주대학교탐라문화연구소 영인본
제주도교육위원회, 『탐라문헌집』, 1976

제주문화원, 『지영록』, 1997
제주문화원, 『옛사람들의 등한라산기』, 나라출판, 2000
제주민속자연사박물관, 1996, 『제주의 옛지도』, 1996
제주시, 『탐라순력도(영인본)』, 1994
『제주읍지』, 『제주대정정의읍지』, 아세아문화사 영인본, 1983
『증보탐라지』, 천리대 소장본

한라산과 신선사상

강문규 한라산생태문화연구소장

I. 영주산瀛州山과 삼신산三神山

한라산은 예로부터 금강산, 지리산과 더불어 삼신산의 하나인 영주산으로 일컬어져 왔다. 진시황秦始皇 때 동남동녀 5백명을 실은 대선단을 영주산으로 여겼던 한라산에 보내 불로초를 찾도록 한 전설이 전해온다. 이를 계기로 한라산은 외부세계와 떨어진 신비스러운 이상향으로, 신선들이 사는 불로不老·불사不死의 선경仙境으로 인식돼 왔다.

신선사상의 기원은 확실하지 않지만 전국시대에 주周와 연燕나라를 중심으로 크게 일어났고 전한시대前漢時代에 가장 왕성했다는 것이 일반적 인식이다. 이 같은 사상은 산동반도를 중심으로 발해만渤海灣에서 일찍 싹트기 시작했다. 그 배경에는 당시 이 일대에는 신기루가 자주 나타났고 이를 방사方士들이 보며 삼신산설三神山說을 만들어낸 것으로 전해지고 있다. 이들 방사들은 동해에 영주, 봉래, 방장의 삼신산이 있는데 그곳에는 신선들이 살고 있으며 불로초가 자생하고 선약을 먹고 섭생하기 때문에 불로장생할 수 있다고 여겼다.

이 신선사상은 나중에 도교道敎의 중심으로 자리 잡게 되는데 고려시대 이후 도교가 우리나라에 들어오면서 삼신산설과 함께 신선사상이 유입되었다. 특히 이능화李能和는 『조선도교사朝鮮道敎史』에서 여러 문헌기록을 들어 삼신산은 해동海東(한국)에 있다고 주장하고 있다. (홍순만, 「서복집단과 제주도」, 2002)

II. 신선사상과 제주도

예로부터 제주도는 삼신산의 하나인 영주로 통했고, 제주 섬의 중심에 우뚝 솟은 한라산을 영주산이라고 불러왔다. 이 같은 기록들은 옛 문헌에서 쉽게 찾아볼 수 있는데 『신증동국여지승람新增東國輿地勝覽』에는 제주군명읍명을 탐라(耽羅)·탁라乇羅·탐모라耽毛羅와 함께 동영주東瀛州로 기록하고 있다. 이어 한라산조漢拏山條에는 "한라산을 일명 원산圓山이라고 하였다." 는 기록이 있는데 이는 바다 한 가운데 떠있다고 전해 온 원교산圓嶠山을 뜻한다. 그 동쪽 동무소협東巫小峽에는 신선이 사는 곳이 있었고, 또 그 동북에는 영주산瀛州山이 있다. 따라서 탐라를 동영주라고 하였다." 고 기록하고 있다.

또 영주산瀛州山조에는 "옛 기록에는 정의旌義·김녕金寧·함덕咸德 등지에 많은 신선이 살았기 때문에 세상에 전해진 이름이며, 또 전해지기로는 이 산은 이른바 바다 위에 솟아있는 세 선산仙山 가운데 하나로 알려져 있다."고 하였다.

김석익은 『탐라기년耽羅紀年』에서 "사기史記에 영주는 발해 중에 있다고 하였다. 살피건데 동국세기東國世紀에는 금강산을 봉래라 하고 지리산을 방장이라 하고 한라산을 영주라고 하였다. 일본인은 후지산富士山을 영주라고 하는데 이는 믿을 수 없다."고 하였다.

또 이중환李重煥의 택리지擇里志에는 "제주의 한라산을 영주산이라고 하기도 한다. 산 위에는 큰 못이 있으며 매양 사람들이 시끄럽게 하면 불현듯 안개와 구름이 크게 일어난다. 제일 높은 꼭대기에 있는 모난 바위는 사람이 쪼아 만든 것 같다. 그 아래는 잔디가 지름길처럼 되어 있어 향긋한 바람이 산에 가득하다. 가끔 젓대와 퉁소소리가 들려오지만 어디서 나는지 알 수 없다. 전해오는 말에는 신선이 항상 노는 곳이라 한다."고 쓰고 있다.

III. 한라산의 이름에 깃든 신선사상

한라산의 이름은 은한銀漢(은하수)을 끌어당길拏 수 있는 높은 산이라는 의미다. 그러나 옛 사람들은 그 보다 더 깊은 뜻으로 한라산을 바라보았다. 단지 높은 산만이 아니라 천제와 땅을 잇는 공간으로서 신선들이 오르내리는 산으로 여기고 있다. 그 사실을 『정조실록正祖實錄』에서 찾아 볼 수 있다.(강문규, 2006)

정조 18년(1794) 4월 21일 기록을 보면 임금이 문곡성 등 제주 유생 12명을 불러 문답을 나눈 사실이 나타난다. 임금은 제주에 관한 광범위한 궁금증을 토로한 뒤 "운한雲漢을 잡을 것 같다 하여 진산鎭山의 이름을 한라산이라 붙였다 하니 이 산에 내려온 신선은 몇이나 되는가.(…) 방악方嶽(한라산 남쪽 봉우리)에는 신선이 내려와 놀기 때문에 언제나 향기가 은은하다고 말한다. (그곳의) 나무로 비파琵琶통을 만들면 신선의 악기소리가 난다는 것은 청허淸虛한 이들이 하는 말일 터인데(중략), 바다 가운데 삼신산은 과연 있는 것이냐.(하략)"고 묻는다. 실록에 나타난 정조임금의 질문내용을 보면 당시 임금이나 관리들에게 제주도와 한라산이 어떤 모습으로 인식되고 있었는지를 미루어 짐작하기 어렵지 않다. 불과 200여 년 전만 해도 제주는 신선들이 한라산을 타고 천상을 오르내리는 선계로 인식하고 있었던 것이다.

Ⅳ. 한라산과 불로초不老草

한라산을 이야기 할 때 가장 먼저 떠오르는 화소의 하나는 불로초에 관한 것이다. 여기에는 진시황의 사자 서복徐福·徐市선단이 불로초를 얻기 위해 영주산을 찾았다는 전설과 곁들여 지면서 한라산을 신선과 불로초가 함께 있는 선향仙鄕 또는 불사향不死鄕으로 말해 왔다.

『탐라성주유사耽羅星主遺事』에는 동국세기를 인용, "금강산을 봉래라 하고, 지리산을 방장이라하고, 한라산을 영주라고 하였다. 영주에는 영주산이 있었으니 이곳에는 선약이 많이 난다고 하여 진시황이 불로초를 구하기 위하여 동남동녀 5백을 보냈다는 서불과차徐市過此라는 전설이 전래되고 있다."고 전하고 있다.

그러면 진시황이 찾고자 했던 불로초는 어떤 약초였을까. 이에 관해서는 설說이 분분하다. 먼저 임제林悌가 남긴 『남명소승南溟小乘』기록을 소개한다.

임제는 제주에 내려온 뒤 섬을 일주하며 일기체의 기록을 남기게 되는데 출발 첫날 저물녘에 김녕포金寧浦에 도착하게 되었다. 그런데 학발鶴髮에 송형松形으로 나이가 백세에 이른 노인 예닐곱 명이 모여 담소를 나누고 있었다. 그 모습을 본 임제가 놀라 노인들에게 "이곳에 살면서 무슨 일을 하며 사시느냐"고 묻자 노인네는 "해가 뜨고 지는데 따라 나가서 일하고 들어와 쉬고는 하지요. 일을 벌이지 않고 욕심도 내지 않고 베옷 한 벌, 솜옷 한 벌로 여기서 삼십년, 혹은 사십년을 보낸답니다. 산은 멀고 물은 깊어서 고기나 산채도 잘 얻을 수가 없어 단지 모래나 자갈사이에서 불로초를 캐어 맛난 음식을 대신해 먹을 따름"이라고 답했다. 임제가 신기하게 여겨 종자從者에게 불로초가 어떤 물건이냐고 되물었다. 그러자 종자는 "그 줄기는 등나무처럼 넝쿨이 지는데 움이 처음 나올 때는 향기롭고 부드러워 먹을 만합니다. 이 섬 둘레 어디나 나지만 여기만큼 많이 생산되는 곳은 없습니다"라고 답했다. 이 글에서 제주섬 백성들은 불로초를 해안지대에 자라는 등나무와 같은 식물로 지목하고 있다.

임제의 불로초에 관한 또 다른 글도 흥미롭다. "지초는 땅에 붙어 넝쿨로 자라며 줄기에는 가는 털이 있다. 빛깔은 푸른 이끼靑苔와 같으며 그 뿌리는 마디에서 생겨나 큰 것은 비녀채만 하고 가는 것은 실과 같다. 맛은 달고 향기가 있으며 비록 영지靈芝는 아닐지라도 역시 지초 종류임에는 의심의 여지가 없다."고 하였다.

이원조李源祚의 『탐라지도병지耽羅地圖幷誌』에는 "한라산에는 영주실瀛州實이라는 신선과神仙果가 있으니 마치 노송의 열매 같기도 하다. 이 과실은 오장烏將과 비슷하나 맛이 꿀 같이 달다. 특히 눈이 내린 후에 먹으면 그 맛이 매우 절묘하다."고 했다. 이 밖에도 한라산 정상 부근에 자생하는 시로미를 불로초로 지칭하기도 한다.

한라산이 불로장생의 땅으로 알려진 데는 남극노인성에 관한 이야기도 한 몫 해 왔다. 충암沖庵 김정金淨의 『제주풍토록濟州風土錄』에는 "한라산 정상에 올라 남극노인성을 굽어보고(노인성의 크기는 샛별만 하고, 남극의 중심에 있으니 지상에 나오지 않으므로 만약 이 별을 보게 되면 장수한다는 상서로운 별이다. 다만 한라산과 중국의 남악南嶽에서만 이 별을 볼 수 있다.)"라고 기록하고 있다.

또 이원조는 『탐라지도병지』에서 "춘분 추분날 남극노인성을 볼 수 있으므로 해서 장수하는 사람이 많다. 남극노인성은 수성壽星을 뜻하는데 각항角亢에 해당하는 별자리로 『사기史記』에는 이를 노인성이라 부르고 이 별이 보이면 천하가 태평해진다"고 하였다.

V. 신선사상이 굽이쳐 흐르는 한천

1. 한천의 인문 · 자연 환경

신선사상이 깃들어 있는 지명은 한라산만이 아니라 제주섬 곳곳에 남아 있다. 한라산 정상을 지칭하는 혈망봉穴望峰을 비롯하여 방암方岩 · 백록담白鹿潭 · 은선동隱仙洞 · 용진동龍鎭洞 · 동무소협東巫小峽 · 봉래천蓬萊泉 · 영실靈室 · 천불암千佛庵 · 영구瀛丘 · 방선문訪仙門 · 환선대喚仙臺 · 우선대遇仙臺 · 영천靈泉 · 영남瀛南 · 천제연天帝淵 · 천지연天地淵 · 용연龍淵 · 선유담仙遊潭 · 무수천無愁川 · 도원桃園 · 칠성동七星洞 · 공신정供辰亭 · 의두정倚斗亭 등 무수히 많다.(홍순만,「서복집단과 제주도」, 2003)

그 중에서도 한천은 신선사상이 발원지에서부터 하류에 이르기까지 깔려있는 대표적인 곳이다. 한천은 길이 16km(註: 상류의 계곡은 제외)의 하천으로 산북 최대의 하천이다. 한천은 '큰 내'를 뜻하는 이름으로 「탐라지」와 「탐라지도병지」에도 모두 대천大川으로 표기되고 있다.(제주특별자치도, 한라산생태문화연구소,「한라산의 하천」, 2006).

제주도의 하천들은 대부분 한라산에서 발원하여 방사상으로 뻗어나가며 지반은 투수성이 큰 조면암질로 이루어져 평소에는 건천을 이룬다. 한천은 백록담을 이루고 있는 북쪽 절벽에서부터 발원한 뒤 탐라계곡-오등동의 방선문訪仙門 계곡, 오라동을 거쳐 하류인 용담동龍潭洞의 용연龍淵을 통해 바다로 이어진다.

한천의 발원지인 탐라계곡 일대에는 용진각, 왕관바위, 삼각봉이 절경을 형성하고 있다. 또한 동서로 깊은 'V'자 골짜기를 이루며 수직절벽으로 형성된 3단폭포, 이끼폭포, 선녀폭포, 비단폭포 등을 거느리고 있어 한라산 최고의 경승을 간직하고 있다.

한천은 발원지인 한라산 백록담에서부터 중류지대, 하류에 이르기까지 신선설과 관련된 지명과 이야기들이 켜켜이 쌓여 있다. 이는 한천을 단순한 계곡과 하천으로 보지 않고 신선처럼 불로장생의 꿈을 이루고자 했던 선인들의 열망을 보여주는 숱한 흔적들이다.

2. 백록담白鹿潭과 은선동隱仙洞

한천의 원류와 맞닿아 있는 백록담은 하얀 사슴을 탄 신선이 노닌다는 전설이 깃들어 있는 천상天上의 연못이다. 또한 이곳은 인간들이 범접할 수 없는 선경으로 못 남쪽에는 사람이 쪼아 만든 것 같은 방암方岩이 지금도 남아 있다. 방암은 신선들이 앉아 쉬는 곳이라고 알려져 있다. 백록담가에는 신선들이 부는 피리 소리가 들려왔고, 향그러운 만향이 가득하다고 여겼다. 신선들이 노니는 모습이 풍경처럼 그려진다. 또 백록담을 중심으로 영주산, 원교산, 혈망봉, 은선동, 선녀폭포, 석굴암 등이 이 일대에 집중돼 있어 한층 신비로운 분위기를 자아내고 있다.

은선동隱仙洞은 백록담과 맞닿은 암벽에서 뚝 떨어져 내린 북쪽의 탐라계곡 일대를 말한다. 그곳은 동쪽으로 왕관릉王冠陵, 서쪽으로 개미목, 북서쪽으로 용진각과 삼각봉三角峰이 계곡을 감싸 안고 있으며 샘이 사철 용출하고 있어 그야말로 선경을 방불케 한다. 사람들은 이곳에 신선들이 모습을 감춘 채 때때로 하얀 사슴들에게 물을 먹일 때만 백록담에 나타난다고 상상해 왔다. 탐라계곡에는 연대미상의 마애각인 「은선동隱仙洞」이 관음사 등산로 입구에서 약 3.2km 떨어진 한천 상류 동쪽에 남아 있다.(백종진,「조선후기 제주지역 마애석각 연구」, 2013)

한천에는 선계를 들여다보거나 신선을 만나고 싶은 인간들의 간절한 꿈과 욕망의 자취가 남아 있다. 그 중에서도 한천 중류에 위치한 오등동의 '들럼괴'는 인간들이 선경에 들어가 신선을 만나 신선이 되고자 했던 열망을 구체적으로 드러내는 무대이다. '들럼괴'는 방선문, 등영구登瀛丘라고도 부른다. '들럼괴'는 암벽 가운데가 뚫어 있어 마치 하늘로 들어진 것처럼 보인다고 해서 붙여진 이름이다. 이익태목사는 『지영록知瀛錄』에서 방선문을 거암곡巨巖谷으로 칭하면서 속명인 '들럼괴'를 병기하고 있다.(백종진,「조선후기 제주지역 마애석각 연구」, 2013). 등영구는 선계로 올라가는 언덕이라는 뜻이다.

방선문은 주변이 암벽으로 이루어져 있으며 봄에는 참꽃이 흐드러지게 피어나 조선시대에는 관리들이 선비 · 기생들과 더불어 화유회花遊會를 즐겨 했던 곳이다. 이들은 화유회를 열어 취흥이 무르익으면 서로 시문을 뽐내며 봄날을 즐겼고, 간혹 유배인들도 한라산을 오르던 중에 이곳을 들러 일필휘지一筆揮之를 사양치 않았다. 현행복(2004)에 따르면 방선문에는 제명題銘 243개, 제영題詠 10개와 더불어 방선문, 등영구, 환선대喚仙臺, 우선대遇仙臺 등의 4개 제액을 소개하고 있다. 그 중에서도 4개 제액은 방선문의 의미를 한 올씩 아름답게 풀어내는 상징적 마애각이다.

1) 신선을 찾아가는 관문, 방선문

'들럼괴' 앞에 서면 '방선문'이라는 제액이 천장에 현판처럼 크게 새겨져 있다. 이 곳의 문화적 풍경을 한꺼번에 아우르며 돋보이게 하는 화룡점정畵龍點睛과 같은 절묘한 제액이다. 최익현은 유배가 풀리자마자 한라산을 올랐는데 그의 유명한 「유한라산기遊漢拏山記」에는 "다른 마애각은 옛 사람이 새겼고, 방선문과 등영구 여섯자는 새겼다夾刻訪仙門及登瀛丘六字 亦有前人題品"라는 내용이 보인다. 또한 마애각 오른편에는 '崔益鉉·李基瑢 來'라는 제명이 있어 '방선문'이라는 제액을 최익현이 새겼다고 여겨 왔다. 그러나 최근에 『윤득규(1785.5~1786.4)목사 일행의 제명이 있고, 방선문의 환선대와 등영구 제액을 비롯하여 용연 선유담 제액의 새긴 용례로 볼 때 윤득규 목사가 새긴 것』이라는 새로운 주장도 나오고 있다. (백종진, 「조선후기 제주지역 마애석각 연구」 2013)

방선문은 글자 의미 그대로 '신선을 찾아가는 관문'이라는 뜻이다. 그곳은 신선들이 사는 선경이 펼쳐지고 불로초가 자라고 백록이 뛰어다니는 선계다. 누구든 그곳에 들어가면 신선이 될 수도 있다고 믿으며 꿈꾸어 왔던 곳이다. 신선이 되지 못한들 어떠랴, 잠깐 만이라도 엿볼 수만 있어도 되는 것을. 그런 두근거림과 호기심으로 인간은 문을 들어선다.

2) 신선을 찾아 부르는 곳, 환선대

문을 들어서면 바로 가까운 남쪽에 '환선대'라는 제액이 있다. 방선문의 남측 왼쪽으로 돌아 절벽 쪽으로 빠져나오면 초서체로 새겨져 있는데 제주목사를 지낸 김영수의 서체다. 환선대는 선계로 들어선 인간이 신선을 찾아 문을 들어선 뒤 누대에 올라 "주인장 계십니까" 부르듯 신선을 찾는 곳이라는 의미다. 환선대 바위 좌측에는 이원조李源祚목사의 제명이 보인다. 그는 현재 제주의 대표적 경승으로 꼽히는 영주십경을 그의 저술 탐라록에 '영주십경제화병'으로 품제한 장본인으로 방선문의 아름다움을 읊은 영구상화를 비롯하여 정방관폭, 굴림상과, 녹담설경, 성산출일, 사봉낙조, 고수목마, 산포조어, 산방굴사, 영실기암 등으로 그려 넣고 있다. 현재 불려지고 있는 영주십경과는 명칭과 순서가 다소 차이가 있지만 경승 자체는 모두 수록돼 있다.

3) 신선을 찾아 만나는 우선대遇仙臺

방선문 남단 동쪽편 좌측 계곡을 따라 50여m 올라가면 거대한 바위군락이 나타난다. 계곡 가장자리 널따란 바위가 마치 누대와 같이 붙여진 곳이 '우선대'다. 우선대는 방선문과 비교적 멀리 떨어져 있어 이 대를 찾고자 했던 이들이 종종 허탕을 치는 경우가 많다. 또한 석대에는 우선대라는 글씨만 희미하게 남아 있어 그 제액의 주인공이 누군지도 알 수가 없다. 우선대를 새긴 이는 왜 가까운 암벽과 바위를 놔두고 멀리 떨어진 곳에 우선대 제액을 새겼을까. 필자도 이 마애각을 찾으려고 갔다가 허탕을 친 경험이 있다. 그 뒤 향토사학자인 고 홍순만선생과 함께 이 제액을 찾으며 무엇 때문에 먼 곳에, 그것도 쉽게 눈에 띄지 않는 암벽에 새겼을까 의문을 품은 적이 있다. 결론은 마애각 자가 신선과 인간의 심리를 제대로 담아내고자 했기 때문이라는 결론에 도달했다.

방선문에 들어와 신선을 부르자 금방 나타난다면 그것은 신비스럽지 못하다. 적어도 한참을 애타게 찾는 모습이 있어야 한다. 그래서 신선을 찾지 못해 울머이며 돌아서려 할 때 신선이 나타나야 극적인 만남과 기쁨을 만끽할 수 있다. 더구나 누대 주변은 계곡 상층부를 덮은 수목들로 인해 빛과 어둠이 교차되어 신비감을 더한다. 우선대 제액을 남긴 이는 제액명과 누대의 위치와 거리, 주변 분위기까지 감안해 새김으로써 극적인 효과를 거두고 있다.

4) 신선계로 접어든 등영구와 용연

방선문은 선경으로 들어서는 관문으로서 속세와 탈속의 경계라고 할 수 있다. 신선이 사는 세계로 들어서는 통로로서의 상징성을 갖고 있다. 또한 방선문, 환선대, 우선대 그리고 등영구의 제액은 신선을 찾고, 부르며 만나서 함께 선계로 들어가는 모습을 그림처럼 보여주고 있다. 그러면 선계를 들어가 신선을 만난 인간은 어디로 갔을까.

백록담 북벽에서 발원한 한천은 탐라계곡의 은선동과 중류지대인 오등동의 방선문을 지나 용연에 이른 뒤 바다로 이어진다. 용연은 제주시 도심 속에 자리 잡고 있는데, 취병담翠屛潭, 선유담仙遊潭, 용담龍潭, 용소龍沼, 용추龍湫 등 여러 이름을 갖고 있다. 이들 이름 중에서도 선유담과 취병담은 신선들이 노니는 비취빛

연못이라는 뜻이 깃들어 있다.

용연에는 용궁의 사자들이 백록담으로 통하는 길이었다는 전설이 있다. 한천이 한라산 정상인 백록담 북벽에서 발원해 이곳까지 이어지고 있으니 전설이기에 앞서 현실감이 더하다. 그 통로를 따라 신선들이 때때로 이곳에 내려와 놀다 갔을지도 모른다. 조선시대 제주의 선비들도 이곳에 배를 띄워 달빛과 술, 시를 벗 삼아 선상유희를 즐겼는데 이 또한 신선처럼 살고자 했던 풍류의 자취라고 할 수 있다.

신선을 만나도 백록담과 은선동을 찾아갈 수는 없다. 그곳은 그야말로 속세의 인간을 받아들일 수 없는 선계이다. 그래서 방선문에서 신선을 만난 인간들은 취병담에서 신선들과 노니는 꿈을 이렇게 풀어놓고 있다.

Ⅵ. 시로 갈구渴求했던 신선의 꿈

한라산은 태고 이래 이 땅을 살다간 사람들에게 영원한 상상력의 공간이며, 꿈을 펼쳐놓는 지평이다. 한라산은 영주산, 원교산 등으로도 불려왔다. 한라산의 이름에는 우주의 천문을 이 땅에 끌어당겨 하늘과 땅, 그리고 인간이 하나가 되고자 했던 욕망이 깃들어 있다. 영주라는 이름에도 신선이 되어 불로장생하고자 했던 인간들의 간절한 꿈이 묻어난다.

불로장생하고자 하는 욕구는 신분의 높고 낮음의 문제가 아니었다. 한라산을 곁에 두었거나 수천리 떨어져 있어도 마음 한구석에는 늘 한라산을 품고 살았다. 여기에는 제주에 왔던 관리와 유배인들은 물론 수천리 멀리 떨어진 구중궁궐에 머물렀던 임금도 예외는 아니었다.

한라산의 풍부하고 다양한 신선사상은 이처럼 시대를 달리하며 살다간 이들의 지속적인 관심과 의지가 빚어낸 산물이다. 이러한 자취는 왕조시대의 관리나 유배를 왔던 유형인, 선비들의 글 속에 너무나 많이 남아 있다.

그러나 한정된 지면에 일일이 소개할 수는 없다. 그래서 한라산의 시선사상을 가장 앞서 노래하며 이를 기록으로 남긴 최부崔溥(1454~1504)와 백호 임제의 시문 몇 가지를 소개하기로 한다. 한라산과 신선에 관한 첫 기록이 조선시대부터 나타나는 것은 제주목 관아의 대화재로 문헌들이 소실되어 앞선 시대의 문적文蹟을 찾아볼 수 없기 때문이다.

> 나는 백, 천가지 선약이 이 땅에 있는 것을 알았네./ 그 안에는 분명 불로장생할 약도 있으리라. / 큰 솥에 비방대로 넣어 아홉 번 고은 약을 먹고 나면/ 나는 틀림없이 신선이 되어 대낮에 하늘 높이 날 수 있으리라. / 내가 이 땅에 와서 신선이 사는 선경을 우러러 볼 수 있었는데/ 천태의 유원약도 캐낼 수 있겠지. / 마고할미에게 선술仙術을 배우면 해상海촌: 일본도 굽어볼 수 있겠지. / 그러면 이 몸도 장차 신선이 되어 선계에서 살 수 있을까. (최부의 「탐라시耽羅詩」중에서)

최부는 조선 초기 학자로『동국통감東國通鑑』,『동국어지승람東國輿地勝覽』편찬에 참여했던 학자이자 문인이다. 1487년 제주도에 추쇄경차관推刷敬差官으로 왔다가 부친상을 당해 고향으로 떠나던 중 풍랑을 만나 중국에 표착, 여러차례 죽을 고비를 넘긴 끝에 반년 만에 고국으로 돌아온 뒤 표류기를 남겼다. 이처럼 당대 최고 수준의 학자이자 문인이었던 최부도 한라산을 불로장생할 수 있는 약초와 선약이 가득한 섬으로 묘사하고 있다. 또한 선약을 여러 비방秘方에 의해 처방해 먹으면 자신도 신선이 될 수 있을 것이라는 꿈을 시로 표현하고 있다.

1578(선조 11) 제주 목사로 있던 부친을 만나러 제주에 온 백호 임제는 제주에서 보고 들은 것을 수십편의 시문으로 남겼다. 훗날 많은 문장가들은 백호의 한라산과 제주도에 관한 이야기를 대부분 그대로 옮기게 된다. 그 만큼 백호는 신선사상을 시문으로 후대에까지 널리 알린 대표적인 문장가였다.

백호는 제주의 여러 사적과 주변 경승을 돌아보면서도 눈길은 늘 한라산을 향해 있었다. 그리고 하루속히 눈이 녹아 한라산 오르기를 고대하였다.

> 선랑仙郎이 흰 사슴 타고/ 높은 대를 올라 휘파람 분다. / 머리 돌려 우주를 둘러보니/ 영웅은 과연 어디에 있느뇨. / 자부紫府에 앉아 계시는 진관眞官님네들/ 나더러 재주 많다 어여삐 여겨 / 어린 옥녀를 아래로 내려보내/ 유

하주流霞酒(신선이 마신다는 좋은 술) 잔에 따라 권하는구나. / 유하주 마시자 골격이 바뀌었는지 / 문득 봉래산을 향해 날고 싶구나. / 학 타고 가기는 멀지 않으리 / 운거雲車는 어느날 돌아오려나. / 동방의 땅덩어리를 내려다 보니 / 아득히 먼지만 자욱하여라. (홍기표 역)

백록을 타고 한라산 높은 곳에 올라 신선이 마시는 술을 옥녀와 더불어 나눠 마시며 문득 신선이 되어 봉래산으로 떠나고 싶은 충동을 노래하고 있다. 한라산을 찾고 싶은 마음은 사랑의 열병처럼 깊어가는데 아직도 한라산에는 눈이 천길이나 쌓여 있어 선계를 찾아가는 일은 봄이 되어야 한다니 어찌 답답하지 않을 것인가. 그래서 사선요思仙謠를 지으며 마음을 달랜다.

꿈 속에 황학黃鶴을 타고 영주를 찾아가니 / 그곳의 신선님네 나를 보고 맞이한다 / 성관이라 하패霞佩(신선의 의관)에 구름 수 놓은듯 / 신선이 내게 준 금단金丹 알알이 좁쌀모양 / 경루瓊樓(신선이 사는 옥루)에서 뒷날 다시 놀기로 기약해 두었거니 / 벽도화碧桃花 피고 지고 천년 만년 세월동안. (홍기표 역)

봄비에 눈이 녹아내리며 한라산 등반에 나서 마침내 정상에 올라선 백호는 빠른 글 솜씨로 풍경을 스케치 한다. "석봉이 빙 둘러싸서 둘레가 7~8리가량 되었다. 바위에 기대어 아래를 내려다 보니 물을 유리처럼 맑아 깊이를 측정할 수 없었다. 못 주위로는 흰 모래에 향기로운 덩굴이 뻗어 한 점의 티끌도 없었다. 인간세계와는 3천리나 떨어져 있으니 난새의 퉁소소리가 들리는듯하고 신선의 수레도 보이는 듯하다."고 감회를 풀어놓고 있다.

Ⅶ. 나가며; 치밀하게 직조한 위대한 문화유산

한라산의 드넓은 공간을 무대로 수를 놓듯 펼쳐놓은 신선사상은 아름다운 그림으로, 감동적인 스토리로 아직도 풍성하고 다양하게 남아 있다. 이는 몇몇 문인에 의해, 또는 어느 특정한 시기에 완성된 것은 아니다. 적어도 도교와 더불어 신선사상이 제주 섬에 들어온 뒤 1천여 년에 걸쳐 이 땅을 살아간 숱한 이들이 시대마다 한 땀, 한 땀 수를 놓듯 치밀하고 아름답게 직조織造한 위대한 무형문화유산이다.

특히 한천을 중심으로 원류에서 중류, 하류로 이어지는 공간을 저마다 다른 무대와 이야기로 구성해 놓은 것은 어디에서도 찾아볼 수 없는, 신선사상의 완결품이라 해도 무방할 것이다.

제주인들은 바다 속에 이어도라는 이상향을 간직해 왔다. 그러면서도 한라산 속에 또 하나의 이어도를 심상心想으로 풍성하게 일구어 놓고 있다. 이는 유네스코에 등재된 '화산섬, 제주'라는 세계자연유산에 걸 맞는 인문유산으로서 장차 유네스코의 문화유산으로 등재를 검토해 볼 만한 가치가 있다.

참고문헌

홍순만, 『서복집단과 제주도』, 제주문화원, 2002
이능화, 『조선도교사』, 동국대학교 한국학연구소, 1977
제주도, 한라산생태문화연구소, 『한라산의 하천』, 2006
제주도, 한라산생태문화연구소, 『화산섬, 세계자연유신을 빛낸 선각자들』, 2009
강문규, 『한라산학술대탐사 3 한천』, 한라일보사, 2003
──, 한라산에서 불로장생을 꿈꾼 사람들, 『제주를 빛낸 선각자들』, 제주도·한라생태문화연구소, 2009
──, 『한라산 이야기』, 한라산총서 7, 도서출판 각, 2006
──, 『제주문화의 수수께끼』, 도서출판 각, 2006
이원진 저, 김상조 역 『탐라지』, 제주대학교 탐라문화연구소, 1992

오상학, 「지도와 지지로 보는 한라산」, 『한라산의 인문지리』, 제주도·한라산생태문화연구소, 2006
현행복, 『제주문화의 원류찾기 4. 방선문』, 각출판사, 2004
백종진, 『조선후기 제주지역 마애석각 연구』, 2013
이익태 저, 김익수 역 『지영록, 제주문화원』, 2010
조선왕조실록 중 『탐라록』 제주문화방송, 1986
노재현·심상섭, 「제주방선문의 선경적 이미지와 명승적 가치」, 『국가지정문화재 지정 자료 보고서 제주 방선문』, 제주특별자치도·제주시, 2012
양중해, 『옛 사람들의 등한라산기』, 제주문화원, 200년

문학작품 속에 표현된 한라산
– 한라산 유기를 중심으로 –

김새미오 제주대학교 국문학과 강사

1. 들어가며

한라산. 제주도에서 제주도를 그대로 치환될 수 있는 몇 안 되는 존재이다. 그만큼 한라산은 제주도를 상징하고 대표한다. 조선시대 한라산은 많은 사람들이 쉽게 오르지 못했던 공간이다. 조선후기, 산수를 유람하며 지은 글들이 많아지는 경향이 보이지만, 유독 한라산만은 그렇지 않다. 지역적인 고립성이 가장 큰 이유이다. 그렇다고 제주문인들이 직접 지은 작품 역시 많지 않다. 본토와는 확연히 다른 교육·문화적 차이 때문이었다. 본토 사람들에게 한라산은 지역적 고립성에 삼신산三神山이라는 이미지와 겹치면서 신선이 사는 곳으로 인식하게 되었다. 그 당시 한라산을 이해할 수 있는 정보가 그만큼 적었기 때문이다.

조선시대 한라산은 삼신산 중의 하나로 신화적 장소·화소가 매우 많았다. 백록담, 영실, 노인성, 신기루 등이 모두 그런 흥취를 돋우는 요소였다. 다음은 『임하필기林下筆記』 중 한라산을 설명한 부분이다.

> 한라산은 제주 남쪽 20리에 있는데 이 산에서 하늘의 은하수를 잡아서 끌어당길 수 있을 만큼 높다고 해서 이와 같은 이름이 붙은 것이다. 그리고 봉우리의 꼭대기가 모두 둥글고 평평한데 여기에 마치 가마솥처럼 생긴 못이 있으므로 이를 또 이름하여 부산釜山이라 하기도 하고, 세속에서 가마솥을 두무頭無라고 하기 때문에 또 이름을 두무산頭無山이라 하기도 한다. 높이 하늘에 치솟아 있으며 수백 리에 달하는 넓은 지역을 차지하고 있다. 산꼭대기에 있는 못은 그 지름이 수백 보步나 되는 것으로 이를 일러 백록담白鹿潭이라고 하는데 흰 사슴이 무리를 지어 이곳에 와서 논다고 한다. 대정현大靜縣을 거쳐 외줄기 조도鳥道를 따라서 그 절정에 오르면 남극南極의 노인성老人星을 볼 수 있다고 한다. 세상에서는 이 산을 삼신산三神山의 하나라고 하는데 곧 영주산瀛洲山이 그것이다.[1]

『임하필기』는 조선후기의 문인인 이유원(1814~1888)이 지은 필기이다. 이유원은 한라산에 대해 '은하수를 당길 수 있는' 높이와 함께, 백록담·노인성 등을 거론하며 삼신산의 하나임을 강조하였다. 이유원이 가졌던 이런 신비감은 조선시대 대부분의 사람들이 가지고 있는 인식이었다. 이들의 인식에는 바다로 인한 공간적 단절과 한라산이라는 명성에서 비롯한다. 한편으로는 제주도나 한라산을 직접 경험해 보지 못했기에 동경하는 심리도 있었다.

그렇다면 이런 인식이 조선을 꿰뚫고 현재까지 이르고 있는 것일까? 당연히 그렇지 않다. 공간이란 고정된 곳이 아니라, 행동주체의 행태나 인식에 따라 생성되는 유기적으로 살아 움직이는 것이기 때문이다. 한라산이라는 공간 역시 그렇다.

본고는 이런 문제의식을 바탕으로 문학작품에 나타난 한라산의 여러 층위의 의미를 살펴보고자 한다. 문학작품의 범위는 일단 한라산을 직접 오르고 쓴 등반기·산수유기를 중심으로 하고, 부차적으로 시 작품을 살펴보도록 하겠다. 산문을 중심으로 하는 이유는 등반과정이나 인식이 시보다는 보다 구체적으로 표현할 수 있기 때문이다.

산수유기에 관한 연구는 많이 진행되었는데, 한라산 유산기를 중심으로 한 것은 윤미란의 연구가 유일하다.[2] 이 논문은 지금까지 있었던 한라산 유기를 종합적으로 정리하면서, 각 유기의 관점 차이를 중심으로 논술한 후, 한라산의 구비전승과 유적에 대해 서술하며 마무리 했다. 이 연구는 한라산유기를 학계에 소개했고, 각 작품의 특징에 맞게 논술했다는 점에서 매우 큰 성과이다. 하지만 한 작품에도 여러 양상이 확인되는 바, 한 작품을 하나의 특징으로만 정리하기에는 다소 무리가 있고, 이에 다른 작품과의 동이 관계 등은 살필 여유가 없었다.

이에 본고에서는 먼저 자료를 재정리하고, 주제별로 통합정리 하면서 옛 사람들의 인식의 층위를 확인하도록 하겠다. 이런 과정에서 한라산 유기에 표현된 주제의식과 작가별·시대적 차이점을 살필 수 있을 것으로 기대한다. 또한 한라산이 곧 제주도라고 인식되고 있기에 제주도를 보는 여러 관점으로 확장할 수 있는 요소들도 함께 고민해보도록 하겠다.

2. 한라산유기와 그 성격

한라산은 예로부터 금강산, 지리산과 함께 삼신산 중 하나로 그 명성이 높았다. 조선 후기 산수유기가 본격적으로 창작되면서 전국 유명한 산에 관련한 문학적 성과가 축적되기 시작한다. 지금 현재 금강산을 오르고 쓴 유기는 240여편, 지리산 유기는 90여편에 이른다. 이 밖에 묘향산을 유람한 기록도 제법 많고, 경상도 청량산을 유람하여 쓴 글도 50여편이나 확인된다.

한라산인 경우 지리적인 고립으로 그 편수가 많지는 않다. 그러기에 더욱 소중한 것이다. 이런 생각아래 먼저 정리를 시도한 곳은 제주문화원이었다. 이후 몇몇 연구자들이 추가적으로 소개하였다. 이를 정리하면 오른쪽 표와 같다. 이들 작품 중 대부분은 기존 연구자들이 소개를 했다. 추가적인 설명이 필요한 작품을 소개하면 다음과 같다.

먼저 김성구金聲久(1641~1701)의 작품이다. 그의 관직생활에 대해서는 간략하게 소개된 바 있지만,[3] 그의 한라산 유산기를 다룬 연구는 없다. 김성구는 본관이 의성義城, 자는 덕휴德休, 호는 팔오헌八吾軒 또는 해촌海村이며, 남인계열의 인물이었다. 1679년(숙종 5) 장령掌令 재직시 남인이 청남淸南과 탁남濁南으로 나누어지면서 논핵論劾되어 제주도 정의현旌義縣로 쫓겨났다. 김성구는 이때 한라산에 치제를 지내기 위해 한라산에 오른 바 있다. 이때의 기록으로『남천록南遷錄』이 전하고 있다.[4] 그의『남천록』은 한라산유람을 일기형식으로 기록한 것으로 백호 임제의『남명소승』·김상헌의『남사록』등을 인용하였다.

해은 김희정의 유산기는 제주도 인물의 등반기라는 점에서 큰

《『옛사람들의 등한라산기』(제주문화원,2000)》

번호	등반시기	작가	출전
1	1579	林悌	南溟小乘
2	1601	金尙憲	南槎錄
3	1609	金緻	耽羅誌
4	1702	李衡祥	南宦博物
5	1841	李源祚	耽羅錄
6	1875	崔益鉉	勉庵集
7	1901	지그프리트 켄테	켄테여행기
8	1937	이은상	탐라기행 한라산

〈연구자들이 소개한 한라산유기〉

번호	등반시기	작가	출전
1	1676	金聲久	八吾軒集
2	1679	李增	南槎日錄
3	1732	趙觀彬	晦軒集
4	1823	尹濟弘	鶴山九九翁帖
5	1895	金羲正	海隱先生文集

의미를 갖는다. 제주도 사람 중에서 해은보다 먼저 올랐던 사람은 분명 있지만, 제주도 사람으로 한라산등반기를 남긴 경우는 해은이 최초라고 할 수 있다. 김희정金羲正((鼎): 1844~1916)은 본관이 김해이고, 자字는 우경佑卿, 호는 해은海隱, 포규蒲葵이다. 제주도 조천읍 조천리 출신 인물로, 시에는 일가견이 있었던 인물이었다. 해은의 한라산등반기는 제주동양문화연구소 백규상연구원이『제주발전포럼』에 처음 소개하였다. 출전은『해은선생문집海隱先生文集』이라고 하는데, 필자가 직접 원본을 확인하지는 못했다. 해은은 그의 나이 52세였던 1895년에 성판악으로 올랐는데, 이 코스를 이용하여 오른 최초의 기록이다.

윤제홍(1765~1840)의 유산기는 유산기보다는 그림에서 주목을 받았다. 그의 생애는 지금까지 자세히 밝혀진 바가 없다. 윤제홍은 1823년경 한라산을 올라 그때의 감동을 그림과 기록으로 남겼다.

윤제홍의 이 작품은 한라산 백록담 그림과 유산기가 한 화면에 담겨있다. 유산기는 마치 글로 산을 만들며 유람하듯 오른쪽 위에서 시작해서 왼쪽으로 돌아 다시 오른쪽 밑으로 글을 마무리 하고 있다. 노인성 부분은 별도의 단락으로 하여 간략하게 기술하였다.

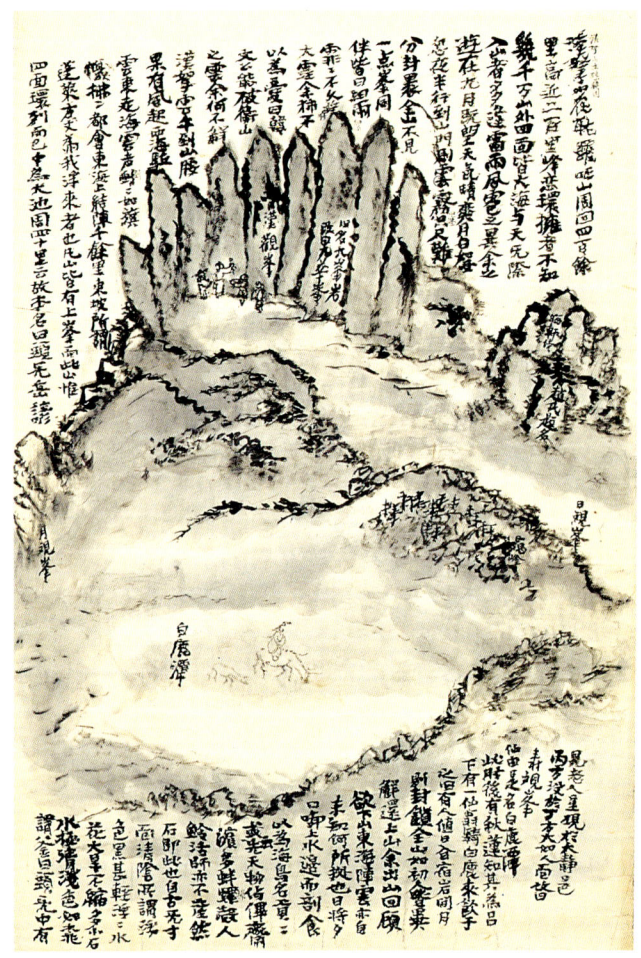
윤제홍의 백록담과 유한라산기

그림을 꼼꼼히 살펴보면, 일관봉日觀峰, 월관봉月觀峰, 한관봉漢觀峰, 구봉암九峰岩, 구화봉九華峰의 명칭이 있는데, 이는 다른 작품에서는 확인할 수 없는 지명이다. 또 그림 오른편, 일관봉 위 쪽에는 조씨제명趙氏題名이라고 되어 있는데, 조관빈趙觀彬이나 조정철趙貞喆의 이름을 새긴 바위를 말한다.

이은상李殷相(1903~0983)은 1937년 조선일보사가 주최한 국토순례행사로 제주도를 일주했고, 이때 한라산을 올라 「한라산등반기」를 적는다. 이은상은 한라산 뿐만 아니라 묘향산, 지리산, 설악산에도 올라 등반기를 남겼다. 이은상은 주로 일제시대에 나라를 빼앗긴 민중들의 마음을 질절하게 표현하였다. 특히 이 당시 『조선급만주朝鮮及滿洲』라는 잡지에서 이마무라 도모 今村鞆 등이 여러 산을 오르면서 한국의 여러 산을 민둥산이라 표현하면서 황폐하고 야만적으로 인식했던 것과는 큰 차별성을 지닌다. 「한라산등반기」 원문은 1937년 12월 4일 조선일보사출판부에서 간행한 『탐라기행 한라산』에 실려 있다. 이은상의 유산기 역시 제주문화원에서 소개한 바 있다.

위의 작품들의 등반순서를 정리하면, "임제-김상헌-김치-김성구-이증-이형상-조관빈-윤제홍-이원조-최익현-김희정-켄테-이은상"이다. 이들 유산기는 앞선 작품을 서로 보충하며 서로 호응하는 관계를 갖는다. 이 밖에 한라산에 올랐다고 하나 기록이 보이지 않는 경우도 있고, 『탐라지』에 한라산에 관한 시를 남긴 작가도 많이 있어, 이후에도 한라산과 관련된 작품이 발견될 가능성은 충분하다.

3. 문학작품 속의 한라산

1) 전설의 수용과 신선사상의 투영

현재 전하는 한라산을 직접 오르면서 쓴 것으로는 백호 임제의 작품이 시대적으로 가장 앞선다. 임제는 1578년 음력 11월27일에 입도했고, 다음 해인 1579년에 영실코스로 한라산을 올랐다. 호방한 문인답게 백호를 한라산으로 이끄는 힘은 기취奇趣와 선흥仙興이었다. 이런 감정은 바로 삼신산이라는 한라산을 늘 보면서 동경하던 백호 자신의 느낌이었다. 백호는 영실에서 효돈천으로 이르는 동안 좋지 않은 날씨에도 늘 자신만의 감정을 가지고 한라산을 바라보았고, 흥취가 일어날 때마다 끊임없이 시를 지었다. 다음 작품은 노승이 들려준 이야기를 작품화한 것이다.

仙山高萬仞 만길이나 솟은 신비한 산
影浸重溟碧 한바다에 잠겼어라, 파아란 그림자.
中有鶴髮翁 이 산중의 백발 노옹
餐霞騎白鹿 흰 사슴을 타고 노을을 마신다네.
長嘯兩三聲 두 세 가락 길게 읊조리니
海月千峰夕 천 봉우리 저녁에 바다의 달.[5)]

노승이 백호에게 전한 이야기는 백록담에 관련된 전설이었다. 백호는 이들의 이야기를 허황된 거짓이라 여기지 않았다. 오히려 풍류석이면서도 호방한 성격의 소유자답게 낭만적으로 표현하였다. 이는 한라산이 삼신산이라는 인식을 문학작품으로 그대로 현현한 것이었다. 백호가 한라산을 오르면서 느끼는 감정은 이렇게 현실과는 동떨어진 곳, 신선들이나 살 수 있는 그런 곳이었다. 한라산 등반 중에 쓴 백호의 시는 대부분 주변사람들이나 제주 사람들의 이야기를 근거로 해서 창작되었고, 백호는 이를 풍류와 신선이라는 두 가지 요소를 적절히 혼용하며 한라산을 노래하였다. 백호에게 한라산은 삼신산 중 하나였고, 이는 자신이 이전에 들었던 신선의 공간을 재확인하는 것이었다. 그의 이런 인식은 이전 사람들이 한라산을 보는 시선과 크게 다르지 않았다.

백호의 이런 경향은 1609년에 한라산을 오른 남봉 김치의 작품에서도 확인된다. 당시 남봉은 제주판관이었다. 관직에 있음에도 그가 가장 먼저 찾은 곳은 한라산이었다. 그는 배에서 한라산을 보면서 험준한 것 같지도 않고 길게 늘어진 모습에 실망을 금치 못한다. 그래서 남에게 들은 것을 믿느니, 자신의 눈으로 체험하여 그 의혹을 풀어보겠다고 하며 한라산에 오른다.[6] 즉 남봉은 한라산에 과연 신선이 산다는 명성에 부합한가를 자신이 직접 확인하겠다는 것이었다.

남봉은 무수천-존자암을 경유하여 한라산을 오른다. 오르면서 보이는 제주의 식물과 경관은 모두 그의 풍취를 돋우는 매개체 역할을 한다. 남봉은 주변사람들이 신선의 땅이라는 이야기를 처음에는 의심했지만, 산을 오르면서 조금씩 이를 긍정하였다. 드디어 한라산 백록담 정상 올라 주위의 경치를 파노라마처럼 펼쳐낸 후, 남봉은 다음과 같이 말한다.

다만 깨달은 것은 하늘은 더욱 높고 바다는 더욱 넓어 사람의 몸뚱이는 더욱 자그맣고 눈에 보이는 시야는 더욱 원대하여 내가 오른 봉우리가 바로 아득한 허공 속에 망망히 떠 있다는 것이다. 표연飄然히 세상을 버리고 홀로이 서서 몸에 날개가 돋아 신선이 되어 날아오르는 [우화등선羽化登仙] 기분을 차마 말이나 글로 그려낼 수 없었다. 지난날 마음속에 가졌던 의혹들이 말끔히 풀리면서 비로소 실상이 있는 것에 반드시 명성이 있다는 것을 믿게 되었다.[7]

인용문에서 보이는 '허공에 떠 있는 느낌', '표연飄然', '우화등선羽化登仙'등의 표현은 소동파「적벽부」의 한 구절을 차용한 것이다. 남봉은 신선이 된 듯한 느낌을 몽환적이면서도 낭만적으로 표현하였다. 그러면서 남봉은 한라산의 실상과 명성이 들어맞는다고 하였다. 이는 신선의 사는 한라산에 대한 긍정적 표현이다. 남봉은 또한 오백장군·노인성·신기루 등을 직접 눈으로 확인하면서 낭만적으로 표현하였는데, 이런 유적이나 자연현상은 신선의 산으로서의 한라산을 직접 느끼는 매개체가 되었다. 이로 인해 남봉의 작품은 백호의 것보다 훨씬 현실감있게 표현하였고, 그 느낌도 생생하다. 이는 남봉이 직접 확인한 사항들을 중심으로 작품을 구성했고, 백호의 경우 날씨가 고르지 않아 주변 사람들의 이야기를 상상화 한 경우가 많았기 때문이다. 하지만 두 작품 모두 삼신산의 하나로서 한라산을 긍정적으로 바라본 점은 일치한다. 다른 유기 중에서는 윤제홍의 작품이 이들과 동일한 성격을 지닌다.

한라산이 신선이 사는 곳이라는 인식은 제주 문인들에게도 있었다. 다음은 매계梅溪 이한우李漢雨(1823~1881)의 작품이다.

兩岸春風峽百花 양쪽 언덕 봄바람에 끼어있는 온갖 꽃
花開一路線如斜 꽃 사이로 기울어진 실 같은 오솔길
天晴四月飛紅雪 사월 맑은 하늘에 붉은 꽃, 눈처럼 휘날리고
地近三淸曉紫霞 선계에 가까운 곳이라 채색 아지랑이 비추네
影入溪聲通活畵 그림자 개울 물소리에 잠겨 살아있는 그림인 듯
香生仙語隔烟紗 향기 피어나는 신선들 말소리에 비단 안개 가리운 듯
諸君須向上頭去 그대가 모름지기 위쪽 머리를 향하여 올라간다면
應有碧桃王母家 응당 푸른 복숭아 열린 서왕모의 집 있으려니[8]

방선문 모습

매계 이한우은 조선 순조대의 제주 문인이다. 그는 대정에 유배왔던 추사 김정희에게도 배운 적이 있었다. 이를 바탕으로 매계는 여러 차례 대과에 도전했지만, 성취하지는 못했다. 이후 매계는 제주에 거처하면서 여러 제주인사들을 키워냈고, 지역문사의 구심점 역할을 하였다. 매계는 시에 특장이 있어 여러 작품을 남겼는데, 그중에서도 가장 유명한 것이 영주십경시이다. 인용작품은 매계의 영주십경시 중에서 영구춘화瀛邱春花로 방선문訪仙門을 두고 읊은 시이다. 방선문, 말 그대로 신선을 방문하는 문이라는 뜻이다. 이 시에서 매계는 방선문을 신선세계인 한라산으로 가는 입구로 표현하였다. 시어에 나오는 '삼청三淸' '자하紫霞' '왕모가王母家' 등은 신선세계를 표현하는데 늘 나오는 시어들이다. 그의 영주십경시에서 녹담만설鹿潭晚雪[9], 영실기암靈室奇巖[10]서도 이런 경향은 그대로 이어진다. 또한『제가음영집諸家吟詠集』에 보이는 제주의 여러 문인들 역시 같은 인식을 가지고 있다.

2) 실증적 접근과 유교적 수양론의 표현

조선시대 제주도에 왔던 작가들은 기본적으로 모두 유교지식인이었다. 유교는 다른 사상에 비해 굉장히 실증적이면서도 현실적인 면이 강한 사상이다. 이들은 유교사상으로 세상을 바라보고 해석했다. 한라산을 바라보는 시선 역시 마찬가지였다.

먼저 이들에게 한라산은 실증實證의 대상이었다. '신선세계라는 것이 과연 있는가?' 또 '이전 기록은 모두 사실일까?' 하는 것이다. 이런 시각을 먼저 제시한 사람은 청음 김상헌이다. 청음 김상헌은 길운절吉雲節[11] 모반사건으로 어수선했던 제주도를 수습하기 위해 1601년 안무어사로 입도하였다. 그 후 청음은 약 6개월간의 여정을『남사록』에 담고 있다. 청음은 이때 한라산에서 제사 지내기 위해 백록담에 올랐다. 다음은 한라산 백록담에서의 감회를 기록한 부분이다.

> 25일은 기미일. 날씨 맑음. 제주객사에서 묵었다. 오경 달빛을 타고 정상으로 걸어 올라갔다. 정상은 아래로 푹 꺼져 내려앉은 것이 꼭 솥과 같다. 동쪽은 어지럽게 바윗돌들이 우뚝우뚝하고, 사면으로 향기로운 넝쿨풀로 두루 덮였다. 가운데에는 두 개의 못이 있다. 깊은 곳은 허벅지가 빠지고 얕은 곳은 무릎까지 찬다. 대개 근원이 없는 물인데, 여름에 오랜 비로 물이 얕은 곳으로 흘러가지 못하고 웅덩이가 못을 이룬 것이다. 못의 이름은 백록담이다.
> 『지지地誌』를 살피컨대, 깊이를 헤아릴 수 없고, 사람이 떠들면 비바람이 갑자기 일어나는 것이 장올툰兀이나 용추龍湫와 같다한 것은 잘못 전해진 것이다.
> 『남명소승』에 말했다. 정상은 움푹 함몰되어 못을 이루었고, 돌 봉우리들이 둘러 서 있다. 둘레는 7~8리 정도인데, 돌 비탈에 기대어 아래를 굽어보면, 물은 유리와 같고 깊이는 측량할 수 없다.(이것도 역시 멀리서 바라보고 한 말이다.) 못가에는 하얀 모래와 향기로운 넝쿨풀이 있고, 한 점의 더러운 기운도 없다. 속세의 풍광은 멀리 삼천리 밖에 떨어져 있으니, 아름다운 생황소리 듣는 듯, 신선의 난생을 듣는 듯하고 황홀히 지개芝蓋를 보는 듯하다.[12]

인용문에서 청음은『지지』에서의 날씨에 대한 언급과『남명소승』에서 백록담의 기술이 잘못되었음을 지적하고 있다. 특히 한라산의 흐린 날씨는 신비로운 모습을 돋우는 소재로 사용되곤 하였는데, 청음은 이에 대해서 과감히 잘못된 생각이라고 하였다. 청음이 날씨에 대해 지적한 이후 한라산을 오르는 인물들을 보면 하나같이 나쁜 날씨에도 불구하고 한라산을 오르는 이야기를 하고 있다. 이는 신선에 중심을 두기보다는 인간에 중심을 두고 실증적으로 접근하려는 자세라고 할 수 있다. 또한 청음의 이런 태도는 백호 임제가「백운편白雲篇」·「발운가撥雲歌」등을 직접 지으면서 신비스러운 분위기를 자아내려 한 것이나, 김치가 날씨가 좋아진 다음에 산을 올랐던 것과는 사뭇 다른 양상이었다. 청음은 백록담에 대한 기술 역시 직접 경험한 사실에 기초하여『남명소승』의 내용을 수정하고 있다. 이런 사항도 주변사람들의 이야기에 기초로 해서 작품을 썼던 백호 임제·남봉 김치의 작품과는 분명 다른 것이었다. 이렇게 청음이 부가적으로 수정하는 대상은 대부분 속설로 전해지는 것이나 너무나도 비현실적인 것들, 즉 신선사상에 대한 비판의 의미를 담고 있다.

청음은『남사록』은 백호 임제의『남명소승』, 충암 김정의『충암록』, 금남 최부의『표해록』, 홍유손의『소총유고』,『제주도지지』등을 집중적으로 인용하면서 작성되었다. 이는 청유 자신이 알고 있는 많은 자료를 소개하면서 비평하면서 실증적인 시각으로 제주도를 바라본 것이었다. 다소 건조해 보이는 그의 기록은 후에 객관적인 진술로 인정받았고, 이후 제주도를 찾는 많은 사람들의 표준적 문헌으로 자리 잡았다. 특히 청음은 삼신산의 하나로써 한라산을 접근하는 것이 아니라 실제하는 대상으로 인식했는데, 이는 유교적 관점으로 세상을 바라보고자 했던 그의 의도가 있었기 때문이다.

유교적 관점으로 산을 바라보는 대표적인 경서 구절이 "공자등동산이소노孔子登東山而小魯, 등태산이소천하登泰山而小天下"이다. 이는 『맹자孟子·진심상盡心上』 24장의 내용[13]으로, 맹자는 학문과 인격의 성취를 산에 오르고, 물이 구덩이를 메우며 나아가는 것에 비유하였다. 주자는 『집주集註』와 『어류語類』를 통해 이를 유가적 수양론으로 발전시켰다. 이원조의 「한라산유산기」에서 이런 성격이 두드러진다.

> 나는 일찍이 산을 오르는 것이 도를 배우는 것과 같다고 생각했다. 공자의 경지에 도달한 다음에야 바야흐로 태산泰山에 오를 수 있다. 그보다 아래라면 안자와 같이 밝고 지혜로운 사람이라 해도 오창문吳昌門의 흰 말도 분별할 수 없으니, 역량의 크기와 안목의 깊이에 달려있을 뿐이다. 내가 이곳에 부임하고 날마다 망경루望京樓에서 잠을 잤다. 앞쪽으로 한라산을 마주하고 책상에서 보니 그리 높거나 멀지 않아 가까이서 완상하였다. 얼마 뒤 사라봉紗羅峰에 올라 낙조落照를 보았다. 이상하게도 내가 사라봉에 오를수록 한라산이 점점 더 높아지는 것이었다. 마치 공자의 제자들이 공자를 연구하고 우러러도 우뚝 선 것과 같으니, 안연이나 증자가 아니면 불가능한 것이었다.[14]

한라산을 오르기 전, 이원조는 '산을 오르는 것= 도를 배우는 것'으로 정의하고 있다. 즉 이원조는 바로 유가적 수양론의 연장선상에서 한라산을 바라보고 있는 것이다. 인용문에서의 '오창문의 흰 말吳門白馬'은 공자와 그의 제자인 안연의 차이를 드러내는 표현이다. 오문吳門은 중국의 소주蘇州인데, 공자와 안연이 태산泰山에 올랐을 때, 안연은 '한필의 베'로 공자는 '흰 말'로 보았다. 이에 공자는 안연이 다칠까봐 그의 눈을 가리고 보지 못하게 하였다고 한다. 공자가 안연의 역량이 모자란 것을 느꼈기 때문이다.[15]

이처럼 같은 경치를 보아도 수양정도에 따라 다른 것이 보이는 것인데, 이원조는 이런 점을 포착하여 한라산을 읽고 있다. 이는 이원조가 사라봉에 오를수록 한라산이 더 높아 보인다는 구절에서도 그대로 확인할 수 있다. 또한 이원조는 이 구절 역시 『논어』 구절을 변용하여 재창작하였다.[16] 이는 유교적 수양론의 관점을 계속 유지하기 위한 그의 의도적 단어선택이라고 할 수 있다.

기실 이원조의 이런 시각은 한라산뿐만 아니라, 거의 모든 유산기에서 확인되는 공통적인 가치이다. 이보다 앞서 이형상의 『남환박물』에서도 간략하게 언급했다. 그렇지만 한라산에 대해 본격적으로 수양론의 가치를 담은 것은 이원조 작품의 두드러진 특징이다. 이후 최익현, 김희정의 유산기에서도 이런 인식을 다시 확인할 수 있다.

이들은 유교적 가치관으로 접근했기에 그 감정 역시 신선세계를 느끼기보다는 보이는 경관을 그대로 표현하면서 자신의 느낌을 서술하는 형태로 나타난다. 이는 누구나 동경하지만 누구나 밟을 수 없는 공간에서 오는 승화된 감동이라고 할 수 있다. 다음은 청음의 「장관편壯觀篇」의 일부이다.

> 勝遊難可再 좋은 유람 다시 하기 어려우니
> 奇賞恣登陟 좋은 경치 감상하려 내키는대로 올라
> 捫崖出嶺轉 벼랑을 기어가서 봉우리 틈으로 나와
> 依石送遠目 바위에 기대서서 멀리 바라본다.
> 茫茫天海間 망망한 하늘과 바다사이
> 四顧渾無極 사방을 돌아봐도 혼연히 끝이 없네.
> 鯨奔不覺小 고래가 치달려도 좁은 줄 모르겠고
> 鵬起無論隘 붕새가 일어나도 좁다고는 못 하겠네…중략…
> 平生井幹蛙 평생을 우물 안 개구리로 지내다
> 今日沖霄鵠 지금에야 하늘 나는 큰 고니가 되었구나.
> 錯愕心魂驚 당황하고 놀라 마음과 혼마저 떨리는데
> 逡巡思返足 머뭇거리다 돌아갈 길 생각하네…하략.

청음의 「장관편」은 100여 구에 이르는 장편시이다. 인용문 앞의 내용은 웅장한 한라산의 모습, 제주의 지형, 올라오는 과정을 표현하였고, 정상에 오른 벅찬 감정을 생동감있게 묘사하였다. 청음이 정상에서 느낀 감정은 백호 임제나 남봉 김치와 같은 신선의 세계가 아니었다. 그가 느낀 감정은 벅차오르는 자연의 위대함, 그리고 우물 안 개구리처럼 식견이 좁았던 자신의 모습이었다. 청음은 세상에 있을지도 모르는 신선세계를 찾기보다는 자신의 눈으로 보는 광경을 통해 다시 자신을 성찰하고 있는데, 이는 유학자의 본연의 모습이라고 할 수 있다. 이 시에서 신선의 화소가 전혀 없는 것은 아니지만, 전체적인 시의 흐름은 실증적이면서도 자기성찰적인 요소가 강하다고 할 수 있다. 후에 우암寓庵 남구명南九明이 「장유壯遊」・「속장유續壯遊」[17]와 같은 작품을 짓는데, 이 시 역시 청음의 작품과 같이 한라산에 올랐던 감정을 세세하면서도 거침없는 필체로 표현하였다. 이외에도 하산할 때에는 주자의 「무이구곡가」의 '낭음비하축융봉朗吟飛下祝融峯' 구절을 읊조리는데, 모두 유교적 표상이 되는 인물들을 상상하면서 자신을 되돌아보는 계기를 삼았다. 이렇듯 유교지식인이었던 이들은 그들의 사고를 통해 한라산을 보았고, 한라산을 통해 자신을 보고자 하였다.

3) 국토애와 시대상의 반영

주지하듯 제주도는 국토의 최남단이다. 조선전기 제주도내에서는 표류・왜구 등을 제외하고는 외부세계와 거의 접촉할 일이 없었다. 여기에 조선말의 출륙금지령까지, 그야말로 제주도는 변방 중에 변방이었다. 그러다가 조선 말 이양선異樣船이 출몰하고, 특히 일본이 조선을 침략하기 시작하면서 변방이라는 이미지와 함께 우리 국토의 최남단을 지키는 요새라는 상징적인 의미를 갖게 된다. 대표적인 것이 면암 최익현의 작품이다. 면암은 1873년 동부승지가 되면서 사직소를 올렸고, 이때 시폐時弊를 논한다. 이 상소로 조정안팎에서 시끌시끌했는데, 고종이 그의 견해를 받아들여 호조참판으로 제수하게 된다. 이해 11월 다시 사직소를 올리면서 5조목을 거론하였다. 이 상소로 인해 결국 제주도로 위리안치圍籬安置된다. 1875년 3월에야 해배되었고, 이해 봄에 한라산을 오르며 풀었다. 그의 대체적인 관점은 유교지식인의 그것과 비슷하게 진행되는데, 마지막 의론 부분에서 달라진다. 한라산에서 하산하는 마지막 부분에서 면암은 한라산의 풍수지리, 한라산의 명칭, 한라산의 형국 등을 논하다가 다음과 같이 말한다.

무릇 한 점 탄환 같은 외로운 섬이지만, 큰 바다의 기둥이며 삼천리 강산을 지키는 문이다. 이에 왜구들이 감히 엿보지 못한다. 임금께 바치는 산해진미가 이곳에서 많이 난다. 공경대부와 백성들의 일상에 쓰이는 물건이나, 제주사람 6・7만호가 경작하고 생업에 도움을 주는 것 역시 모두 이 산에서 충족되고 있다. 백성과 나라에 미치는 혜택과 이로움을 지리산・금강산처럼 볼거리나 제공하는 산들과 같이 놓고 말할 수 있겠는가?[18]

면암 역시 유학자이기에 산을 오르면서 끊임없이 자신을 돌아본다. 궂은 날씨에 얽매이지 않았고, 자신을 믿으며 산을 올랐다. 그리고 마지막 부분에서 인용문처럼 한라산을 '망망대해의 지주' '삼천리를 지키는 문', '지리산 금강산과는 비교할 수 없는 산'으로 평가한다. 면암이 이렇게 생각했던 것은 당시의 시국과 무관하지 않다. 당시 조선은 피폐해진 상태로 외세에 노출되어 있었고, 그 피해는 그대로 백성들에게 전가되고 있었기 때문이다. 이런 그의 시대정신이 한라산유산기에 그대로 반영된 것이다. 면암의 이런 의식은 위정척사와 척양척왜를 주장했던 그의 스승 이항로와 그를 계승한 화서학파華西學派에서 비롯된 것이었다.

면암의 이런 의식은 해은 김희정의 작품에서 다시 확인할 수 있다. 김희정은 면암이 제주도 유배왔을 때 배운 바 있다. 김희정은 면암이 한라산을 오를 때 같이하려 했지만, 그러지 못했다. 해은은 이런 아쉬움을 20년 후인 1895년에야 주위 동료들과 한라산을 오르면서 풀게된다. 해은은 '괴평촌怪坪村−단애봉丹崖峯(절물오름)−도리석실道理石室'을 거쳐 성판악을 통해 백록담에 올랐다. 백록담에서 잠시 감상에 젖었고, 내려오면서 한라산 산신령에게 기도하는 형식으로 다음과 같이 말하였다.

근래 일어나고 있는 일들을 더듬어 생각하니 흥은 다하고 서글픔이 찾아왔다. 가슴을 어루만지며 길게 탄식하되 길이 험했기 때문은 아니었다. 마음속으로 산신령에게 말하길 "불행하게도 멀리 궁벽하고 누추한 지방에 있어 현인과 군자의 유람이 없었습니다. 또한 다행스럽게도 번화한 곳에 있지 않아서 때 묻은 속세 사람들의 왕래를 면할 수가 있었습니다. 그 다행과 불행이 산의 형승形勝을 덜거나 보탤 수는 없을 것입니다. 일찍이 어르신들에게 들으니 한번은 이양선異樣船이 바다를 지나가니 산에서 바람에 크게 일어 파도가 세차게 솟구쳐 감히 해변에 접안하지 못했다고 합니다. 지금은 그렇지 않으니 신령님의 영험이 예와 오늘에 차이가 있는 것입니까? 그렇지 않다면 운수에 구애 받는 것입니까? 이를 아직 알 수가 없습니다. 바위 사이에 살고 싶지만 화전火田이 척박하여 어버이를 섬길 방법이 없고, 돌아가고 싶지만 비릿한 먼지가 덮고 가리어 멍에를 풀어 쉴 곳이 없습니다. 한 걸음을 띄고는 머뭇거리고 세 걸음을 띄고는 배회하며 차마 떠날 수가 없을 뿐입니다.[19]

해은이 한라산에 와서 '흥이 다하고 슬픔이 오는 것'을 느낀 이유는 바로 당시의 시대상황 때문이었다. 해은이 한라산에 오른 1895년은 청일전쟁이 있었던 해이다. 바로 한 해 전에는 동학운동이 있어서 삼남지역에서 한차례 요동이 있었다. 하지만 조선은 이를 통제할 힘도 없었다. 해은인들 어쩔 수 있었겠는가? 이에 해은은 문학적 상상력을 이용하여 영험한 산신령을 앞세운 것이었다. 그는 신선처럼 산에서 지낼 수도 없고, 그렇다고 어지러운 세상을 벗어날 수도 없었다. 그렇기에 백록담 근처에서 서성이고 배회한 것이었다. 백록담에서의 배회는 바로 당시 제주도 지식인은 물론 보편적인 조선 지식인들의 고뇌를 대변하고 있다. 해은의 이런 의식은 면암의 작품에서 보이는 굳건한 기상과는 달리 유약하다는 느낌이 든다. 이는 당시 조선의 상황과 밀접히 연결된 감정이라고 할 수 있다.

한일합방이 된 후에 한라산을 오른 기록으로는 이은상의 한라산등반기를 들 수 있다. 이 작품은 1937년 7월 국토순례의 일환으로 한라산을 오르고 쓴 것이다. 한라산을 오르다 방목된 말을 보고 이은상은 다음과 같이 읊는다.

한라산 굴레 벗은 말아
네 신세 부러워라
가고 싶으면 가고
오고 싶으면 오고
목 놓아 울고 싶으면
네 뜻대로 우는구나.

굴레 벗은 말을 부러워하는 작가의 심정은 일제의 억압에서 벗어나지 못한 당시 사람들의 번뇌를 그대로 보여준다. 이런 표현의 이면에는 빼앗긴 강산에 대한 뜨거운 애정이 숨어 있다. 또 이은상은 한라산을 '하늘산'으로 해석하면서 그 연원을 하늘에 두었다. 이는 당시 빼앗겼던 우리 민족의 존립근거 등을 하늘에서 찾았고, 이를 한라산에 빗대어 해석한 것이었다. 이런 그의 해석은 국토순례라는 당시 목적에도 부합하는 바가 있다. 그렇기에 그의 등산기에서는 빼앗긴 국토에 대한 절절한 사랑이 깊게 담겨있다. 이는 비슷한 시기 한라산을 올랐던 이마무라 도모今村鞆 일행과는 완전히 다른 모습이었다. 이마무라 도모今村鞆 일행은 한라산 산정 아래 암굴에서 음주가무를 즐기며 도회지 음식점에서 맛볼 수 없는 감흥을 즐겼다.[20] 이들에게 한라산은 그저 유흥과 휴양의 대상이었고, 그 외 특별한 감정이 없었다.

하지만 국토순례를 하는 이은상에게 한라산은 독립을 갈망하는 공간이었다. 이은상은 백록담에 올라서도 백록을 '불늪(광명지)'으로 재해석하는데, 그가 어휘를 통해 민족 자존감을 찾는 이유 역시 크게 다르지 않다. 이런 그의 생각은 떠오르는 해를 보면서 감격스럽게 표현된다.

> 아침 해가 오른다. 백공작白孔雀의 꼬리 같이 눈이 부시고 황홀하도록 아침 해가 오른다. 광명으로 다시 이 세계를 통어統御하고 편조遍照하여 자기 뜻대로 또 하루를 굴리시려고, 생명의 주재主宰가 내노라, 위력威力의 모태도 내노라 하며 장엄한 산상에 아침 해가 오른다. 동광東光을 향하여 예배할 곳이 어찌 산상뿐일 것이며 또한 어찌 한라산상 뿐이랴마는, 지금 이곳이야말로 최고의 영장靈場, 최대의 성전聖殿으로 뽑는 곳이 아닐 수 없음은 다시 말할 것이 없을 것임에, 사람에게 쉴 새 없이 이야기하는 사람, 이게 다 여기서 보는 무제無題의 한 막극幕劇이다.

이은상은 일출광경을 보면서 새로운 시대를 꿈꾸고 있다. 그가 바라는 새로운 시대, 바로 독립이 아니고 무엇이었겠는가? 그는 바로 한라산이라는 공간에서 아침 해가 어둠을 밀어내듯 독립이

한라산 일출

오기를 바라고 있는 것이다. 그런 새 희망의 시작은 불늪(광명지)인 백록담이었다. 이은상에게 한라산은 조국의 최남단을 꿋꿋이 지키면서 민족의 빛을 밝힐 희망이었다. 그리고 그에게 한라산은 신비의 장소이자 우리 민족을 확인시켜준 거룩한 장소였다.

4. 나오며

공간은 움직이지 않는 죽은 대상이 아니다. 행위의 주체인 인간의 경험과 인식에 따라 살아 움직이는 다형의 존재이다. 문학 작품 속에서 보이는 한라산의 모습에서도 이런 점을 확인할 수 있었다.

가장 먼저 삼신산의 하나로 한라산으로 인식한 작품들을 살펴보았다. 백호 임제, 남봉 김치, 윤제홍의 한라산유기 등이 대표적이고, 제주도 문인인 매계 이한우의 작품에서도 확인할 수 있었다. 한라산이 신선이 사는 곳이라는 이미지는 조선시대에 지속적으로 이어졌다. 이런 신선사상의 형성은 대체적으로 외부적 시각으로 제주도를 바라보는 데서 기인한 것이다. 매계의 작품은 이런 외부의 시각을 내부적으로 수용해서 재창작한 형태로 판단할 수 있다. 하지만 신선사상으로만 정의할 수도 없다. 왜 나하면 창작한 작가들은 기본적으로 유교적 교양을 지니고 있었고, 유교사상이 그들의 기본적인 틀이기 때문이다. 따라서 이들이 표현한 신선사상은 결국은 현실로 돌아오는 잠시간의 신선적 풍류로 생각된다.

두 번째 살펴본 작품군은 유교사상을 전면에 내세운 작품들이었다. 이들 작품은 한라산을 실증적인 관점에서 접근하였다. 이들은 신선사상의 기초가 되는 설화를 허황된 이야기로 판단하였다. 특히 한라산이라는 것 보다는 일반적인 관념론적 접근을 하면서 유교적 수양론으로 치환시킨 경우가 많았다. 이들 작품군의 미학적 특징은 벅차오르는 경관을 서술하면서도 철저히 자신의 눈으로 본 것을 기초로 하고 있다. 이는 그들이 유교사상에 기초하여 한라산을 재해석하고 있기 때문이다.

세 번째 작품군에서는 시대상황에 따라 한라산의 변화하는 과정을 확인했다. '면암 최익현 – 해은 김희정 – 이은상'은 조선 말 일제 시대를 살면서 그들이 느낀 한라산을 표현하였다. 면암은 위정척사의 관점에서, 해은은 어지러운 세상에서 고뇌하는 지식인의 모습을, 이은상은 새 시대를 갈망하는 대상으로 한라산을 바라보았다. 시대적으로 비슷한 시기이지만, 자신의 처지에 따라 다양하게 한라산이라는 공간을 재해석한 것이었다.

문학작품을 통해 볼 때, 한라산은 신선사상과 유가적 사상이 혼재되어 표현되어 있다. 이는 외부에서 형성된 이미지와 내부적으로 확인하려는 생각이 만들어낸 것이었다. 통시적으로 볼 때 신선사상이 실증적인 접근으로 조금씩 유교화되는 경향을 읽을 수 있었다. 또한 한라산에 대한 경험이 계속 축적되면서 점차 미지의 공간에서 자신들의 사상을 표현하는 관념의 공간으로 변화하는 양상을 확인할 수 있었다.

본고에서 산문작품을 중심으로 살펴보았지만, 시 작품인 경우는 산문작품보다 풍류적인 양상이 있었다. 또한 4·3사건 이후 한라산은 그 형상이 또 변화한다. 이런 부분에 대해서는 반드시 차후에 심도있는 고민이 있어야할 것으로 생각된다.

1) 『林下筆記』 권13, 「文獻指掌編」, 「漢拏山」
2) 윤미란, 『조선시대 한라산 유기 연구』, 고려대학교 석사학위논문, 2008
3) 김동전, 「정의현감 김성구(金聲久)의 관료생활」, 『남제주군』, 2000
4) 이성구, 『八吾軒集』 권5, 「南遷錄」
5) 『林白湖集』 권1 : 僧言夏夜, 則鹿就澗飮水近有山尺, 持弓矢伏澗邊, 見群鹿驟來, 數可千百. 中有一鹿, 魁然而色白, 背上有白髮翁騎著. 山尺驚怪不能犯, 但射殪落後一鹿. 少頃, 騎鹿者如有點檢群鹿之狀, 長嘯一聲, 因忽不見云云, 亦奇談也.」
6) 『增補耽羅誌』 金緻, 「漢拏山遊山記」: 道上望見漢拏, 則不甚峭峻, 長山巨麓, 橫鎭於一面而已. 竊自語曰, 世之所謂瀛洲者, 卽此山, 而居於三山之一, 豈名實之不相符耶? 抑人情, 貴耳賤目而然耶? 盍往探討, 以破疑惑.
7) 『增補耽羅誌』 金緻, 「漢拏山遊山記」: 怛覺天益高海益濶, 形骸益眇, 眼界益遠, 而吾所登之峰, 正浮在空虛森茫之間, 飄然若遺世獨立, 羽化登仙, 無有言語文字之可狀. 向日之疑惑於中心者, 得以快釋, 而始信其有實者, 必有名也.
8) 이한우, 『梅溪先生文集』, 「訪仙門」
9) 이한우, 『梅溪先生文集』, 「鹿潭晚雪」: 何處吹簫仙指冷, 騎來雙鹿飮淸甘
10) 이한우, 『梅溪先生文集』, 「靈室奇巖」: 僧依寶塔看雲杖, 仙揖瑤坮舞月衫. 漢客窮河徒犯斗, 秦龍望海莫停帆.
11) 길운절(미상~1601) : 조선 선조 때 정여립(鄭汝立)의 모반사건에 관련된 인물이다. 1601년 정여립의 기축옥사에 연루되어 제주도에 유배된 소덕유를 찾아가 모반을 도모하였다가 참형에 처해졌다.
12) 『南槎錄』: 二十五日己未. 晴. 宿濟州客舍, 五更乘月步上絶頂. 頂上陷下如釜中. 東邊, 則亂石嵒嵒, 四面香蔓遍覆. 中有兩潭, 深處沒脛, 淺處沒膝, 蓋無源之水, 因夏月積雨, 水無歸洩, 瀦而爲池者也. 潭名白鹿. (按地誌, 深不可測, 人喧則風雨暴作, 如長兀龍湫者, 誤傳也)
【南溟小乘, 絶頂坎陷爲池. 石峰環遶, 周可七八里, 倚石磴俯視, 則水如玻瓈, 深不可測. (此亦遠而望之之言也.) 池畔只有白沙香蔓, 無一點塵埃之氣. 人間風日, 遠隔三千, 疑聽鸞笙, 况見芝蓋.】
13) 『맹자·진심상』 24장. 孟子曰, 孔子登東山而小魯, 登泰山而小天下. 觀於海者難爲水, 遊於聖人之門者難爲言. 觀水有術, 必觀其瀾. 日月有明, 容光, 必照焉. 流水之爲物也, 不盈科, 不行, 君子之志於道也, 不成章, 不達.
14) 『增補耽羅誌』 李源祚, 「遊漢拏山記」: 余嘗以爲登山如學道. 到夫子地位, 然後方可以登泰山. 下此, 則雖明睿如顔子, 無以辨吳門·白馬, 力量有大小, 眼力有高下耳. 余莅此州, 日寢處望京樓上. 前對拏山, 在几案間, 不甚高遠, 可押而玩也. 已而觀落照登紗羅峰, 怪其我愈登, 而彼愈高, 有似乎孔門之鑽仰, 眞見卓爾之立, 非顔翁以上, 不能也.
15) 『太平御覽』 권818: 又曰孔子顔淵登魯泰山, 望吳昌門. 淵曰: "見一疋練前有生藍", 子曰: "白馬蘆芻也".
『山堂肆考』 권125, 「望馬光」: 家語. 顔回望吳門白馬, 見一疋練, 孔子曰, 馬也. 然則馬之光景一疋長馬, 故後人號馬爲一疋. 又續博物志, 顔回與孔子俱上泰山, 東南望吳昌門外, 孔子見白馬, 指謂回曰, 若見吳昌門乎. 回曰見之有繫練之狀, 孔子撫其目而止之, 未幾, 回髮白齒落遂以病死, 蓋精力不及聖人而强役之也.
16) 『논어·자한』 10장. 顔淵喟然歎曰, 仰之彌高, 鑽之彌堅, 瞻之在前, 忽焉在後. 夫子循循然善誘人, 博我以文, 約我以禮, 欲罷不能, 旣竭吾才, 如有所立卓爾. 雖欲從之, 末由也已.
17) 『寓庵先生文集』 권1, 「壯遊」·「續壯遊」
18) 『勉庵集』 「遊漢拏山記」: 夫以彈丸孤島, 砥柱大海, 在邦爲三千里水口捍門. 外寇不敢伺, 而山珍海錯, 可合御供者, 多由是出焉. 公卿大夫匹庶, 日用所需, 境內六七萬戶, 耕鑿資業, 亦以此取足. 其惠澤功利之及於民國者, 又豈可與智異·金剛只資人觀玩者, 同日語也?
19) 『海隱先生文集』 「遊漢拏山記」: 撫念時事, 興盡悲來, 拊膺長嘆, 不在路險. 因心告於山靈曰, "不幸而遠在於僻陋之鄕, 未有賢人君子之遊覽, 亦幸而不在於繁華之場, 得免塵人俗客之往來. 其幸不幸無足損盈於山之形勝也. 嘗聞故老之言. 一有異樣船過於海上, 則山風大作, 波濤洶湧, 不敢近禦. 今也則不然, 豈仙靈有古今之異歟? 抑爲氣數所拘歟? 是未可知也. 欲棲岩, 而火田瘠薄, 無養親之道, 欲復路, 而腥塵蔽塞, 無稅駕之地, 一步躑躅, 三步徘徊, 忍而不能去而已."
20) 박찬모, 「『朝鮮及滿洲』에 나타난 조선 산악 인식」, 『한국문학이론과 비평』 제16권, 2012

참고문헌

원전 및 번역본

김상헌, 『南槎錄』, 홍기표 역, 제주문화원, 2008
김희정, 『海隱先生文集』, 개인소장
남구명, 『寓庵先生文集』, 김영길 역, 제주교육박물관, 2010
『增補耽羅誌』, 담수계, 제주문화원, 2004
『增補耽羅誌』, 제주문화원 역, 2005
오문복 편, 『영주십경』, 제주문화, 2004
이성구, 『八吾軒集』, 한국문집총간(속) 43권
임제, 『백호전집』, 신호열·임형택 공역, 창작과비평사, 1997
임제 외, 『옛 사람들의 등한라산기』, 제주문화원 역, 제주문화원, 2000
이유원, 국역 『임하필기』, 민족문화추진회, 2000
이한우, 『매계선생문집』, 개인소장
이한우, 『매계선생문집』, 김영길 역, 제주문화, 1998
『제가음영집』, 제주도민속자연사박물관
최익현, 『勉庵集』, 한국문집총간325권

논문

김동전, 「정의현감 김성구(金聲久)의 관료생활」, 『남제주군』, 2000
윤미란, 『조선시대 한라산 유기 연구』, 고려대학교 석사학위논문, 2008
박찬모, 「한국 근대문학과 장소의 사회학 : 자기 구제의 "제장(祭場)"으로서의 대자연, 지리산—이은상의 「지리산 탐험기」를 중심으로」, 『현대문학이론연구』 제38권, 2009
박찬모, 「『朝鮮及滿洲』에 나타난 조선 산악 인식」, 『한국문학이론과 비평』 제16권, 2012
백규상, 「김희정의 한라산기」, 『제주발전포럼』 제41호, 2012
백종진, 『조선후기 제주지역 마애석각 연구』, 제주대학교 석사학위논문, 2013

단행본

고연희, 『그림, 문학에 취하다』, 아트북스, 2011
유홍준, 『만남과 헤어짐의 미학』, 학고재, 2000

도판목록

001
고려사 권55
高麗史 | *Goryeosa*, The History of Goryeo
조선 | 1449~1451년 | 28.0×19.4 | 국립중앙도서관

002
세종실록지리지
世宗實錄地理誌 | *Sejong sillok jiriji*, The Geographical Section of the Annals of King Sejong
조선 | 1454년 | 36.5×23.4 | 국립중앙도서관

003
신증동국여지승람
新增東國輿地勝覽
Sinjeung dongguk yeoji seungnam, Revised and Augmented Survey of the Geography of Korea
조선 | 1530년 | 34.5×22.0 | 국립중앙도서관

004
탐라지
耽羅誌 | *Tamnaji*, Town Chronicle of Jeju
조선 | 1653년 | 이원진(李元鎭, 1594~1665) | 31.5×20.5

005
화산암
火山巖 | Volcanic Rock
너비 48(앞) | 제주특별자치도민속자연사박물관

006
탐라지도
耽羅地圖 | *Tamna jido*, Map of Jeju Island
조선 | 73.0×65 | 복제품 | 경희대학교 혜정박물관

007
해좌전도
海左全圖 | *Haejwa jeondo*, Map of Korea
조선 | 19세기 | 97.8×55.4 | 국립중앙박물관

008
탐라순력도 한라장촉
耽羅巡歷圖 漢拏壯矚
Tamna sullyeokdo, Map of Jeju Island
조선 | 1703년 | 이형상(李衡祥, 1653~1733) | 56.7×36.0
제주시청 | 보물 제652-6호

009
해동지도 제주삼현도
海東地圖—濟州三縣圖
Jeju samhyeondo, Map of Jeju Island
조선 | 18세기 | 30.5×47.0 | 서울대학교 규장각 한국학연구원
보물 제1591호

010
탐라지도병서
耽羅地圖幷序
Tamna jido byeongseo, Map of Jeju Island
조선 | 1709년 | 목판본 | 188.0×134.3

011
제주삼읍도총지도
濟州三邑都摠地圖
Jeju sameupdo chongjido, Map of Jeju Island
조선 | 18세기 | 158×140 | 제주특별자치도민속자연사박물관
제주특별자치도유형문화재 제14호

012
영주산대총도
瀛洲山大總圖
Yeongjusandaechongdo, Map of Yeongjusan Mountain
조선 | 18세기 | 104.5×59.5 | 국립고궁박물관

013
동여
東輿 | *Dongyeo*, Map of Jeju Island
조선 | 19세기 | 41.2×26.8 | 국립중앙박물관

014
대동여지도 제주지도
大東輿地圖 濟州地圖
Daedong yeojido, Map of Jeju Island
조선 | 1861년 | 김정호(金正浩,?~?) | 60.6×39.5 | 국립중앙박물관

015
환영지
寰瀛誌 | *Hwanyeongji*, Map of Jeju Island
조선 | 19세기 | 25.4×34.7 | 국립중앙박물관

016
지봉유설
芝峰類說
Jibong yuseol, Topical Discourses of Yi Su-gwang
조선 | 이수광(李睟光, 1563~1628) | 27.9×19.3 | 국립중앙도서관

017
택리지
擇里志 | *Taengniji*, Ecological Chronicle of Korea
대한제국 | 이중환(李重煥, 1690~1753) 저 | 최남선
(崔南善, 1890~1957) 교 | 22.2×15.8 | 국립중앙박물관

018
면암집
勉菴集 | *Myeonamjip*, Anthology of Choe Ik-hyeon's Literary Works
1908 | 최익현(勉庵 崔益鉉, 1833~1906) | 31.0×20.4
제주시청

019
성종실록
成宗實錄
Seongjong sillok, The Annals of King Seongjong
조선

020
완당선생전집
阮堂先生全集 | *Wandang seonsaeng jeonjip*, Anthology of Kim Jeong-hui's Literary Works
조선 | 19세기 | 27.2×17.0

021
남환박물
南宦博物
Namhwan bangmul, Geographical Chronicle of Jeju
조선 | 1704년 | 이형상(李衡祥, 1653~1733) | 34.5×20.5
전주이씨병와공파종회 | 보물 제652-5호

022
탐라지
耽羅誌 | *Tamnaji*, Town Chronicle of Jeju
조선 | 1653년 | 이원진(李元鎭, 1594~1665) | 31.5×20.5

023
탐라순력도 교래대렵
橋來大獵
Tamna sullyeokdo, Hunting Animals for the Country
조선 | 1702년 | 이형상(李衡祥, 1653~1733) | 56.7×36.0 | 제주시청 | 보물 제652-6호

024
사슴뿔 · 뼈도구
鹿角 · 骨角器 | Antleers·Bone Implements
원삼국 | 화순리유적 | 길이(오른쪽) 17.6

025
가죽 감티와 털옷을 입은 김녕리 주민
1914년 | 국립중앙박물관 유리원판

026
가죽 감티
皮帽子 | Leather hat
근대 | 높이 19.5 | 제주대학교박물관

027
활 · 화살
弓矢 | Bow· Arrow
조선~근대 | 활 길이 78.5, 활통 길이 100 | 제주돌문화공원 · 제주교육박물관

028
족제비 덫
罷獲 | Weasel trap
근대 | 몸체 길이 71 | 제주대학교박물관 · 제주특별자치도민속자연사박물관

029
세종실록
世宗實錄 | Sejong sillok, the Annals of King Sejong
조선 | 1454년

030
팔준도첩
八駿圖帖 | Paljun docheop, a Horse from Jeju
조선 | 1703년 | 전 윤두서(傳 尹斗緖, 1668~1715) 필 | 51.5×39.5 | 국립중앙박물관

031
탐라순력도 공마봉진
貢馬封進
Tamna sullyeokdo, Selecting Horses for the Country
조선 | 1702년 | 이형상(李衡祥, 1653~1733) | 56.7×36.0 | 제주시청 | 보물 제652-6호

032
탐라순력도 산장구마
山場駈馬
Tamna sullyeokdo, Checking the Number of Horses
조선 | 1702년 | 이형상(李衡祥, 1653~1733) | 56.7×36.0 | 제주시청 | 보물 제652-6호

033
교지
敎旨 | Royal Order
조선 | 1664년 | 52×54 | 김찬우

034
교지
敎旨 | Royal Order
조선 | 1720년 | 54×72 | 김찬우

035
낙인
烙印 | Branding irons
근대 | 길이 71.5(위) | 제주특별자치도민속자연사박물관

036
보초등록
報草謄錄 | Bocho deungnok, Records on the Transportation of Horses for the Country
조선 | 1794년 | 41.0×29.7 | 제주교육박물관 | 제주특별자치도유형문화재 제30호

037
제주말
Horses of Jeju
1914년 | 국립중앙박물관 유리원판

038
따비
耟 | Plowing tool
근대 | 길이 101.0 | 제주특별자치도민속자연사박물관

039
망태기
網橐 | Seed bag
근대 | 높이 | 높이 18.0 | 국립제주대학교박물관

040
대정리 주민 모습
Famers of Frogtown
1914년 | 국립중앙박물관 유리원판

041
호남전도 제주 화전동
湖南全圖 濟州 火田洞
Honamjeondo, Slash-and-burn Field of Jeju
1899년 | 서울대학교 규장각 한국학연구원

042
토지매매계약서
土地賣買契約書 | Land Sale Contract
1910 | 32.0×28.5 | 23.7×16.4 | 김찬우

043
고려사 57권
高麗史 | Goryeosa, The History of Goryeo
조선 | 1449~1451년 | 28.0×19.4 | 국립중앙도서관

044
탐라지초본
耽羅誌草本 | Draft of Tamnaji, Town Chronicle of Jeju
조선 | 이원조(李源祚, 1792~1871) | 30.2×18.3 | 한국국학진흥원 이수학 기탁

045
제주읍성도
濟州邑城圖 | Jejudodo, Map of Jeju Town Fortress
조선 | 18세기 | 35.7×42.0

046
노봉문집
蘆峯文集 | Nobong munjip, Anthology of Kim Jeong's Literary Works
조선 | 김정(蘆峯 金政, 1670~1737) | 31.3×20.1 | 김재창

047
삼성사대제 모습
1950년대 | 개인

048
삼사석비
1914년 | 국립중앙박물관 유리원판

049
소총유고
篠叢遺稿 | Sochong yugo, Anthology of Hong Yu-son's Literary Works
조선 | 1810년 | 홍술조(洪述祖) | 30.5×19.2 | 국립중앙도서관

050
팔오헌선생문집
八吾軒先生文集 | Paroheonjip, Anthology of Kim Seong-gu's Literary Works
조선 | 1873년 | 김우수(金禹銖) 등 | 30.2×19.3 | 제주시청

051
파한록
破閑錄 | Pahallok, Anthology of Kim Seok-ik's Literary Works
1922 | 김석익(金錫翼, 1844~1956) | 22.0×13.5

052
지도
地圖 | Maps
조선 | 1805년 | 23면각 28.5×27.9 | 국립중앙박물관

053
탐라지
耽羅志 | *Tamnaji*, Town Chronicle of Jeju
조선 | 1653년 | 이원진(李元鎭, 1594~1665) | 31.5×20.5

054
충암집
冲庵集
Chungamjip, Anthology of Kim Jeong's Literary Works
조선 | 김정(1486~1521) | 29.2×18.4 | 국립중앙도서관

055
천상열차분야지도
天象列次分野之圖 | Celestial Chart
조선 | 19세기 | 112.0×79.5 | 국립중앙박물관

056
표해록
漂海錄 | *Pyohaerok*, Record of Drifting Across the Sea
조선 | 장한철(張漢喆, 1744~?) | 1771년 | 24.4×14.5 | 제주특별자치도유형문화재 제27호

057
수성노인도
壽星老人圖 | *Suseong noindo*, Old Man of the Longevity Star
조선 | 77.6×61.8 | 국립중앙박물관

058
군선도
群仙圖 | *Gunseondo*, Taoist Immortals
조선 김홍도(金弘道, 1745~?) | 26.1×48.0
국립중앙박물관, 보물 제527호

059
남사일록
南槎日錄
Namsaillok, Report of Jeju Island by Yi Jeung
조선 | 이증(李增, 1628~1686) | 영인본

060
남사록
南槎錄
Namsarok, Report of Jeju Island by Kim Sang-heon
조선 | 김상헌(金尙憲, 1570~1652) | 25.5×18.3
서울대학교 규장각 한국학연구원

061
탐라기년
耽羅紀年 | *Tamna ginyeon*, History of Jeju
1918년 | 김석익(金錫翼, 1844~1956) | 23.0×16.0

062
제주삼읍전도
濟州三邑全圖
Jeju sameup jeondo, Map of Jeju Island
조선 | 1872년 | 크기 | 서울대학교 규장각한국학연구원

063
제주도도
濟州島圖 | *Jejudodo*, The Scenery of of Jeju Island
조선 후기 | 61×40.5 | 국립민속박물관

064
제주십경도
濟州十景圖
Jeju sipgyeongdo, The Scenery of Jeju Island
조선 | 19세기 | 51.8×30.2 | 국립민속박물관

065
탐라순력도 병담범주
屛潭泛舟
Tamna sullyeokdo, Boating on Chwibyeong Pond
조선 | 1703년 | 이형상(李衡祥, 1653~1733) | 제주시청 | 보물 제652-6호

066
탐라순력도 제주조점
濟州操點
Tamna sullyeokdo, Observing the Jeju Fortress
조선 | 1703년 | 이형상(李衡祥, 1653~1733) | 제주시청 보물 제652-6호

067
지영록
知瀛錄
Jiyeongnok, Town Chronicle of Jeju by Yi Ik-tae
조선 | 17세기 | 이익태(李益泰, 1633~1704) | 27.0×17.5

068
이익태 초상
李益泰 肖像 | Portrait of Lee Ik-tae
조선 | 17세기 | 198.0×120.5

069
제가음영
諸家吟咏 | *Jega eumyeong*, Anthology of Go Yeong-heun's Literary Works
대한제국 | 고영흔(高永昕) | 23.0×14.0 | 제주특별자치도민속자연사박물관

070
학산구구옹첩
鶴山九九翁帖 | *Haksan guguongcheop*, Landscape Painting by Yun Je-hong
조선 | 1844년 | 윤제홍(尹濟弘, 1764~1840) | 58.5×31.0 | 개인 소장

071
병와의 거문고
瓶窩琴
Geomungo, Yi Hyeong-sang's Korean Zither
조선 | 18세기 | 157×21.5 | 완산이씨병와공파종회 | 중요민속문화재 제119-3호

072
노촌선생실기
老村先生實紀 | *Nochon seonsaeng silgi*, Anthology of Yi Yak-dong's Literary Works
조선 | 이약동(李約東, 1416~1493) | 31.9×19.4 | 제주시청

073
영해창수록
嶺海唱酬錄 | *Yeonghae changsurok*, Anthology of Jo Sa-su and Park
조선 | 18세기 | 박영구(朴永龜) 필 | 22.4×14.1 | 제주시청

074
규창집
葵窓集
Gyuchangjip, Anthology of Yi Geon's Literary Works
조선 | 이건(李健, 1614~1662) | 29.2×17.8 | 국립중앙도서관

075
석북집
石北集 | *Seokbukjip*, Anthology of Sin Gwang-su's Literary Works
근대 | 1906 | 신광수(申光洙) | 31.1×20.0 | 국립중앙도서관

076
동계집
東溪集
Donggyejip, Anthology of Jo Gu-myeong's Literary Works
조선 후기 | 조귀명(趙龜命, 1693~1737) | 25.6×17.5
국립중앙도서관

077
삼연집
三淵集 | *Samyeonjip*, Anthology of Kim Chang-heup's Literary Works
조선 후기 | 김창흡(金昌翕, 1653~1722) | 29.5×19.5
국립중앙도서관

078
등영구
登瀛丘拓本
Deungyeounggu, Rubbing of Inscription
탁본 | 현대 | 108.5×123

079
방선문
訪仙門拓本
Bangseonmun, Rubbing of Inscription
탁본 | 72.3×134.5

080
우선대
遇仙臺拓本 | *Useondae*, Rubbing of Inscription
탁본 | 현대 | 56.3×73

081
환선대
喚仙臺拓本 | *Hwanseondae*, Rubbing of Inscription
탁본 | 현대 | 137.5×72.3

082
꽃 사이 실낱같은 오솔길 꼬불
線通花徑轉 | Meandering Path through a Field of Flowers, Rubbing of Inscription
탁본 | 70.9×72

083
석문을 빙 돌아드니
洞穴螺旋入 | Around the Stone Gate, Rubbing of Inscription
탁본 | 23.9×29.1

084
배비장전
裵裨將傳 | *Baebijangjeon*, The Story of Attendant Bae
1962 | 박용구 | 18.5×12.8 | 을유문화사

085
유산기
遊山記 | *Yusangi*, Record of Jeju Island by Yi Won-jo
조선 | 이원조(李源祚, 1792~1871) | 30.2×18.3 | 한국국학진흥원 | 이수학 기탁

086
탐라지초본
耽羅誌草本 | *Draft of Tamnaji*, Draft of Tamnaji
조선 | 이원조(李源祚, 1792~1871) | 30.2×18.3 | 한국국학진흥원 | 이수학 기탁

087
탐라록
耽羅錄 | *Tamnarok*, Records of Jeju Island
조선 | 이원조(李源祚, 1792~1871) | 31.0×20.5
한국국학진흥원 | 이수학 기탁

088
이원조 초상
李源祚肖像 | Portrait of Yi Won-jo
조선 | 74.8×48.2 | 한국국학진흥원 | 이수학 기탁

089
해은유고
海隱遺稿
Haeeun yugo, Anthology of Kim Hwei-jeoung's Literary Works | 대한제국 | 김희정(金羲正, 1844~1916) | 28.5×19.0 | 김기홍

090
정헌영해처감록
靜軒瀛海處坎錄 | *Jeongheon yeonghae cheogamnok*, Anthology of Jo Jeong-cheol's Literary Works
조선 | 18세기 | 조정철(趙貞喆, 1751~1831) | 28.1×18.9 | 국립중앙도서관

091
하멜표류기
The Journal of Hendrick Hamel
1920년 | B.Hoetink | 25.3×17.0 (아래)

092
라 페르즈 항해기
Voyage de la Perouse Autour de Monde
1797년 | 30.0×23.0 | 서울대학교 도서관

093
라 페르즈 조선해역도
Part of the Island of Quelpaert
1798년 | De Galoup, J.-F., Comte de La Perouse
36.0×34.0 | 복제품 | 경희대학교 혜정박물관

094
조선남해안도
朝鮮南海岸島 | Map of Korean Archipelago
19세기 | 에드워드 벨쳐(E.bELCHER) | 68.7×100.0
유홍준 기증

095
사마랑호 항해기
Narrative of Voyage H.M.S.Samarang; during the years 1843-46
1846년 | 에드워드 벨쳐(E. Belcher) | 24.5×15.5 | 서울대학교 도서관

096
켈파트 지도
Quelpaert, Map of Jeju Island
1904년 | Service geographique de l'Armee | 50.5×59.0
복제품 | 경희대학교 혜정박물관

097
겐테관련 신문
Newspaper Articles about Dr. Genthe
근대 | 복사본

참고문헌

1. 사료
『고려사』, 『고려사절요』, 『세종실록지리지』, 『신증동국여지승람』, 『조선왕조실록』, 『대동여지도』, 『탐라지』, 『탐라순력도』, 『해동지도』, 『동여』, 『지봉유설』, 『택리지』, 『면암선생문집』, 『완당선생전집』, 『남환박물』, 『팔준도첩』, 『보초등록』, 『호남전도』, 『탐라지초본』, 『노봉문집』, 『소총유고』, 『팔오헌선생문집』, 『파한록』, 『충암집』, 『표해록』, 『남사록』, 『남사일록』, 『탐라기년』, 『지영록』, 『제가음영』, 『삼연집』, 『동계집』, 『노촌선생실기』, 『영해창수록』, 『규창집』, 『석북집』, 『정헌영해처감록』, 『탐라록』, 『해은유고』

2. 단행본
강정효, 『한라산』, 돌베게, 2003
고전간행회, 『신증동국여지승람』, 1994
김상헌, 홍기표 역, 『南槎錄(上)』, 제주문화원, 2009
김석익, 오문복 외 역, 『제주 속의 탐라』, 심재집, 보고사, 2011
김정희, 『국역 완당전집 1』, 민족문화추진회, 1990
김정희, 『국역 완당전집 3』, 민족문화추진회, 1990
안휘준·민길홍, 『역사와 사상이 담긴 조선시대 인물화』, 도서출판 학고재, 2009
이건, 김익수 역, 『葵窓集』, 제주문화원, 2010
이원조, 『耽羅誌草本(上)』, 제주교육박물관, 2007
이원조, 『耽羅誌草本(下)』, 제주교육박물관, 2008
이원진, 『역주탐라지』, 도서출판 푸른역사, 2002
이익태, 김익수 역, 『知瀛錄』, 제주문화원, 2010
이증, 김익수 역, 『남사일록』, 제주문화원, 2001
이형상, 이상규, 오창명 역주, 『남환박물』, 푸른역사, 2009
장덕지, 『濟州馬이야기』, 도서출판 제주문화, 2007
제주교육박물관, 『노촌선생문집』, 2006
제주문화, 『고려사 제주록』, 2000
제주문화원, 『역주 제주 고기문집』, 2007
제주시, 『기억의 저편』, 2007
조사수·박충원, 『嶺海唱酬錄』, 제주시문화유적지관리사무소, 2011
조정철, 김익수 역, 『정헌영해처감록』, 제주문화원, 2006
한국학문헌연구소, 『고려사절요』, 서울아세아문화사, 1973

3. 도록·보고서
국립제주대학교박물관, 『제주의 바다, 땅 그리고 사람』, 2012
국립제주박물관, 『국립제주박물관』, 2011
국립제주박물관, 『제주의 역사와 문화』, 2001
국립제주박물관, 『항해와 표류의 역사』, 2003
농촌진흥청 국립축산과학원 난지축산시험장, 『사진으로 보는 제주목축문화』, 도서출판 신우, 2011
제주도·제주문화예술재단, 『제주마 학술조사 보고서』, 2007
제주도외, 『사진으로 보는 천연보호구역의 자연생태계 한라산』, 2006
제주특별자치도 한라산연구소, 『2012 한라산 국립공원 자연자원조사』, 2012
제주특별자치도 환경자원연구원, 『한라산의 자연자원』, 2009
제주특별자치도민속자연사박물관, 『제주, 자연유산과 민속문화』, 2008
제주특별자치도한라산연구소, 『한라산천연보호구역 학술조사보고서』, 2006
한라일보사, 『한라산학술대탐사-제주생명의 원류, 하천과 계곡 3』, 나라출판, 1990,

4. 논문
강만익, 「한라산지의 촌락과 교통로」, 『한라산의 인문지리』, 제주도·한라산생태문화연구소, 2006
강만익외, 「한라산 개설서」, 제주도·한라산생태문화연구소, 2006
강문규, 「한라산이야기」, 『한라산이야기』, 제주도·한라산생태문화연구소, 2006
강정효, 「한라산의 산악 활동사」, 『한라산 등반·개발사』, 제주도·한라산생태문화연구소, 2006
강창화, 「한라산과 주변 일대의 문화유적」, 『한라산의 역사·유적』, 제주도 한라산생태문화연구소, 2006
고정군, 「한라산 등반 및 개발사」, 『한라산 등반·개발사』, 제주도·한라산생태문화연구소, 2006
김봉옥·김지홍, 「옛 제주인의 표해록」, 전국문화원연합 제주도지회, 2001
김완병, 「제주도 조류」, 『한라산의 동물』, 제주도·한라산생태문화연구소, 2006

김종찬, 「한라산과 그 주변 동굴유적의 분포와 성격」, 『한라산의 역사·유적』, 제주도·한라산생태문화연구소, 2006

박찬식, 「제주도내 오름과 일제군사유적」, 『한라산의 역사·유적』, 제주도·한라산생태문화연구소, 2006

백종진, 「조선 후기 제주지역 마애석각 연구」, 제주대학교대학원석사학위논문, 2013

신영대, 「제주의 풍수지리와 오름」, 『한라산의 구비전승·지명·풍수』, 제주도·한라산생태문화연구소, 2006

오상학, 「지도와 지지로 보는 한라산」, 『한라산의 인문지리』, 제주도·한라산생태문화연구소, 2006

오창명, 「한라산과 지명」, 『한라산의 구비전승·지명·풍수』, 제주도·한라산생태문화연구소, 2006

유홍준·이태호, 『만남과 헤어짐의 미학-조선시대 계회도와 전별시』, 도서출판 학고재, 2000

장윤식, 「한라산의 4·3유적」, 『한라산의 역사·유적』, 제주도·한라산생태문화연구소, 2006

정광중, 「한라산과 주민생활에 대한 사적 고찰」, 『한라산의 역사·유적』, 제주도·한라산생태문화연구소, 2006

정광중, 「한라산과 그 주변지역의 인문환경」, 『한라산의 인문지리』, 제주도·한라산생태문화연구소, 2006

정광중·유철인, 「한라산을 품고 사는 사람들」, 『한라산이야기』, 제주도·한라산생태문화연구소, 2006

좌혜경, 「한라산의 구비전승」, 『한라산의 구비전승·지명·풍수』, 제주도·한라산생태문화연구소, 2006

진관훈, 「한라산의 경제」, 『한라산의 인문지리』, 제주도·한라산생태문화연구소, 2006

허영선, 「한라산과 문학」, 『한라산이야기』, 제주도·한라산생태문화연구소, 2006

화신문화역사연구소, 『야계 이익태목사 학술세미나』, 2013

한라산 정상에 올라

구름사이 돌길 비틀비틀 걷는데
비 온 뒤라 날씨는 쾌청하네.
산 높아 쌓인 눈 봄까지 남고
바닷바람 종일 불어댄다.
학 타고 가는 길 잃지도 않아
봉소불며 적송자를 기다린다네.
지금 찬하술을 배우고자 하니
인간으로 돌아감을 늦었다고 한탄 마오.

이원조 『탐라지초본』 중 김치의 시

漢拏山
HALLASAN MOUNTAIN 한라산

발행일	2013. 9. 7
발행인	김성명
발행처	국립제주박물관 제주특별자치도 제주시 일주동로 17 Published by Jeju National Museum 17, Iljudong-ro, Jeju-si, Jeju-do TEL. 064)720-8000 FAX. 064-720-8150 http://jeju.museum.go.kr
출판	디자인나눔 제395-2019-177 2009. 8. 13. 서울특별시 마포구 합정동 358-3 서정빌딩 4층 Tel. 02-325-3264 Fax. 02-3143-3264 www.designnanoom.com

Copyright ⓒ 2013 Jeju National Museum
All right reserved. No part of this publication may be reproduced or transmitted in any means, electronic or mechanical, including photocopying, recording, or using any other information storage and retriaval system, without prior permission in writing from Jeju National Museum.

이 도록에 실린 사진과 글은 국립제주박물관의 동의 없이 게재 할 수 없습니다.

ISBN 978-89-97595-11-2

가격 23,000원